KB232271

THE COIN 더코인

THE COIN 더 코인

스테이블코인이 이끄는 화폐 대격변의 시대

성상현 지음

21세기북스

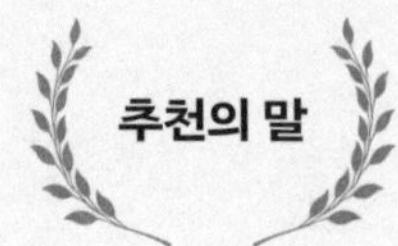

화폐 혁명이 시작됐다. 17세기 금에서 지폐로의 화폐 혁명이 있었듯, 21세기 지폐에서 스테이블코인으로의 화폐 혁명이 전개되고 있다. 디지털 기술에 기반한 화폐 혁명인 것이다. 디지털 기술은 단순히 결제 방식을 바꾸는 것이 아니라, '돈의 본질' 자체를 다시 설계하고 있다.

『더 코인 THE COIN』은 스테이블코인을 단순한 가상자산이 아닌, 데이터 기반 금융 인프라의 새로운 진화 단계로 바라본다. 저자는 블록체인 기술, 유동성 메커니즘, 미국 국채 시장을 하나의 유기적 구조로 엮으며, 앞으로의 화폐 시스템이 어떤 방향으로 재편될지를 명확히 보여준다.

금융의 디지털 전환이 기술 문제에서 신뢰 문제로 넘어가는 지금, 이 책은 기술이 금융을 어떻게 재정의하는지에 대한 가장 현실적이고 통찰력 있는 답을 던진다. 앞으로 '돈'은 더 이상 중앙의 기록만으로 존재하지 않을 것이다. 분산된 데이터 네트워크가 될 것이다.

변화는 곧 파괴를 의미한다. 기존의 것을 파괴할 때 변화가 오기 때문이다. 변화할 것인가, 아니면 파괴될 것인가? 『더 코인 THE COIN』은 그 거대한 변화를 미리 읽고 준비할 수 있게 해주는 기술과 금융의 경계를 넘는 필독서다.

김광석(한국경제산업연구원 실장, 한양대학교 겸임교수)

비트코인으로 시작된 디지털 화폐 혁명은 이제 스테이블코인이라는 거대한 물결을 통해 그 실질적인 완성을 향해 가고 있습니다. 특히 트리핀의 딜레마로 인해 달러 패권의 위기가 고조되는 운명적인 시점에, 스테이블코인은 미국 국채 시장을 떠받치는 새로운 전략적 무기로 등장했습니다. 이 책은 세계 경제의 질서가 어떻게 재편될지 읽어낼 수 있는 가장 정교한 나침반이 되어줄 것입니다. 화폐 시스템의 거대한 전환점 앞에서 새로운 부의 기회를 포착하려는 모든 이들에게 일독을 권합니다.

김동주(前 업라이즈투자자문 대표, 유튜브 채널 〈내일은 투자왕 – 김단테〉)

돈의 진화는 단절이 아니라 세 번의 거대한 물결로 이어져 왔다. 금본위제가 첫 번째 물결이었고, 중앙은행이 설계한 신용화폐 체제가 두 번째 물결이었다. 그리고 지금, 우리는 '디지털자산'이라는 제3의 물결 한가운데 서 있다. 이 변화를 가장 결정적으로 이끄는 존재가 바로 '스테이블코인'이다.

성상현 저자의 이 책은 암호화폐를 단순히 가격 변동의 대상이나 기술 트렌드만 다루지 않는다. 15년간 금융 시장의 최전선에서 쌓아온 경험을 바탕으로, 스테이블코인이 어떻게 '디지털 달러'로 작동하며 미국 국채 시장과 결합해 새로운 글로벌 유동성 질서를 만들어가는지를 구조적으로 설명한다.

이 책을 읽다 보면 암호화폐 시장이 더 이상 투기의 주변부로 보이지 않는다. 그곳은 이제 국가의 부채 관리, 통화 패권, 자본 이동 경로가 재편되는 전략적 무대다. 특히 스테이블코인은 디지털 시대 미국이 달러의 영향력을 확장하는 가장 현실적인 도구로서 세계 금융 시스템의 중심부로 조용히 편입되고 있다.

"돈은 세상을 어떻게 움직이는가."

이 오래된 질문에 대해, 이 책은 디지털 자산과 스테이블코인이라는 언어로 쓰인 가장 최신의 해답을 제시한다.

강형구(한양대학교 파이낸스경영학 교수)

저자와 나는 10여 년 전 증권사의 채권 트레이딩 데스크에서 선후배로 처음 인연을 맺었다. 매일 시장의 예측 불가능한 변동성과 함께 희로애락을 공유하며, 금융의 본질을 탐구하던 그 시절의 기억은 여전히 생생하다. 이후 나는 자산운용사의 포트폴리오 매니저를 거쳐 크립토 산업으로 투신했고, 저자는 전통 금융 분야의 대표적인 매크로 전문가로 자리매김했다. 각기 다른 길을 걸어왔지만, 시장의 거시적 프레임을 구조적으로 파악하려는 문제의식만큼은 여전히 같다.

이 책은 단순한 스테이블코인 입문서가 아니다. 저자는 15년간 금융 시장 최전선에서 축적한 통찰을 바탕으로, 스테이블코인을 화폐의 역사적 진화, 미국 국채 시장 메커니즘, 그리고 달러 패권의 미래라는 세 축을 입체적으로 조명한다. 특히 테더(Tether)와 서클(Circle)이 미국 단기국채의 주요 보유자로 부상하면서, 민간 디지털 화폐가 국가 재정과 통화 정책에 미치는 구조적 영향을 치밀하게 분석한 대목은 이 책의 백미다.

곧 있을 CLARITY 법안 통과 이후 본격화될 토큰화(Tokenization) 시대를 앞두고, 이 책의 출간은 참으로 시의적절하다. 미국이 GENIUS 법안을 통해 스테이블코인을 제도권으로 편입시킨 것은 단순한 규제 정비가 아니라, 디지털 시대 달러 패권을 재설계하는 전략적 선택이다. 월가와 실리콘밸리가 새로운 금융 생태계를 온체인(On-Chain) 기반으로 구축하는 과정, 그리고 이것이 미국의 달러 패권 유지와 어떻게 연결되는지를 파악하지 못한다면, 우리는 이미 시작된 온체인 금융 시대의 방관자로 남을 수밖에 없다.

이러한 대전환의 문턱에서 이 책은 전통 금융인에게는 디지털 자산 생태계를 이해하는 나침반이, 크립토산업 종사자에게는 거시경제와 통화 정책의 맥락을 짚는 프레임이 될 것이다.

윤해성(위스퍼드리서치 매니징 파트너, 아서디리틀 코리아 전문위원)

스테이블코인,
기회인가 위험인가

21세기 중반을 향해 가는 지금, 우리는 새로운 경제 질서의 전환기에 서 있다. 과거 자유시장 자본주의와 신자유주의 세계화가 지배했던 시기를 지나, 미국은 점점 더 '국가자본주의'라는 새로운 국면으로 들어서고 있다. 이 흐름의 배경에는 세 가지 요인이 자리한다.

첫째, 미국의 단극 체제가 약화되고 다극화 시대가 도래하면서, 공급망·기술·에너지 등 핵심 산업이 단순한 효율성 차원을 넘어 국가안보 자산으로 재인식되고 있다. 코로나19 팬데믹은 그 취약성을 드러낸 결정적 계기였다.

둘째, 미국 내 정치 지형이 바뀌면서 효율성 중심의 시장 해법에 대한 신뢰가 줄어들었다. 여론 역시 정부 개입과 산업 보호에 더 우호적으로 변했다.

마지막으로, 트럼프 2기 행정부의 협상 중심 정책 스타일은 장기

개혁보다는 즉각적 성과와 가시적 결과를 중시한다. 또 특정 산업을 보호·지원하는 국가자본주의적 접근을 강화하고 있다.

이러한 변화 속에서 가장 주목할 지점은 정부의 자금 조달 방식이다. 국가자본주의가 지속되려면 정부는 안정적인 재원을 확보해야 한다. 그 핵심 수단은 국채 발행이다.

그런데 문제는 장기 국채에 대한 전통적 수요 기반이 과거만큼 견고하지 않다는 점이다. 물가와 성장률이 과거처럼 저물가·저성장 조합이 아닌 '중물가·중성장' 국면으로 고착된다면, 장기채권의 매력은 떨어질 수밖에 없다. 이는 기존의 '적정 단기채 비율을 15~20% 수준으로 유지한다(현재 20~25%)'라는 전통적 패러다임 자체를 바꾸라는 압력으로 작용한다.

여기서 등장하는 새로운 변수는 바로 스테이블코인(stablecoin) 기반의 유동성 메커니즘이다. 테더(Tether)와 서클(Circle) 같은 스테이블코인 발행사는 수천억 달러 규모의 준비자산을 보유한다. 그리고 그 상당 부분을 미국 단기국채(T-Bills)에 투자한다. 덕분에 미국 재무부는 대규모 단기 자금을 안정적으로 조달할 수 있게 되었다. 금리 변동성 역시 완충되는 효과가 나타났다. 한 연구는 '테더의 점유율이 1.6%p(퍼센트포인트) 상승할 경우, 단기국채 금리가 14~16bp(베이시스포인트) 하락할 수 있다'는 결과를 보여주기도 했다.

이는 스테이블코인이 단순한 디지털 토큰을 넘어, 글로벌 금융 시장에서 '비공식적 양적 완화' 역할을 수행하며 구조적 수요자가 되었음을 보여준다. 블록체인이 그리는 미래는 어느 날 갑자기 오는 변화가 아니라, 이미 우리 삶에 새로운 화폐의 형태로 스며들고 있다.

스테이블코인, 신뢰의 진화를 향한 도전

화폐는 언제나 문명의 얼굴이었다. 조개껍데기에서 은화로, 지폐에서 카드로, 그리고 이제는 디지털 토큰으로. 인간이 서로를 믿는 방식이 바뀔 때마다 '돈'도 새로운 모습으로 태어났다.

지금 우리는 또 한 번의 전환점을 마주하고 있다. 금본위제가 세계 무역을 묶고, 달러(Fiat Dollar)가 글로벌 금융 질서를 지배했던 것처럼, 세 번째 빅머니(Big Money)가 세상을 재편하기 시작했다. 그 거대한 변화의 중심에 스테이블코인이 있다.

이 새로운 화폐는, 기술이 신뢰를 대체하려는 첫 시도이자, 신뢰를 재설계하려는 위대한 실험이다. 또한 국가와 시장, 제도와 개인이 신뢰를 어떻게 나눌 것인가에 대한 새로운 사회계약이다.

신뢰가 없는 화폐는 언제나 같은 결말을 맞았다. 19세기 미국의 자유은행권이 그랬고, 조선의 당백전이 그랬다. 그러나 우리는 알고 있다, 신뢰가 제도 안에서 구축될 때, 화폐는 가장 강력한 혁신의 수단이 된다는 것을.

스테이블코인은 그 자체로 기회이자 위험이다. 민간이 발행하는 화폐는 효율을 앞세우지만, 금융 안정의 틀 밖에서 작동한다. 기술이 아무리 정교해도, 신뢰의 토대가 흔들리면 시스템은 무너진다. 그렇기에 중앙은행들이 강조하는 바는 명확하다. '기술이 가능한가'가 아니라, '신뢰가 가능한가.'

하지만 역설적으로, 이 신뢰를 먼저 구축하는 나라가 새로운 화폐의 질서를 주도하게 될 것이다. 우리가 머뭇거리는 사이, 화폐의 네트워크는 국경을 넘어 재편되고 있다.

한국은 전 세계에서 가장 빠르고 효율적인 결제 인프라를 갖춘 나라다. 그 강점을 살려 신뢰를 기반으로 한 원화 스테이블코인 모델을 선제적으로 구축해야 한다. 민간의 창의성과 공공의 안정성이 조화를 이루는 '디지털 화폐 생태계'를 만드는 것이다. 그것이 바로 혁신의 속도와 신뢰의 깊이를 동시에 확보하는 길이다. 지금 준비하지 않는다면, 다가올 화폐 전쟁은 기술의 문제가 아니라 통화 주권의 문제, 그리고 국가 신뢰의 문제가 될 것이다.

우리 앞에 놓인 길은 여전히 불확실하다. 그러나 그 속에서 새로운 질서의 흐름을 읽어낼 수 있는 사람에게 미래는 언제나 기회의 얼굴로 다가온다. 투자의 승자는 단기적 성과가 아닌 구조적 흐름을 읽고, 균형과 유연성으로 대응하는 사람이다.

이 책은 그런 변화의 흐름을 읽어내기 위한 작은 나침반이 되고자 한다. 스테이블코인의 탄생과 원리, 디지털 달러가 바꿀 세계 금융 지도, 투자자들의 선택까지 차근차근 풀어낸다.

스테이블코인을 처음 접하는 독자부터, 내 방송과 블로그를 꾸준히 봐온 오랜 구독자들까지 다 볼 수 있는 책을 쓰고자 했다. 금융·기술 배경이 없어도 쉽게 이해할 수 있도록 주요 용어나 법안, 데이터를 직관적으로 설명했다. 너무 어렵지도, 그렇다고 쉽지도 않은 균형 잡힌 내용을 담기 위해 많은 고민을 기울였다. 그 진심과 의도가 독자 여러분께 잘 닿기를 바란다.

2026년 1월
매크로비욘드, 성상현

| 1장 | 스테이블코인, 화폐의 진화

| 2장 | 디지털 달러의 확산, 금융이 바뀐다

| 3장 | 디지털 통화가 만드는 새로운 금융 질서

| 4장 | 투자자를 위한 미국 경제 읽기

| 5장 | 위기에서 탈중앙화로

THE COIN

〈 1장 〉

스테이블코인,
화폐의 진화

불과 몇 년 전만 해도 암호화폐 거래소의 단순한 도구였던 스테이블코인, 하지만 지금은 새로운 화폐 인프라로 확장되고 있다. 미국에서는 국가 전략의 일환으로 인정받고 있으며, 신흥국 시민들에게는 자국 통화의 불안정성을 피할 수 있는 '디지털 피난처'가 되고 있다. 스테이블코인의 탄생과 원리, 미국의 규제와 디지털 달러 전략을 알아보자.

암호화폐 카지노 칩이었던
스테이블코인

암호화폐 역사의 초창기, 스테이블코인은 일종의 디지털 칩에 불과했다. 비트코인으로 대박을 노리는 투기판에서, 현금처럼 쓸 수 있도록 1달러로 고정된 토큰을 칩 삼아 쓰기 시작한 것이 시초였다.

가장 먼저 등장한 대표격인 테더(USDT)는 2014년 비트코인 거래소들 사이에서 전통 달러를 대체하는 편의 수단으로 부상했다. 거래소에 달러를 입금하고 출금하는 것은 은행 시스템과 연결되어 느리고 번거로웠다. 그런데 테더를 사용하면 달러와 동일한 가치를 지닌 토큰을 블록체인상에서 자유롭게 주고받을 수 있었다. 마치 도박판에서 현금을 칩으로 바꿔 게임을 하듯, 투자자들은 현금을 테더로 바꾸어 암호 자산 '카지노'에서 놀 수 있었던 것이다.

이처럼 암호화폐 시장의 카지노 칩으로 기능하던 스테이블코인이 서서히 변모하기 시작한 것은 2018~2019년 무렵부터다. 암호화폐 시장이 커지고 탈중앙화금융(DeFi, 이하 '디파이') 같은 혁신이 나오자, 스테이블코인의 쓰임새가 단순한 거래 수단 그 이상으로 부각되었다.

특히 2019년, 페이스북이 발표한 '리브라(Libra) 프로젝트'는 전 세계 누구나 쓸 수 있는 글로벌 디지털 통화를 표방했다. 그것이 바로 일종의 글로벌 스테이블코인이었다. 이는 비록 각국 정부의 반발로 무산되었지만, 리브라 충격은 '왜 달러 같은 기축통화를 민간이 발행하려 드는가'에 대한 깊은 성찰을 불러일으켰다.

그 후 각국의 당국과 중앙은행들은 정신이 번쩍 들어 스테이블코인을 연구하기 시작했다. 그리고 규제 프레임을 마련하는 데 속도를 냈다. 이 사건을 기점으로 스테이블코인은 암호화폐 마니아들의 장터를 벗어나, 전 세계 금융 규제자들과 은행, 기업들이 주목하는 신기술로 떠오르게 되었다.

스테이블코인은 암호 자산 시장 내부의 필요에서 출발했다. 변동성이 심한 코인들 사이에서 잠시 쉴 수 있는 '안정적 섬' 같은 존재였던 것이다. 그러나 오늘날 그 섬은 빠르게 대륙으로 확장되고 있다.

이제 스테이블코인은 더 이상 거래소 안에만 머물지 않는다. 현실 경제의 결제 레일이자 금융 혁신의 플랫폼으로 자리매김하고 있다. 카지노의 칩에서 세계 금융의 한 축으로 변신한 스테이블코인, 그 여정의 서막이 이렇게 올랐다.

스테이블코인을
믿어도 될까?

스테이블코인이란 가치의 변동성을 최소화하도록 설계된 가상 자산을 말한다. 다시 말해, 달러나 유로, 금과 같은 특정 자산의 가치에 연동되어 가격이 늘 일정하게 유지되도록 만든 디지털 화폐다.

일반 암호화폐인 비트코인이나 이더리움이 혁신적인 지불 수단으로 주목받았지만, 가격이 널뛰어서 일상 거래에 쓰기 어려웠다. 이와 달리, 스테이블코인은 항상 1코인은 1달러(혹은 1유로, 1원화 등)처럼 안정된 가치를 유지하도록 설계되었다.

이를 구현하기 위해 스테이블코인 발행자는 해당 코인 가치만큼의 실물 준비자산(담보)을 뒷받침해둔다. 대표적인 예로 미국 달러에 1대 1로 페깅된 테더(이하 'USDT')와 서클(이하 'USDC')이 있다. 각 코인의 발행사인 테더사와 서클사는 코인 1개당 1달러 상당의 현금이나 국채 등의 안전자산을 보유함으로써 가치를 보증한다. 그러므로 이론적으로 이용자는 언제든 이 코인을 1달러 현금과 교환할 수 있어야 한다. 그렇게 믿기 때문에 안심하고 코인을 받아들이는 것이다.

스테이블코인의 탄생 배경에는 화폐로서의 암호 자산이라는 원대한 목표가 있다. 비트코인이 디지털 시대의 새로운 화폐를 표방했지만, 극심한 변동성으로 화폐의 기본 특성인 안정적인 가치 저장 및 교환 매개 기능을 하기 어려웠다. 초기 암호화폐 경제에서 사람들이 겪은 가장 큰 불편은, 물건값을 지불하려 해도 가치가 출렁이는 통화는 쓸 수 없다는 점이었다.

이를 해결하고자 '가격이 안정된 암호화폐'가 필요했고, 그 답이 스테이블코인이었다. 국제결제은행(이하 'BIS')은 이러한 스테이블코인을 두고 "19세기 자유은행 시대의 사설 은행권과 유사하다"라고 평했다. 중앙은행이 아니라 민간이 발행하는 디지털 지폐라는 점에서, 역사적으로 각 은행이 자기 이름을 적은 지폐를 발행하던 시절과 닮았다는 것이다.

실제로 각 스테이블코인은 발행사별로 이름이 붙어 있다. 국가가 보증하지 않기에 신용도나 유동성에서 차이가 있을 수 있다. 그럼에도 스테이블코인의 등장이 의미가 큰 이유는 뭘까? 드디어 디지털 환경에서 믿고 사용할 만한 안정적 가치의 저장 수단이 생겼기 때문이다. 암호화폐 세계에서 달러 등의 가치를 실시간으로 주고받을 수 있는 수단이 마련되었다는 것 자체가 혁신이었다.

스테이블코인은 전통 법정화폐의 가치를 블록체인 토큰 형태로 구현한 것이다. 1달러짜리 지폐 한 장을 디지털 버전으로 만들되, 언제나 그 지폐의 가치와 같게 유지되도록 뒷받침해주는 개념이다. 이러한 아이디어는 기술과 금융의 접목이 만들어낸 산물로, '디지털 달러 지폐'라고 불러도 큰 무리가 없다.

스테이블코인의
세 가지 종류

모든 스테이블코인이 똑같이 설계된 것은 아니다. '무엇으로 가치를 고정하는가'와 '어떻게 그 가치를 유지하는가'에 따라 여러 가지 종류로 나뉜다. 큰 갈래부터 살펴보자.

(1) 법정화폐 담보 스테이블코인

가장 흔하고 널리 쓰이는 형태다. 달러나 유로 등의 실제 법정화폐나 현금성 자산(국채 등 안전자산)을 100% 담보로 예치해두고 그만큼의 토큰을 발행한다. 앞서 언급한 USDT와 USDC가 대표적이다.

이러한 코인은 1코인당 1달러와 같은 비율로 발행되고, 발행사는 은행 예금, 단기 미국 국채 등 안전하고 유동적인 자산을 준비금으로 갖춘다. 예컨대 USDC를 발행하는 서클 사는 고객이 맡긴 달러의 상당 부분을 미국 단기국채에 투자해 운용하면서 이자를 벌기도 한다.

법정화폐 담보 방식은 이해하기 쉽고 안정성이 높아, 현재 전 세계 스테이블코인 발행량의 압도적 비중을 차지한다. 실제로 2025년 현재 전 세계 스테이블코인의 99% 이상이 달러 등에 1대 1로 연동된 형태다. 사실상 '디지털 달러'들이 시장을 지배하고 있는 것이다. 달러 기반 스테이블코인이 이렇게 인기인 이유는 전 세계가 미국 달러에 갖는 신뢰와 수요가 그만큼 크기 때문이다.

(2) 암호화폐 담보 스테이블코인

이것은 담보로 잡는 대상이 달러 등의 현물이 아니라 다른 암호화폐인 경우다. 예를 들어 이더리움(ETH)을 담보로 잡고 발행되는 DAI가 대표적이다.

암호 자산은 가격 변동성이 크기 때문에, 가치 안정성을 확보하려고 초과담보를 잡는 특징이 있다. 100달러어치 코인을 발행하려고 150달러어치 이더리움을 담보로 예치하는 식이다. 만약 담보인 이더리움 가격이 크게 떨어지면 자동으로 담보를 청산하거나 추가 담보를 요구함으로써 '1DAI = 1달러' 가치를 지키도록 프로토콜이 설계되어 있다.

암호 담보형은 탈중앙화된 방식으로 운영된다는 장점이 있다. 하지만 담보 변동성에 항상 노출되며 구조가 다소 복잡하다. 주요 사례로 DAI 외에도 다양한 프로젝트들이 있으나, 시장 규모는 법정화폐 담보형에 비해 작다.

(3) 알고리즘 스테이블코인

말 그대로 담보 없이 알고리즘만으로 가치를 안정화하려는 시도다. 소프트웨어 프로토콜이 수요와 공급에 따라 토큰 발행량을 자동 조절함으로써 가격을 1달러로 유지하려는 원리다.

한때 큰 주목을 받았던 테라USD(UST)가 대표적인 예다. UST는 루나(LUNA)라는 별도 코인과 연동되어, UST 가격이 1달러 아래로 내려가면 알고리즘이 루나를 발행하여 UST를 사들인다. 반대로 가격이 올라가면 UST를 발행하여 시장에 공급하는 방식이다.

그런데 2022년 테라USD는 갑작스러운 대규모 매도로 페그가 붕괴되면서 순식간에 1달러 밑으로 폭락했다. 담보 없이 알고리즘에 의존한 모델의 취약성이 여실히 드러난 사건이었다. 이는 전 세계 투자자들에게 큰 충격을 주었다.

그 후 알고리즘 스테이블코인에 대한 신뢰는 크게 떨어졌다. 각국 규제당국도 이러한 모델에는 엄격한 눈초리로 대하고 있다. 현재 시장에서 순수 알고리즘형은 성공 사례를 찾기 어려운 실정이다.

이 밖에도 스테이블코인을 분류하는 기준이 있다. 연동 대상에 따라 단일자산 연동 vs 복수자산 바스켓 연동, 혹은 담보의 성격에 따라 실물자산 담보(예: 금 연동 토큰) 같은 형태가 있다. 예를 들어 PAX Gold(PAXG)나 DGX는 실제 금(Gold)을 1대 1로 담보로 보관하고 발행된 스테이블코인이다.

　그러나 이처럼 특수한 경우들을 제외하면, 오늘날 스테이블코인 시장의 거의 대부분은 미국 달러에 연동된 형태다. 디지털 달러의 시대라고 해도 과언이 아닌 것이다.

스테이블코인이
각광받는 이유

돈이 제대로 돈으로서 기능하려면 무엇보다 가치가 안정적이어야 한다. 이는 경제학의 기본 원리다. 우리가 현금을 주고받을 때 그 가치가 하루하루 크게 달라진다면, 누가 안심하고 거래에 나서겠는가.

스테이블코인이 각광받는 이유는 바로 이 안정성을 디지털 자산에 부여했다는 점이다. 스테이블코인은 태생부터 진화를 거듭하며 다양해졌지만, 기본 목표는 동일하다. 디지털 세계에 안정적인 가치의 화폐를 구현한다는 것.

불과 몇 년 전만 해도 암호화폐로 커피 한잔 사는 걸 상상하기 어려웠다. 오늘 5천 원에 해당하는 비트코인을 지불했는데, 내일 그 가치가 4천 원으로 떨어지거나 6천 원으로 올라버릴 수 있었기 때문이다. 그러나 이제는 USDT나 USDC 같은 스테이블코인으로 커피 값을 치르면 된다. 언제 보내도 가치가 똑같기 때문에, 판매자와 구매자 모두 마음이 편하다.

안정적 가치는 투자자와 기업들에게도 중요하다. 스테이블코인이 없던 시절에는 달러를 이용해 암호화폐 시장에 참여하는 데 상당한 시간을 들여야 했다. 은행 송금을 거쳐야 했고, 주말이나 공휴일에는 거래가 지연되기 일쑤였다. 가격 변동 리스크를 지기 싫어하는 이들은 시장에서 발을 빼고 현금으로 돌아가야만 했다.

하지만 스테이블코인이 등장한 후 상황이 달라졌다. 24시간 쉼 없이 움직이는 디지털 경제 속에서 일정한 가치의 토큰은 안식처 역할을 한다. 투자자는 주말에도 자산을 스테이블코인에 넣어두고 새로운 기회를 엿볼 수 있다. 기업은 해외 거래 대금을 받자마자 바로 안정적인 토큰으로 보유해 환율 위험을 줄일 수 있다. 말하자면, 스테이블코인은 디지털 시대의 현금으로서, 경제 주체들에게 안정이라는 신뢰를 제공한 것이다.

더 나아가, 안정성은 금융 혁신의 촉매제가 되었다. 가격이 안정적이기에 비로소 현실 세계의 계약과 연결될 수 있었다. 스마트 컨트랙트상에서 조건부 지불, 대출, 예치 등의 서비스가 폭발적으로 발전했다. 예를 들어 디파이에서는 스테이블코인을 담보로 다른 자산을 빌리거나 예치하여 이자를 받는 것이 일반화되어 있다.

이것이 가능하려면 담보 자산의 가치가 예측 가능해야 하는데, 스테이블코인이 바로 그런 역할을 한다. NFT 마켓플레이스에서 예술품을 사고팔 때도 가격 표시를 이더리움 대신 1달러짜리 스테이블코인으로 하면, 이용자들은 실제 금액을 직관적으로 이해하며 거래할 수 있다. 이처럼 안정적 가치의 토큰은 디지털 경제의 공용 단위가 되어 다양한 혁신을 뒷받침한다.

그러나 스테이블코인이 언제나 절대적으로 안전했던 것은 아니다. 이 안정성이 위협받을 때 어떤 일이 벌어지는지 잘 보여주는 사례가 있다. 2023년 3월, 미국 실리콘밸리은행(SVB)의 갑작스러운 파산 소식에 시중이 발칵 뒤집힌 적이 있다. 이 은행에 예치금이 있었던 서클사의 USDC 스테이블코인이 일시적으로 1달러 아래로 가치가 떨어지는 일이 벌어졌다. 평소 '1USDC = $1'로 믿었던 투자자들이 동요한 것이다.

다행히 미 재무부가 SVB 예금 전액 보호를 발표하면서 USDC도 금세 페그를 회복했지만, 이 사건은 안정성에 대한 신뢰가 스테이블코인의 생명줄임을 보여주었다. USDC 이용자들은 "혹시 1달러로 못 바꾸면 어쩌지?"라는 의심을 잠시나마 하게 되었고, 그 순간 코인의 가치가 흔들렸다. 정부의 개입으로 신뢰를 되찾았지만, 만약 안정성이 영영 훼손되었다면 USDC는 존립 자체가 위험해졌을 것이다.

이 사례는 스테이블코인 안정성의 힘과 동시에 취약성을 드러낸다. 안정할 때는 아무도 그 가치를 의심하지 않지만, 일순간이라도 불신이 생기면 시장은 민감하게 반응한다.

그래서 스테이블코인 발행자들은 안정성을 지키기 위해 엄청난 노력을 기울인다. 투명한 준비금 공개, 회계 감사, 규제 당국과의 협조 등이 모두 신뢰를 주기 위한 장치들이다. 이제는 법률로까지 그 안정성을 담보하려는 움직임이 나타났다.

투기에서 실용으로,
거래량이 폭발하다

스테이블코인이 초기에 쓰였던 무대는 주로 암호화폐 거래 시장이었다. 하지만 지금은 그 무대를 훌쩍 넘어 실물 경제의 광범위한 영역으로 퍼져 나가고 있다. 몇 가지 지표를 보면 이 변화를 실감할 수 있다.

2020년 중반까지만 해도 전 세계 스테이블코인 시가총액(발행량 기준)은 100억 달러 남짓에 불과했다. 그러나 2021년 말에는 1,500억 달러를 돌파했다. 2025년 초반에는 약 2,470억 달러에 달했다는 집계도 있을 정도로 덩치가 커졌다. 불과 몇 년 사이에 수십 배 성장을 이룬 것이다.

물론 이러한 폭발적 성장 뒤에는 암호화폐 폭락 장과 규제 단속 등 어려움도 있었다. 하지만 스테이블코인에 대한 수요가 꺾인 건 일시적이었을 뿐, 곧 회복되며 꾸준히 우상향했다.

특히 주목할 점은 스테이블코인의 거래 활용도가 크게 높아졌다는 것이다. 현재 전 세계 스테이블코인은 하루 평균 200~300억 달러 규모의 온체인 거래를 처리하고 있다.

전통 금융권 전체 결제액과 비교하면 아직 1% 남짓밖에 되지 않는 작은 비중이지만, 중요한 것은 비중이 아니라 증가 속도다. 불과 몇 년 전만 해도 스테이블코인의 연간 거래 규모는 지금과 비교하기 어려울 만큼 작았다.

하지만 최근 4년 동안 거래량이 폭발적으로 증가하면서 연간 누적 거래액이 10배 이상 확대되었고, 그 규모는 이미 연간 27조 달러를 넘어섰다. 이는 단순히 성장했다는 표현으로 설명하기 어렵다. 스테이블코인이 가상 자산 시장 내부에서만 쓰이던 보조적 결제 수단을 넘어, 사실상 글로벌 결제 시스템의 주요 네트워크 중 하나로 급속히 성장하고 있다는 신호이기 때문이다.

이 변화가 어느 정도인지 가늠하기 위해 전 세계 카드 결제를 대표하는 비자와 마스터카드의 결제망과 비교해보면 더욱 분명해진다. 2024년 기준 분석에 따르면, 스테이블코인 네트워크가 처리한 연간 결제 규모는 비자와 마스터카드의 글로벌 결제액을 합친 것보다 약 7.7% 더 많았다. 두 카드사가 수십 년간 구축해온 전통 결제망보다 더 많은 금액이 블록체인 기반에서 오간 셈이다.

이는 결제가 향후 어떤 방향으로 이동할지 명확한 힌트를 준다. 이러한 성장세가 이어진다면, 일부 전문가들은 5~10년 안에 스테이블코인이 전통 금융의 결제량을 추월할 것이라는 전망도 제시한다. 물론 규제, 보안, 사용자 경험, 글로벌 표준 등 해결해야 할 과제들이 여전히 남아 있지만, 결제라는 영역에서 스테이블코인이 차지하는 영향력은 이미 '미래의 가능성'이 아니라 현재 진행 중인 변화로 바뀌었다.

그럼 어떻게 해서 스테이블코인이 투기적 도구에서 실용적 인프라로 부상하게 되었을까? 여기에는 크게 두 갈래의 힘이 작용했다.

첫째는 암호화폐 자체의 성장이다. 코인 거래소들과 디파이가 발전하면서, 사실상 이 세계의 기축통화 역할을 스테이블코인이 맡게 되었다.

거래소들에서는 비트코인이나 알트코인을 사고팔 때 달러 대신 USDT나 USDC를 기준으로 삼았다. 디파이 프로토콜에서도 스테이블코인을 예치하거나 대출해주는 것이 일반화되었다. 실제로 USDC 발행량 추이는 글로벌 디파이 시장 규모와 거의 비슷한 궤적을 그릴 정도로, 암호경제에서 스테이블코인은 필수 불가결한 유동성 공급원이 되었다.

둘째는 실물 경제에서의 활용 증가다. 초기에는 규모가 작았지만, 점차 국경 간 결제, 해외 송금, 온라인 상거래 등에서 스테이블코인을 사용해보려는 시도가 늘었다.

예를 들어 핀테크 기업 페이팔(PayPal)은 자체 스테이블코인인 PYUSD를 2023년에 출시하여 자사 결제망에 도입하기 시작했다. 아직 초기라 활용도가 높지는 않지만, 4억 명이 넘는 페이팔 사용자들을 고려하면 그 잠재력은 엄청나다.

또 일부 국가에서는 모바일 송금 앱에서 스테이블코인을 옵션으로 제공하는 사례도 생겨나고 있다. 최근 몇 년간 암호화폐 친화 정책을 편 국가들에서는 스테이블코인을 전자화폐로 인정해 규제권 안으로 들이려는 움직임이 나타났다. 이는 일반 소비자들이 안심하고 사용할 수 있는 환경을 조성하는 데 기여했다.

미국 재무장관 스콧 베센트는 2025년 6월, "달러 연동 스테이블코인 시장이 향후 3년 내 2조 달러 기준까지 성장하는 것은 충분히 현실적인 전망"이라고 밝혔다. 이는 스테이블코인이 단순한 '디지털 투기 수단'에서 글로벌 금융 인프라로 진화할 잠재력을 갖추었음을 의미한다.

실제로 스테이블코인 발행사들은 이미 USDT와 USDC 같은 주요 코인 형태로 대규모 미국 국채(T-bills)를 보유하고 있다. 이는 스테이블코인이 미국 재무부의 단기채권 수요를 실질적으로 견인할 수 있는 핵심 존재로 자리잡는 흐름을 보여준다.

즉 스테이블코인은 이제 단순히 암호화폐 투자자들의 관심을 받는 대상이 아니라, 일반 기업과 소비자, 나아가 국가 금융 시스템까지 그 영향을 확대하는 존재가 되었다.

미국의 승부수:
스테이블코인의 제도권 편입

지니어스 법안은 스테이블코인 역사에 한 획을 그은 사건이다. 미국이 공식적으로 스테이블코인을 인정하고 제도권으로 끌어들였다는 의미이기 때문이다. 지니어스(GENIUS) 법안의 핵심 내용과 그 파급효과를 좀 더 상세히 알아보자.

GENIUS는 Guiding and Establishing National Innovation for U.S. Stablecoins Act의 약자다. 이름에서도 알 수 있듯, 미국 내 스테이블코인 혁신을 이끌고 제도화한다는 목적을 담고 있다. 2023~2024년 수차례 개정과 토론을 거친 끝에 2025년 상반기 미 의회에서 최종 합의안을 도출했다. 그리고 공화·민주 양당의 이례적 협력을 이끌어내며 통과되었다.

이 법의 주요 내용은 다음과 같다.

(1) 발행사 승인제

미국에서 USD 연동 스테이블코인을 발행하려면 연방정부 지정 감독기관(연준 또는 통화감독청 등)의 승인을 받아야 한다. 자본금 요건과 내부 통제 시스템, 경영진 적격성 등이 심사 대상이다. 일종의 면허제 도입인 셈이다. 이는 아무나 코인 만들어 팔지 못하게 걸러내어 신뢰할 만한 회사만 발행하도록 하려는 취지다.

(2) 준비자산 요건

발행된 코인 총액의 100%에 해당하는 가치를 현금 또는 현금등가 유동자산으로 보유해야 한다. 여기에는 미국 통화(달러)나 미 재무부 단기국채(예: 만기 93일 이하인 미국 국채), 연준 예치금 등이 포함된다. 위험자산이나 장기자산은 안 되고, 언제든 현금화 가능한 자산이어야 한다.

이 조항은 스테이블코인을 달러와 등가로 취급하기 위한 핵심 장치다. 은행 예금과 달리 부분지급준비가 허용되지 않는다. 또 협소한 은행(narrow bank)처럼 1대1 대응되는 안전자산만 보유하게 한다.

(3) 공시 및 감사

발행사는 매월 준비자산 내역을 투명하게 공개해야 한다. 또 분기별 또는 반기별로 외부 회계감사를 받아 준비금 실재 여부를 증명해야 한다. 이는 투자자들이 '정말 1코인당 1달러가 뒷받침되고 있는

지' 안심할 수 있게 하기 위함이다. 과거 테더가 준비금 불투명 논란을 겪었던 것을 교훈 삼아, 제도적 신뢰 장치를 만든 것이다.

(4) 연방준비은행 접근

흥미로운 조항으로, 일정 요건을 갖춘 발행사는 연준에 계좌를 열고 준비금을 예치할 수 있는 길도 열어두었다. 이는 장기적으로 스테이블코인 발행사를 연준의 지불망에 연결해줄 수도 있는 부분이라 주목된다. 당장은 아니지만, 추후 안정적 발행사에게는 중앙은행 계좌를 허용해 CBDC 없이도 유사한 효과를 내겠다는 아이디어로 해석된다.

이 밖에도 소비자 보호 조치(환불 정책, 불만 처리 절차), 발행량 상한 규제(일정 규모 이상은 특별 승인) 등이 포함되었다. 한편 법안 통과 막바지에 이슈가 되었던 빅테크의 참여 제한 조항은 최종안에서는 빠졌다. 일부 의원들이 "페이스북 같은 빅테크가 또 자체 스테이블코인을 발행하면 어쩌나"라며 금지하자고 주장했지만, 업계 로비에 힘입어 결국 모든 기업에 문호를 열어주는 쪽으로 결정되었다. 그 대신 연준이 발행사 승인 심사 시 시스템적 영향력을 고려하도록 해, 독과점 우려가 있으면 제어할 여지를 남겼다.

지니어스 법안이 통과되자, 곧바로 미국 금융권에는 미묘한 지각 변동이 일어났다. 우선 기존 스테이블코인 발행사인 서클과 테더는 자신들이 쌓아온 준비금과 투명성 기준이 법적으로 인정받은 데 안도했다.

최근 스테이블코인 발행 기업들 가운데서는 실질적 금융기관 지위 확보를 위한 움직임이 뚜렷하게 나타나고 있다. 대표적으로 USDC 발행사인 서클은 미국 연방통화감독청(OCC)에 '국가 신탁은행(National Trust Bank)' 인가 신청을 제출한 상태다. 업계 보도에 따르면, 서클은 향후 연방준비제도(Fed, 이하 '연준')의 결제망 접근성도 확보하기 위해 연준 마스터계좌(master account) 개설을 추진할 가능성이 제기되고 있다.

비슷한 흐름은 리플(Ripple)에서도 나타난다. 리플은 미국 내에서 연방 수준의 은행 인가(또는 국가 신탁은행 인가)를 신청했다고 보도되었으며, 일부 자회사는 연준 마스터 계좌 접근을 위해 신청 절차를 밟고 있는 것으로 알려졌다. 이는 스테이블코인 발행과 결제 인프라 구축 과정에서 보다 안정적인 규제 틀을 확보하려는 전략으로 해석된다.

한편 큰 은행들은 내부적으로 암호 자산 사업 참여를 진지하게 검토하기 시작했다. 규제가 명확해졌으니 이제는 스테이블코인 결제나 보관 서비스를 해볼 만하다는 논의가 이어진 것이다. 다만 은행들은 일단 직접 발행보다는, 파일럿 프로그램이나 핀테크와의 파트너십 같은 조심스러운 진출을 계획하고 있다고 알려졌다.

이 법의 거시경제적 파급도 빼놓을 수 없다. 국채 시장에 새로운 큰손이 등장한 것이다. 법안에 따라 발행사들은 늘어나는 코인 수요만큼 단기 미국 국채를 사들여야 한다.

이미 2025년 중반에 이르러, 테더는 글로벌 주요 국가들과 어깨를 나란히 하는 미국 국채의 핵심 투자자로 자리매김했다. 서클 역시

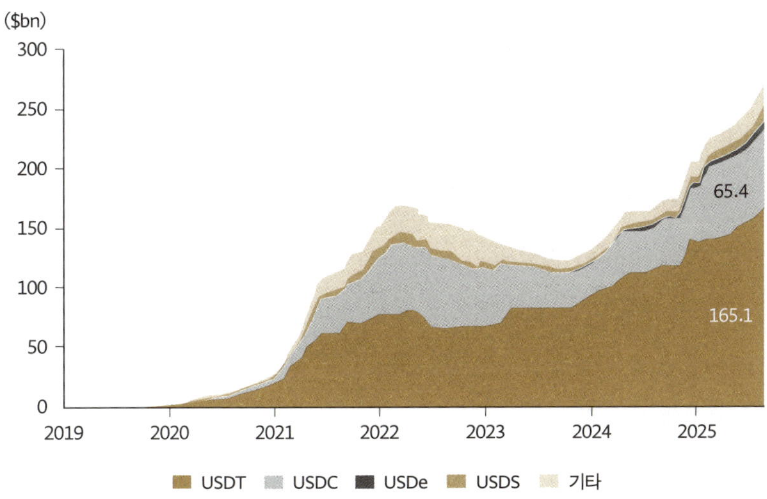

자료: RWAxyz

* 참고로, 스테이블코인 시장은 현재 시점에도 빠르게 확대되고 있음

준비금의 대부분을 미국 국채에 배치하며, 사실상 스테이블코인 발행사들이 새로운 국채 수요처로 부상하고 있다.

연구에 따르면, 은행 예금에서 스테이블코인으로 1달러가 이동할 때, 순 국채 수요가 0.3달러가량 늘어나는 것으로 추산된다. 이 효과가 앞으로 더 커질 전망이다. 스탠다드차타드는 새 법 시행으로 스테이블코인 시장이 폭발적으로 성장하면, 2028년경 발행사들이 1조 달러 넘는 미 국채를 보유하게 될 수 있다고 내다봤다.

이는 미 국채 시장의 약 3분의 1에 해당하는 막대한 양으로, 미국 정부 부채의 새로운 흡수 통로가 생긴 셈이다. 미국 재무부 입장에선 전 세계 사람들이 스테이블코인을 쓰는 것이 곧 미국 국채를 사주는 결과로 이어지니, 전략적으로도 나쁠 게 없다.

결론적으로, 미국의 지니어스 법안은 스테이블코인을 금융제도의 한 부분으로 인정하고 편입시킨 사례다. 이는 다른 나라들에도 적잖은 영향을 미칠 것이다. 미국 달러를 기반으로 하는 스테이블코인들이 더욱 안전해지고 보편화되면, 전 세계 누구나 달러에 쉽게 접근하는 통로가 열리게 된다.

이런 상황에서 각국 중앙은행들은 어떤 선택을 해야 할지, 기존 은행과 결제 기업들은 어떤 역할을 맡게 될지 새로운 과제들이 생겨나고 있다.

전통 금융과 스테이블코인의
경계가 무너진다

스테이블코인이 규제의 울타리 안으로 들어오면서, 전통 금융기관들과의 협업도 본격화되고 있다. 몇 년 전만 해도 은행들은 암호화폐 관련 서비스를 꺼렸다. 그러나 이제 고객의 요구와 시장 변화에 부응하기 위해 서서히 태도를 바꾸는 추세다. 은행, 결제 네트워크, 핀테크 기업 등이 어떻게 스테이블코인과 손을 맞잡고 있는지 살펴보자.

먼저 은행권을 보자. 2023년 초 미국에서 암호화폐 친화 은행들이 줄도산(Silvergate, SVB 등)하는 사태가 있었다. 이로 인해 한때 은행들은 암호화폐와 선을 긋는 듯했다.

그러나 시장 수요는 사라지지 않았다. 대형 시중 은행들은 내부 태스크포스를 만들어 디지털 자산 전략을 재검토하기 시작했다.

JP모건은 이미 자체 허가형 블록체인 기반 JPM 코인을 발행해 기관 간 결제에 활용하고 있다. 뉴욕멜론은행(BNY Mellon)이나 노던 트러스트 같은 자산관리 은행들은 고객들의 스테이블코인 보관 수요를 파악하며 커스터디 서비스 출시를 준비 중이다.

미 규제 당국이 은행들의 스테이블코인 보유 및 결제망 사용을 명시적으로 허용하면, 은행들도 자체적으로 스테이블코인을 발행하거나 서클, 테더 등과 파트너십을 맺어 서비스를 제공할 가능성이 크다. 사실 은행 입장에서도 24시간 결제와 저렴한 송금은 매력적인 서비스이므로, 고객 유치를 위해 스테이블코인을 채택하지 않을 이유가 없다.

결제 네트워크 회사들도 가만히 있지 않는다. 비자는 2021년부터 스테이블코인을 전통 결제망에 연결하는 실험을 했다. 세계 최대 카드결제망인 비자는 거래 대금 정산(settlement)에 USDC 스테이블코인을 활용하는 파일럿을 진행했다. 이를 통해 은행 간 정산 시간을 단축하고 수수료를 낮추는 가능성을 확인했다. 예컨대 크립토닷컴(Crypto.com) 같은 업체가 비자 네트워크에서 발생한 거래액을 달러 대신 USDC로 비자에 보내면, 비자는 이를 수취하여 바로 은행 계좌에 정산해주는 식이다.

2023년 말에는 비자가 솔라나(Solana) 블록체인 등 다양한 체인에서 USDC를 이용해 결제를 처리하는 프로젝트도 발표했다. 마스터카드 역시 스테이블코인 결제 표준을 마련하고, 여러 스테이블코인(USDC, Pax 달러 등)을 네트워크에 통합하는 계획을 공개했다. 이들 전통 결제 대기업이 움직인다는 것은, 스테이블코인이 향후 결제 인프라의 한 부분이 될 것임을 의미한다.

핀테크 기업들은 말할 것도 없이 스테이블코인 도입에 열심이다. 앞서 언급한 페이팔은 PYUSD를 발행하여 선두 주자가 되었다. 비록 초기에는 페이팔 앱 내에서 제한적으로 사용되어 발행량이 크진 않았으나 페이팔의 시도는 다른 빅테크들에게 신호를 주었다.

페이스북(메타)은 리브라 실패 후 한동안 조용했지만, 2024년 왓츠앱(WhatsApp) 메신저를 통해 소액 암호화폐 송금 기능을 일부 국가에서 테스트하며 관심을 이어나갔다. 일론 머스크가 이끄는 X(옛 트위터)는 '모든 것을 하는 앱' 구상을 내세우며 암호화폐 결제 통합을 모색하고 있다.

이렇듯 빅테크들은 공식적으로 화폐를 발행하는 건 미루더라도, 자신들의 플랫폼에 스테이블코인을 녹여낼 준비를 꾸준히 하고 있다. 미국이 스테이블코인을 합법화한 지금 시점에서는, 이들이 마음만 먹으면 언제든 합법적으로 스테이블코인 사업에 뛰어들 토대가 마련되었다고 해석하는 시각도 있다.

스타트업들도 스테이블코인을 활용한 새로운 서비스를 쏟아내고 있다. 글로벌 송금 스타트업들은 중개 은행 없이 바로 스테이블코인으로 해외 송금해주는 앱들을 내놓고 있다. 이들은 종종 현지 모바일 지갑이나 현금 지급 에이전트망과 연계해 수취인이 바로 현지 통화로 바꿀 수 있게 돕는다.

또한 기업 간 결제(B2B) 영역에서 청산 결제 시간을 단축하기 위해 스테이블코인을 도입하는 사례가 늘고 있다. 예를 들어 홍콩의 국제 무역 플랫폼들은 무역 결제에 CBDC와 스테이블코인 활용을 시험 중이다. 싱가포르의 DBS은행은 다국적 기업들을 대상으로 스테이블코인 결제 시범을 운영하고 있다. 국제무역금융에서도 블록체인 기반 신용장에 스테이블코인을 얹어 실시간 대금 결제를 실현하는 파일럿이 진행되고 있다.

이 모든 흐름은 신뢰 구축이라는 공통점을 갖는다. 스테이블코인이 제도권에 들어오자 기존 금융 플레이어들도 '이제 쓸 수 있겠다'고 신뢰를 보내기 시작한 것이다. 반대로, 전통 금융의 참여는 스테이블코인의 신뢰도를 더욱 끌어올린다. 양측이 선순환 관계를 이루는 것이다.

물론 넘어야 할 과제들도 있다. 은행들은 여전히 자금세탁 위험과 사이버 보안 이슈를 걱정한다. 블록체인 거래는 익명성이 있기에, 범죄 자금이 오갈 우려를 차단해야 한다. 규제상 불확실한 영역들도 완전히 해소된 것은 아니다.

하지만 전반적인 큰 흐름은 분명하다. 전통 금융과 스테이블코인의 경계가 허물어지고 있다는 것이다.

마지막으로 한 가지 상징적인 사건을 들어보겠다. 2025년 초 미국의 증권거래위원회(SEC)는 뉴욕증권거래소(NYSE)에 상장된 한 펀드가 운용 자산의 일부를 스테이블코인 현금성 자산으로 보유하는 것을 공식 승인했다. 이는 기관투자자들조차 스테이블코인을 더 이상 이질적인 투자 수단이 아닌, 현금등가물(cash-equivalent)로 받아들이기 시작했음을 보여준다.

이런 변화가 누적되면, 머지않아 우리는 은행 앱에서 직접 스테이블코인 계좌를 개설하고, 카드로 스테이블코인 결제를 하며, 월급의 일부를 스테이블코인으로 받는 세상을 맞이할지 모른다. 신뢰를 얻은 스테이블코인이 메인스트림 금융의 일부로 스며드는 모습이 서서히 현실이 되고 있다.

월가와 실리콘밸리도
가세하다

스테이블코인의 부상에 월가(전통 금융)와 실리콘밸리(빅테크) 거인들이 가세하면서, 판도는 더욱 흥미롭게 전개되고 있다. 주요 금융회사들과 기술기업들이 어떤 식으로 스테이블코인 생태계에 참여하고 있는지 살펴보자.

먼저 월가의 투자은행들과 자산운용사들을 보자. 골드만삭스, 모건스탠리 등은 이미 수년 전부터 암호화폐 시장에 간접적으로 뛰어들었다. 처음에는 트레이딩이나 전통적인 자산운용 영역에 머물렀다면, 이제는 스테이블코인 인프라 투자에도 관심을 보인다.

골드만삭스는 2021년에 자체 달러화 스테이블코인 발행을 검토했으나 규제 불확실성 때문에 보류한 적이 있다. 그러나 2025년 미국 법안 통과 후, 다시 발행을 위한 컨소시엄을 구성 중이라는 소문이 들린다.

이들이 노리는 것은 국제 송금과 증권 결제 분야다. 투자은행들은 고객 자금을 전 세계로 이동시키는 데 하루 결제가 지연되면 큰 기회비용이 발생한다는 점을 잘 알고 있다. 만약 자기들이 보유한 스테이블코인을 사용한다면, 내부 원장 조정만으로 즉시 결제가 가능해져 백오피스 효율성이 극대화될 것이다.

블랙록, 피델리티 같은 거대 자산운용사들도 스테이블코인 준비금 운용 비즈니스에 눈독을 들이고 있다. 예컨대 스테이블코인 발행사들이 보유한 수백억 달러의 국채와 현금을 대신 운용해주고 수수료를 받는 식이다.

이미 블랙록은 서클의 USDC 준비금을 운용하는 파트너로 선정되어 미국 단기국채 등에 투자하고 있다. 이는 전통 자산운용사가 스테이블코인 산업과 공생 관계를 맺은 사례라 할 수 있다.

피델리티는 한발 더 나아가 고객들에게 스테이블코인 직구매 서비스를 제공하고, 이를 포트폴리오 현금 비중에 포함할 수 있도록 준비 중이다. 일부 헤지펀드들은 큰 변동성 자산을 피하면서도 암호화폐에 참여하는 방편으로 스테이블코인 아비트라지 거래나 예치 수익 전략을 활용하고 있다.

이처럼 월가의 플레이어들은 직접이든 간접이든 스테이블코인을 자산군의 하나로 편입해나가는 추세다.

이제 실리콘밸리 쪽을 보자. 대표 주자는 앞에서 언급한 페이팔이다. 2023년 출시된 PYUSD는 빅테크 기업 최초의 자체 스테이블코인으로 기록되었다. 페이팔은 이를 통해 자사 플랫폼 내에서 달러 송금과 결제를 손쉽게 해주려 했다.

다만 초기에 PYUSD는 페이팔 지갑에서만 전송이 가능하고 외부 이용처가 많지 않아 사용량이 제한적이었다. 이는 기존 스테이블코인(USDT, USDC)이 이미 널리 쓰이는 상황에서 '굳이 페이팔 전용 코인을 써야 하나' 하는 의문 때문이기도 했다. 결국 PYUSD의 등장은 상징적 의미는 컸으나, 실제 시장 파괴력은 아직 크지 않았다.

그럼에도 페이팔의 진출은 다른 빅테크들에게 신호탄이 되었다. 예를 들어 메타(페이스북)는 리브라 실패 이후 한동안 암호화폐 지갑(Novi) 사업까지 접었지만, 2024년에 왓츠앱 기반 소액 송금 테스트를 하는 등 여전히 관심을 유지하고 있다. 메타버스 사업과 연계해 메타 자체 토큰이나 스테이블코인을 도입할 가능성도 거론된다.

아마존은 2024년 자사 플랫폼에서 NFT 및 토큰화 자산 마켓플레이스를 준비한다는 소식이 있었다. 전자상거래에서 스테이블코인을 결제 옵션으로 채택할 경우, 결제 수수료를 크게 줄일 수 있다는 계산을 하고 있다.

애플은 겉으로는 조용하지만, 애플페이와 애플 월렛을 통해 이미 거대한 결제 생태계를 운영 중이다. 애플이 직접 코인을 만들진 않더라도, 암호화폐와 기존 금융의 인터페이스를 장악함으로써 영향력을 행사할 것이라는 분석이 많다. 실제로 일부 암호화폐 카드가 애플페이와 연동돼 USDC 사용을 간접 지원하고 있다. 애플도 앱스토어 정책을 조금씩 완화하며 암호화폐에 문호를 열고 있다.

스타트업 생태계에서는 아예 스테이블코인에 특화된 기업들이

속속 등장하고 있다. 예를 들어, 글로벌 원격근무 인재들을 위한 급여 지급 플랫폼은 여러 국가 통화를 자동으로 USDC 등 스테이블코인으로 환산해 즉시 송금하는 기능을 제공한다.

미국의 스케일 AI(Scale AI)는 해외 프리랜서들에게 스테이블코인으로 대금을 지급해 환율 변동과 송금 지연 문제를 해결한 사례로 유명하다. 또 다른 스타트업들은 전 세계 상인들이 쉽게 스테이블코인 결제를 받을 수 있는 지분증명(이하 'PoS') 앱이나, 스테이블코인으로 자동 세금 계산을 해주는 회계 소프트웨어 등 주변 인프라를 개발하고 있다.

결국 월가와 실리콘밸리의 합류는 스테이블코인에 날개를 달아주는 격이다. 전통 금융의 자본과 신뢰, 빅테크의 기술과 사용자 기반이 결합하면, 스테이블코인의 영향력은 폭발적으로 커질 수밖에 없다. 과거에는 암호화폐 프로젝트들이 주로 스타트업이나 비영리 재단 주도로만 성장했다면, 이제는 기존 거인들이 직접 무대로 내려오는 형국이다.

이는 스테이블코인 시장의 경쟁 구도를 한층 치열하게 만들 전망이다. 예컨대 은행이 발행한 안정적 코인 vs 기존의 테더 같은 선도 코인 vs 빅테크가 지원하는 코인의 3파전도 가능하다. 하지만 그 모든 경쟁이 이뤄지는 무대는 결국 하나로 수렴한다. 스테이블코인은 대세가 되었고, 누구나 그 파이를 놓치지 않으려 뛰어드는 시대가 온 것이다.

이러한 빅 플레이어들의 합류가 투자자들에겐 무엇을 의미할까? 우선 신뢰성과 사용처가 늘어나면서 스테이블코인의 실제 활용도와 가치 안정성이 더욱 견고해질 것이다. 또한 이들이 만들어낼 새로운 서비스(예: 페이팔로 손쉽게 스테이블코인 송금, 비자카드로 스테이블코인 결제 등)를 통해 일반 대중도 스테이블코인을 의식하지 않고 쓰게 될 날이 머지않았다. 그만큼 스테이블코인은 우리 생활 속으로 깊이 파고들 것이며, 이는 본격적인 금융 패러다임 전환을 예고한다.

디지털 달러의 부상이
바꿔놓은 풍경

스테이블코인의 압도적 다수가 미국 달러에 페깅(pegging)되어 있다는 사실을 상기해보자. 앞서 언급했듯 2025년 현재 전 세계 스테이블코인의 99% 이상이 달러 표시일 정도로, 사실상 달러화가 디지털 토큰 형태로 세계를 장악하고 있다. 이는 상당히 경이로운 일이다. 인터넷과 블록체인의 힘으로 달러화의 유통 범위가 폭발적으로 확장된 셈이기 때문이다.

기존에도 달러는 현물 지폐나 은행예금 형태로 전 세계에 널리 쓰였지만, 그에는 한계가 있었다. 현찰은 국경을 넘기 힘들고, 은행 달러는 계좌 개설 등의 장벽이 있었다. 그런데 이제 이메일을 보내듯 전송 가능한 디지털 달러 토큰이 누구나 손에 쥘 수 있는 시대가 열린 것이다. 스마트폰만 있다면 아프리카 농촌의 주민도, 남미의 소상 공인도 미 달러에 준하는 가치를 주고받을 수 있다.

디지털 달러의 부상이 가져오는 효과는 다면적이다. 긍정적으로 보면, 세계 경제에 통용되는 통합 화폐 단위가 생김으로써 거래 효율이 높아지고 환 리스크가 줄어든다. 예컨대 한 브라질 기업이 인도 공급업체에 결제할 때, 굳이 달러화를 현지 은행을 통해 송금하지 않아도 달러 스테이블코인으로 즉시 결제할 수 있다.

이는 국제 무역의 속도를 높이고 비용을 낮출 것이다. 실제로 국제결제은행(BIS)이 실시한 실험에서도 스테이블코인이나 CBDC를 활용한 국가 간 결제가 현재 시스템보다 훨씬 빠르고 저렴하다는 결과가 나왔다.

또한 글로벌 투자 흐름도 변화한다. 신흥시장 투자자들이 쉽게 달러 토큰에 접근할 수 있게 되었다. 그러면서 이들이 국제 금융 시장에 참여하는 채널이 다양해진다.

예컨대 이전에는 해외 주식에 투자하려면 복잡한 절차를 거쳐야 했다. 그러나 이제 스테이블코인으로 '토큰화'된 ETF나 주식을 바로 사고팔 수 있게 될지 모른다. 토큰화(Tokenization)란 부동산, 채권, 주식 등 기존 자산의 소유권이나 수익권을 블록체인상의 토큰으로 발행하여 거래 가능하게 만드는 것을 말한다. 디지털 달러는 세계인의 투자 통화로서도 기능할 수 있다.

반면, 부정적 혹은 도전적인 측면도 있다. 스테이블코인을 통한 디지털 달러의 확산은 곧 달러화의 영향력이 더욱 심화됨을 뜻한다. 이는 달러 패권에 도전하려는 국가들에겐 악몽일 수 있다.

예를 들어 러시아나 이란처럼 미국 제재를 받는 국가들은 자국 금융망이 스위프트(SWIFT)에서 배제되면 달러 거래가 막힌다. 그런데 민간 스테이블코인 네트워크를 통해 달러를 계속 쓸 수 있는 여지가 생긴다.

실제로 보고된 바에 따르면, 제재 대상 일부가 테더 등을 이용해 달러 거래를 지속하려 한 정황이 있다. 그래서 미국 정부가 테더사 등에 협조 요청을 하기도 했다. 물론 주요 스테이블코인 발행사들은 미국 법과 연계되어 있어, 정부 요청 시 지갑 주소를 동결하는 등 통제를 가하고 있다.

그럼에도 이를 완벽히 막기는 어렵다. 이는 달러의 무기화 전략이 민간 네트워크 때문에 약화되는 부분이 있음을 의미한다. 역으로 생각하면, 스테이블코인 네트워크 자체가 미국 통제하에 들어가면 (예: 발행사들이 미국 회사이고, 법이 적용되고, 주소 동결이 가능하면) 미국은 민간 망까지 포섭한 새로운 통제력을 얻게 된다. 이처럼 디지털 달러의 확산은 제재와 금융 통제의 풍경도 바꿔놓고 있다.

또 다른 측면은 국가 통화 주권 문제다. 신흥국이나 개발도상국에서 사람들이 대거 달러 스테이블코인을 사용하기 시작하면, 해당 국가의 통화 정책은 힘을 잃게 된다. 예컨대 토고나 레바논같이 인플레가 높은 나라에서 국민이 죄다 현지 화폐를 버리고 USDT를 쓴다면, 그 나라 중앙은행이 이자율을 조정하거나 화폐 발행을 늘려도 효과가 미미해질 것이다. 경제의 달러화 현상이 더욱 가속되는 것이다.

아르헨티나에서는 페소화에 대한 신뢰가 오랜 기간 약화되어왔다. 이에 따라 많은 국민들이 외화, 특히 달러화를 저축 수단이나 가격 표시 수단으로 활용해왔다. 비공식 시장에서는 '블루 달러(blue dollar)'라 불리는 병행 달러 환율이 존재한다. 정부 또한 최근 숨겨둔 달러화를 경제로 되돌리는 정책을 발표하며, 달러화가 아르헨티나 내에서 사실상 저축·결제·가격 책정의 대안 통화 역할을 해왔음을 인정하고 있다.

여기에 더해, 젊은 층은 암호화폐 앱을 통해 USDT를 보유하고 결제에 활용하기 시작했다. 이렇게 디지털 달러화가 진행되면 정부의 통화 주권은 크게 약화된다. 일부 국가는 이를 막으려 하겠지만, 국민이 효용을 느끼는 한 완전 차단은 어려워 보인다.

미국 입장에서 디지털 달러의 부상은 양날의 검이다. 한편으로는 달러 영향력이 유지·강화되어 좋다. 그러나 다른 한편으로는 통화 공급의 주도권 일부를 민간에 넘겨주는 딜레마가 있다.

미국은 지니어스 법안 같은 장치를 통해 민간 스테이블코인을 관리하에 둠으로써 이 딜레마를 풀려 한다. 굳이 연준이 직접 CBDC로 소매 통화공급을 하지 않더라도, 민간이 발행하되, 정부가 규제하는 스테이블코인으로 사실상의 디지털 달러 유통망을 구축하겠다는 것이다.

이는 중앙은행과 민간의 새로운 역할 분담 모델이라 할 수 있다. 중앙은행은 신뢰의 기반(법률과 감독)을 제공하고, 기술 혁신과 사용자 접점은 민간이 맡는 것이다. 이 모델이 성공하면 미국은 패권 통화를 유지하면서도 혁신을 주도하는 효과를 누릴 수 있다.

정리하면, 디지털 달러(스테이블코인)의 부상은 달러화의 모습과 위상을 한층 진화시켰다. 달러는 더 이상 종이 지폐나 은행 장부에만 머물지 않고, 전 세계 어디든 흐르는 실시간 디지털 토큰으로 존재하게 되었다.

이는 기존 달러 패권을 새로운 방식으로 강화함과 동시에 일부 조정도 요구한다. 앞으로 글로벌 통화 시스템은 '전통 달러 + 디지털 달러'의 이중 구조로 움직일 가능성이 크다. 그 중심에서 미국은 여전히 막대한 영향력을 행사하겠지만, 그 방법론은 20세기와는 사뭇 다를 것이다.

스테이블코인의 준비자산은 어디에 있을까?

스테이블코인이 1달러의 가치를 유지하려면, 늘 어딘가에 그 1달러에 해당하는 실물이 있어야 한다. 그렇다면 그 준비자산은 어디에 어떻게 보관될까?

대표적인 달러 스테이블코인인 테더와 서클은 그 준비금을 주로 미국의 은행 계좌와 단기 국채에 보관한다. 테더사는 명확한 포트폴리오 공개를 꺼리는 편이지만, 분기별 보고서를 통해 현금, 티빌(T-Bill), 머니마켓펀드(이하 'MMF') 등에 분산 투자하고 있음을 밝히고 있다.

서클의 경우 상대적으로 투명한 공시로 알려져 있는데, 2023년부터 월간 준비금 내역을 공개하며 자산 구성을 상세히 보여주었다.

이에 따르면, 테더 준비금의 약 절반은 미 재무부가 발행한 단기국채이고, 나머지는 현금과 은행 예치금 등으로 구성되어 있다.

서클은 블랙록과 파트너십을 맺어 '서클 리저브 펀드(Circle Reserve Fund)'라는 MMF를 운영하는데, 이 펀드가 바로 USDC 준비금을 국채에 투자하는 수단이다. 이러한 구조로 인해 USDC는 제도권 MMF에 가까운 성격을 띤다.

여기서 흥미로운 점은, 스테이블코인 발행사가 전통 은행과 다른 '협소 은행' 역할을 한다는 것이다. 일반 은행은 예금의 일부만 준비금으로 보유하고 나머지는 대출 등 운용에 쓴다. 하지만 스테이블코인 발행사는 규제상 (또는 시장 신뢰상) 거의 예금 1달러당 1달러를 보관해야 한다.

이는 중앙은행 계좌를 통해 100% 준비금을 보유하는 협소 은행과 유사하다. 은행은 예금주 돈을 기업 대출로 굴려 이윤을 내지만, 스테이블코인 발행사는 고객 돈을 위험자산에 함부로 투자하지 못한다. 안정성과 유동성을 최우선으로 하다 보니, 결국 가장 안전한 단기국채나 은행예금을 들고 있게 된다.

이처럼 스테이블코인 준비금은 미국 금융 시스템의 가장 핵심적인 부분과 연결된다. 미 연준의 은행 준비금 시스템, 미국 국채 시장, 재무부 일반계정(TGA) 등이 스테이블코인 생태계와 얽히게 되는 것이다.

한 예로, 스테이블코인이 발행될 때 어떤 일이 벌어지는지 살펴보자. 누군가 암호화폐 거래소에서 100만 달러를 내고 100만 USDC를 받았다고 해보자. 그는 달러 현금을 서클사에 보냈고 서클은 그

대가로 100만 토큰을 찍어주었다. 이제 서클사는 받은 100만 달러를 어디에 둘 것인가? 은행예금으로 보관할 수도 있고, 만기가 짧은 국채를 사들일 수도 있다.

현실적으로는 두 가지를 모두 한다. 일부는 언제든 상환용으로 인출할 수 있는 은행예금으로 두고, 나머지는 이자 수익을 위해 단기 국채에 투자한다. 서클의 경우 보통 준비금의 20~25% 정도를 현금으로, 75~80%를 국채로 운용했다.

테더의 경우 한때 준비금에 기업어음(CP) 등 다소 위험자산도 섞어서 논란이 있었지만, 2022년 이후 CP 비중을 0으로 낮추고 국채 비중을 크게 늘렸다고 밝혔다. 2023년 말 기준, 테더의 미국 국채 보유 규모는 720억 달러를 넘어섰다.

이는 단순히 스테이블코인 발행사가 보유한 준비자산 차원을 넘어, 전 세계 주요 국가들과 어깨를 나란히 하는 수준이다. 2025년 3월 기준 일본·중국·영국·룩셈부르크·케이맨 제도·스위스 등 주요 국가에 이어 테더가 미국 국채를 가장 많이 보유한 집단에 포함되었다. 전통적으로 국가 단위에서만 주도해온 미국 국채 시장에 민간 스테이블코인 발행사가 새로운 주요 플레이어로 부상한 것이다. 테더의 국채 매입은 단순한 금융 행위가 아니라, 달러 패권과 스테이블코인 시장의 구조적 연결을 보여주는 상징적인 사례라 할 수 있다.

스테이블코인 준비금이 이렇게 미 국채와 은행 예금에 쌓인다는 것은, 돈의 흐름에 새로운 변화를 가져온다는 것을 의미한다. 과거엔 투자자들이 은행에 돈을 맡기면 은행이 그중 일부를 국채 사들이고 일부를 대출하며 운용했다.

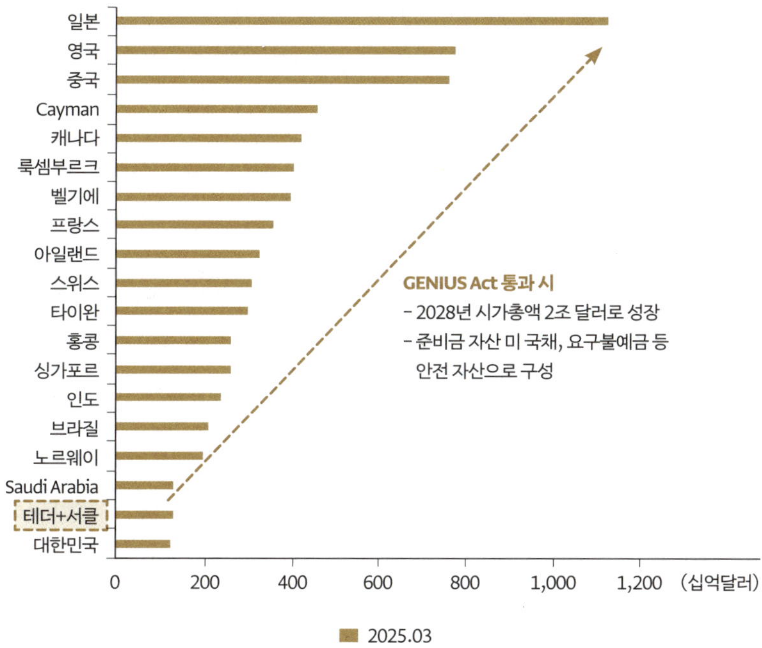

그런데 이제 투자자들이 은행 대신 스테이블코인 발행사에 돈을 맡기면, 발행사가 그 돈으로 직접 국채를 사들이고 은행에는 적은 몫만 예치한다. 결과적으로 국채 수요는 늘고, 은행 대출은 줄어드는 효과가 생길 수 있다.

실제 연준 이코노미스트의 분석에 따르면, 은행에서 스테이블코인으로 1달러가 이동하면 은행 대출은 약 0.5달러 감소한다. 국채 등 증권 보유는 0.3달러 증가하는 경향이 있다고 한다. 이를 두고 "스테이블코인은 돈을 은행 대출 대신 정부 부채로 흘러가게 하는 채널"이라는 평가도 나온다.

다르게 보면, 스테이블코인의 성장은 그만큼 은행의 기능을 일부 대체하는 면이 있다. 은행이 하던 자금 중개 역할(예금 받아 대출)은 줄어든다. 대신 발행사가 받아 국채를 사 정부 재정에 자금을 대는 역할이 커진다.

이러한 변화가 이어진다면 장기적으로는 기존 금융 시스템의 구조에도 분명한 영향을 줄 수 있다. 스테이블코인의 사용이 늘어나면 은행 예금이 빠져나가고, 그 결과 은행들이 대출에 활용할 수 있는 자금이 줄어들 수 있기 때문이다. 이는 곧 기업 대출이나 가계대출 등 전통적인 여신 사업의 위축으로 이어질 가능성을 내포한다.

물론 지금의 스테이블코인 규모는 아직 전체 은행 예금과 비교하면 미미한 수준이다. 하지만 성장 속도를 보면 결코 가볍게 여길 수 없다. 실제로 일부 전문가들은 "만약 2030년쯤 스테이블코인 발행액이 수조 달러에 이른다면, 은행권이 안정적인 예금을 확보하지 못하고 위험도가 높은 대출(정크본드 성격의 여신)에 치우칠 수 있다"라는 우려를 제기하기도 한다.

이런 전망 속에서 은행들도 손을 놓고 있지는 않을 것이다. 고객 예금을 붙잡기 위해 더 나은 금리를 제공하거나, 아예 자체 스테이블코인을 발행하는 등 다양한 대응 전략을 모색할 가능성이 크다.

그러나 이러한 흐름이 곧 미국 정부가 바라는 시나리오는 아니다. 미국이 스테이블코인에 기대하는 핵심은 미국 내 예금이나 MMF를 잠식하는 데 있지 않다. 해외에서 달러 수요를 끌어들여 국채 시장의 새로운 투자 기반을 만드는 것이 진짜 목적이다. 다시 말해, 달

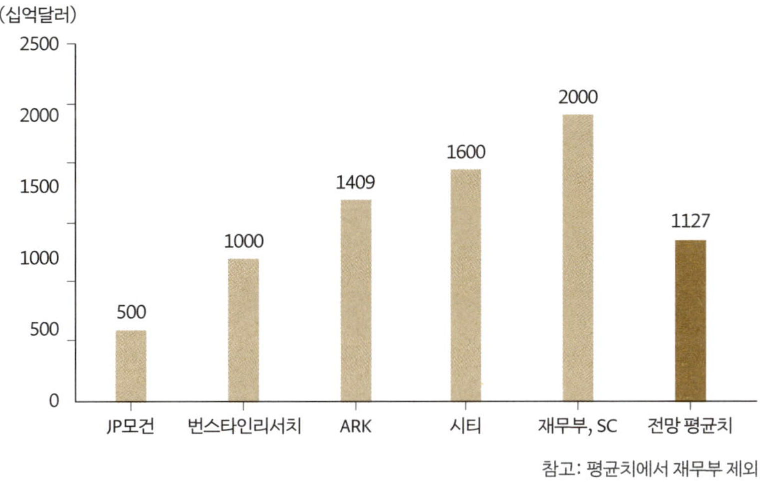

ⓢ — 스테이블코인 성장 전망(2028~2030년)

참고: 평균치에서 재무부 제외

러 스테이블코인의 성장은 미국 내 금융기관의 예금 대체가 아니라, 미국 외부 자금이 직접 미국 금융자산으로 유입되는 새로운 경로를 여는 데 의미가 있는 것이다.

유동성 관리 측면에서 또 하나 중요한 연결고리는 재무부 일반계정(이하 'TGA')이다. TGA는 미 연방정부가 세금 수입이나 국채 발행 대금을 넣어두는 계좌로, 정부 지출의 출발점이다.

스테이블코인 발행이 늘어나면 발행사가 국채를 사들이고 그 돈은 TGA로 흘러 들어간다. 이는 전 세계 일반인들이 스테이블코인을 쓰는 것이 미 정부의 재정 자금원으로 직결될 수 있다는 의미다.

가령 아르헨티나의 한 시민이 페소를 팔고 100달러 상당의 USDT를 샀다면, 테더사는 그 100달러 중 상당 부분으로 미 국채를 살 것이다. 그리고 그 돈은 미 재무부로 들어가 정부 지출에 쓰인다.

극단적으로 말해, 아르헨티나인·터키인·나이지리아인이 쓰는 스테이블코인이 모여 미 국채를 사고, 미국 정부는 그 돈으로 자국 경제를 돌리는 상황이 펼쳐질 수 있다. 이는 달러화 패권의 새로운 양상으로, 전 세계 민간이 미국 정부를 간접적으로 금융 지원하는 구조라 할 수 있다.

이처럼 스테이블코인의 준비자산과 은행 시스템의 관계는 단순한 기술 이야기가 아니라, 거대한 자금 흐름의 재편 이야기다. 눈에 보이지 않지만, 스테이블코인의 가치가 유지되는 버팀목은 미국 은행권과 국채 시장이다. 이는 다시 글로벌 금융의 혈류로 연결된다. 이는 투자자 입장에서 스테이블코인이 안전한 이유를 이해하는 데 도움이 된다.

"왜 USDC는 1달러인가?"

그 뒤엔 엄청난 양의 미국 단기국채와 현금 보유고가 버티고 있기 때문이다. 다만 그 안정성을 항상 당연한 것으로 여기면 안 된다. 2023년 3월 SVB 사태 때처럼 예상치 못한 은행 리스크가 튀어나오면 스테이블코인도 흔들릴 수 있다. 준비자산의 안전성은 곧 스테이블코인의 안전성이므로, 투자자들은 발행사의 준비금 구성과 공시를 주기적으로 점검할 필요가 있다.

스테이블코인을 사면
미국 국채에 투자하는 것?

미국 국채(국공채)는 세계 금융 시장의 중심축 중 하나다. 그런데 최근 몇 년 사이 스테이블코인 발행사들이 거대한 국채 투자자로 떠올랐다.

2025년 상반기, 스테이블코인 발행사인 테더와 서클은 미국 국채 시장의 주요 수요처로 빠르게 부상하고 있었다. 당시 두 회사가 보유한 미 국채 규모는 합계 약 1,700억 달러에 달했으며, 이 중 테더가 약 1,250억 달러 이상, 서클이 500억 달러 가까이를 보유하고 있는 것으로 파악되었다. 이러한 흐름은 스테이블코인 준비자산의 상당 부분이 단기 미국 국채로 구조화되고 있음을 보여준다.

이후 시장 규모는 더욱 확대되었다. 2025년 9월 기준으로 전체 스테이블코인의 유통량(발행 + 순공급)은 약 2천억 달러대 후반, 약 2,800억 달러 수준으로 평가된다. 이는 스테이블코인이 단순한 디지털 결제 수단을 넘어 글로벌 유동성 공급자이자 미국 국채 수요 기반으로 자리 잡아가고 있음을 시사하는 중요한 변화다.

스테이블코인 발행사들이 보유한 미국 국채 규모는 이제 국가 단위와 비교해도 뒤처지지 않는 수준에 이르렀다. 이 정도 규모라면 세계 각국 중앙은행의 미 국채 보유액 순위에서도 상위권에 들어갈 정도다. 특히 테더는 단독으로도 2025년 기준 세계 7위 수준의 미 국채 보유자로 평가되며, 캐나다나 멕시코 같은 주요 국가들의 보유량을 이미 앞질렀다.

물론 그 규모가 일본이나 중국처럼 수조 달러 단위에 이르는 것은 아니다. 하지만 불과 몇 년 전만 해도 스테이블코인의 국채 보유량은 사실상 '0'에 가까웠다는 점을 떠올려보면, 이 성장은 그 자체로 이례적이다. 단기간에 민간 스테이블코인 발행사가 글로벌 국채 시장의 영향력 있는 플레이어로 부상했다는 사실은, 디지털 달러 생태계가 얼마나 빠르게 확대되고 있는지를 상징적으로 보여주는 변화라 할 수 있다.

만약 스테이블코인 시장이 지금의 10배로 성장한다면 그 영향력은 상상 이상일 것이다. 일부 시나리오는 2028년까지 스테이블코인 발행액이 2조 달러에 이를 수 있다고 예측한다. 그 절반이 국채로 운용된다면 1조 달러 규모의 국채를 발행사들이 들고 있게 된다. 만약 스테이블코인 산업이 하나의 나라였다면, 미국 국채 최대 보유국 중 하나가 되는 셈이다.

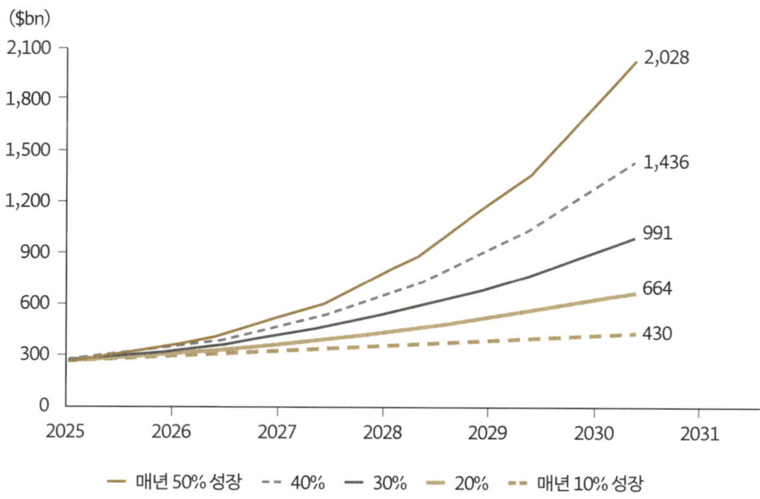

참고: 스테이블코인 전체 시총 $267bn에 연도별 성장률 적용

자료: 삼성증권

이런 현상이 가지는 의미는 무엇일까? 우선 미국 입장에서 보면, 예상치 못한 든든한 국채 구매자가 나타난 것과 같다. 전통적으로 미국 국채는 해외 중앙은행들이 많이 사주었는데, 최근 중국 등 일부 국가들은 지정학적 이유로 미 국채 보유를 줄여왔다.

그런데 스테이블코인 발행사는 미국 기업이거나 미국 규제 영향권에 있는 민간기관이다. 그렇기 때문에 설령 해외 정부들이 정치적 이유로 국채를 팔더라도 이들은 계속 사줄 유인이 있다. 왜냐하면 스테이블코인 담보로 국채만큼 좋은 자산이 없기 때문이다.

또한 규제상 허용 자산이 제한적이기 때문에(현금, 국채 외엔 선택지가 많지 않다), 어쩔 수 없이 국채를 사야 하는 구조이기도 하다. 이러한 점에서, 스테이블코인 발행사는 미국 부채의 안정적이고 탄력적인 수요 기반이 될 수 있다.

한 금융 분석가는 "추가 발행되는 1개의 스테이블코인은 추가 1달러의 국채 매입 수요를 의미하며, 이는 재무부가 저렴한 금리로 자금을 조달하도록 돕는다"라고 표현했다. 실제 수치로도, 은행에서 발행사로 1달러 이동하면 순국채 보유가 0.3달러 늘어난다고 했다.

이 현상은 또한 미국의 경제 정책과 통화 정책에 새로운 고려 요소를 제공한다. 만약 스테이블코인이 지속적으로 성장해 국채 수요를 견인한다면, 미국 정부는 재정 적자를 지속하는 데 있어 해외 정부나 민간기관 대신 전 세계 대중의 힘을 빌릴 수 있게 된다. 각국 국민이 스테이블코인을 쓰기 위해 내는 돈이 재무부로 모이는 셈이니 말이다.

이는 미국이 달러 패권을 유지하면서도, 재정 적자에 대한 우려를 완화하는 일석이조 효과를 얻는다는 주장으로 이어진다. 예컨대 2024년 미 의회에서 있었던 논쟁 중엔 "스테이블코인을 적극 육성하면 미국 국채에 대한 외국 수요를 유지하는 데 도움이 된다"라는 의견도 있었다. 정부 부채의 상당 부분이 아르헨티나의 저축가, 터키의 트레이더 등 글로벌 크립토 사용자들이 자금을 조달될 수 있다는 전망은 분명 매력적이다.

반면, 이러한 국채-스테이블코인 연결이 과연 지속 가능한 안정성을 지니는지에 대한 의문도 제기된다. 스테이블코인 수요는 가만히 있는 게 아니라, 암호화폐 시장 상황에 따라 요동친다. 2022년 테라 사태 때 크립토 겨울이 닥치자 전체 스테이블코인 시가총액이 일시적으로 감소한 적이 있었다. 만약 미래에 또 큰 시장 축소가 온다면, 발행사들은 준비금 일부를 처분해야 하고 그중 국채도 매도될 것이다.

이때 국채 시장이 영향을 받을 수 있다. 즉 스테이블코인으로 국채 수요 기반이 넓어지지만, 그만큼 크립토 시장 변동성이 국채 시장에 전이될 위험도 존재하는 것이다.

다행히 현재까지 발행사들은 단기국채 위주로만 운용하여 유동성이 높고, 연준의 국채 시장 백스톱도 탄탄해 큰 문제는 없었다. 그러나 규모가 커질수록 미 재무부와 연준도 이 상호작용을 유심히 들여다볼 필요가 있다.

한 가지 더 흥미로운 면은, 스테이블코인 준비금의 국채 투자 수익이 상당하다는 점이다. 2023~2024년 연준이 금리 인상으로 단기국채 금리가 5% 내외까지 올랐을 때, 테더와 서클은 매 분기 대략 수억 달러에 달하는 이자 이익을 거뒀다. 예컨대 테더는 2023년 2분기에만 약 10억 달러 이상의 분기 이익을 기록했다. 이후 수익 규모는 더욱 커져, 2025년 2분기에는 약 49억 달러의 순이익을 발표했고, 이 중 31억 달러는 국채 이자 수입에서 발생했다.

이런 고금리 환경에서 발행사들이 막대한 수익을 얻자, 이를 둘러싼 논쟁도 있었다. "사실상 아무 위험도 안 지고 미국 국채 이자를 챙겨가는 특혜를 받는다"라는 비판이 있다. 반대로 "그만큼 발행사가 안정성 유지에 기여하고 있으니 정당하다"라는 반론도 있다. 일부는 스테이블코인 이자수익의 일부를 사회화(예: 사용자 배당이나 준비금 적립)해야 한다고 주장하기도 한다.

아직 결론은 나지 않았지만, 이는 향후 금리가 더 내려가거나 경쟁이 치열해지면 자연스레 해소될 이슈일 수도 있다.

지정학적 관점에서 보자면, 미국은 스테이블코인을 통해 달러 패권의 새로운 지렛대를 얻게 된 측면이 있다.

"당신 나라 사람들이 우리 달러 토큰을 쓰면 쓸수록, 우리 국채를 사주고 우리 정부에 힘이 된다."

이는 과거엔 상상하기 어려웠던 시나리오다. 전에는 주로 해외 중앙은행들이 미국 국채를 사고 달러화를 비축함으로써 미국에 영향력을 제공했다. 이제는 각국 국민 개개인이 참여하는 분산된 네트워크가 그 역할을 일부 대체할 수 있다.

미국 입장에선 중앙은행들보다 오히려 이러한 분산 네트워크가 더 다루기 쉬울지도 모른다. 왜냐하면 발행사라는 미국 회사들을 통해 간접 통제할 수 있기 때문이다. 실제로 미국은 테라 사태 후 안정적 스테이블코인을 자국 규제망에 넣음으로써 이런 지렛대 확보 전략을 취해왔다고 볼 수 있다.

스테이블코인과 미국 국채의 연결은 '기축통화-국채-민간 네트워크'라는 흥미로운 삼각관계를 형성한다. 이는 디지털 시대에 국가 부채를 지원하는 새로운 메커니즘이자, 달러화 영향력이 민간을 통해 확산되는 통로다.

투자자라면 "스테이블코인을 보유하는 것은 결국 미국 단기채에 투자하는 것과 비슷하다"라는 관점을 가질 필요가 있다. 그만큼 안정성은 높지만, 미국 재정과 통화 정책의 영향을 받는다는 뜻이니 말이다.

미국 국채 시장의
새로운 조력자

미국 국채 시장에 새로운 조력자가 나타났으니, 그게 바로 스테이블코인이다. 테더, 서클 등 주요 발행사들은 매일같이 막대한 규모의 단기국채를 매입하며 미국 정부의 자금 조달을 뒷받침하고 있다. 과거에는 중국·일본 같은 전통적 보유국들이 국채 시장의 주축이었다. 그런데 최근 이들이 보유 비중을 줄이는 사이 민간 암호화 네트워크가 그 공백을 메우기 시작한 것이다.

스테이블코인은 단순히 가상자산 거래의 편의 수단을 넘어, 국채 수요의 새로운 기반으로 자리 잡고 있다. 전 세계에서 스테이블코인 발행이 늘어날 때마다, 그만큼 준비자산으로 국채가 추가 매입되고, 이는 국채 금리를 낮추는 압력으로 작용한다.

　　JP모건은 2028년까지 스테이블코인 시장 규모가 5천억에서 2조 달러에 이를 것으로 전망한다. 이는 현재 약 6조 달러 수준인 미국 단기국채 시장의 상당 부분을 흡수할 수 있는 잠재력을 의미한다. 만약 스테이블코인 발행액이 2조 달러까지 확대된다면, 단기국채 금리가 최대 25bp까지 낮아질 수 있다는 계산도 가능하다.

　　이러한 변화는 단순히 금융 시장에 그치지 않는다. 지정학적 의미도 막대하다. 스테이블코인은 미국이 새로운 형태의 '소프트 파워'를 확보하는 수단으로 기능한다. 미국 정부는 외교나 군사력뿐만 아니라, 민간 스테이블코인 네트워크를 통해 달러를 세계로 확산시키고 있다.

　　스테이블코인을 사용하는 사람이 늘어날수록 달러 시스템에 편입되는 인구가 증가한다. 이는 달러 패권을 더욱 공고히 한다. 동시에 발행사를 규제·감독함으로써 필요시 금융 제재 이행이나 불법 자금 차단에도 활용할 수 있다. 결국 스테이블코인은 21세기 달러 확장 전략의 보이지 않는 핵심 기둥으로 자리 잡고 있다.

　　미국 의회가 통과시킨 지니어스 법안은 이러한 맥락을 제도적으로 뒷받침한다. 이 법은 스테이블코인 발행 시 준비자산을 반드시 1대1로 달러 현금, 연준 예치금, 단기국채, RP 등 안전자산으로만 구성하도록 요구한다.

　　이는 표면적으로는 국제 결제 효율성을 높이고 금융 포용성을 강화하기 위함이다. 동시에 국채 수요를 제도권 안에 편입시키려는 의도도 숨어 있다. 실제로 스테이블코인을 활용한 국경 간 결제는 비용을 50~70% 절감한다. 결제 시간은 기존 25일에서 12일 이내로 단축할 수 있다는 조사 결과가 있다. 미국은 혁신 기술을 수용하면서 동시에 국채 시장을 안정화시키는 일석이조의 효과를 얻고 있는 것이다.

그러나 스테이블코인은 양날의 검이기도 하다. 발행 규모가 늘어날수록 국채 수요 기반이 넓어져 금리 상승 압력을 완화할 수 있지만, 반대로 대규모 상환 요청이 발생하면 준비자산으로 보유한 국채를 급히 매도해야 한다. 이는 단기 금리를 수십 bp나 급등시킬 수 있다. 국채 시장의 변동성을 증폭시킬 위험을 내포한다.

국채 시장 안정성의 새로운 축이 되면서 동시에 잠재적 불안정성을 안겨주는 존재라는 점에서, 스테이블코인은 금융 시장의 '숨은 조력자'이자 '잠재적 리스크'다.

흥미로운 점은 스테이블코인의 대차대조표 구조가 MMF와 유사하다는 사실이다. MMF 역시 고객 자금을 예치받아 만기가 짧은 국채와 RP에 투자하며, 2025년 6월 기준 자산의 81%가 국채 관련 자산으로 구성되어 있다. USDC 발행사의 국채 보유 비중(약 80%)과 거의 동일하다.

하지만 통화 정책 충격에 대한 반응은 정반대다. 긴축 국면에서는 금리 상승으로 MMF 자금이 유입되지만, 같은 시기 스테이블코인은 가상자산 시장 침체와 맞물려 시가총액이 줄어드는 경향이 있다. 반대로 완화 국면에서는 MMF에서 자금이 이탈하기 쉽다. 그러나 스테이블코인은 결제 수단으로서의 수요가 유지되며 오히려 발행이 늘어난다.

실제로 2020~2021년과 같은 초저금리·유동성 확장 시기에는 비트코인 등 암호 자산 가격이 폭등하면서, 이를 거래하거나 송금하는 디지털 달러 수요가 급증했다. 그 결과 전 세계 스테이블코인 발행 잔액은 2020년 약 50억 달러 수준에서 불과 1년여 만에 2021년 말 약 1,500억 달러를 돌파할 만큼 폭발적으로 성장했다.

결과적으로 MMF와 스테이블코인은 국채 수요를 서로 보완하며 수급 변동성을 완충하는 메커니즘을 형성한다.

물론 이러한 메커니즘이 완전히 자동 안정 장치가 되기 위해서는 적절한 제도적 뒷받침과 리스크 관리가 필요하다. 스테이블코인에 갑작스러운 대량 환매가 발생하거나 신뢰 위기가 오면 국채 시장에 부담을 줄 수 있고, 반대로 MMF에서도 예상치 못한 유동성 문제(예: 펀드런)가 생길 수 있기 때문이다.

따라서 정책 당국은 스테이블코인을 제도권 편입하여 투명한 준비자산 관리와 유동성 규제를 도입하는 한편, MMF에 대한 기존 규제도 강화하여 쏠림 현상에 대비한 안전판을 마련하려 하고 있다. 궁극적으로 MMF와 스테이블코인을 국채 수요의 양대 축으로 활용하면서, 한쪽이 흔들릴 때 다른 쪽이 떠받칠 수 있도록 금융 안전망을 구축한다면 국채 시장의 안정성과 금융 시스템 안전성에 도움이 될 것이다.

이는 새로운 기술 기반 자산(스테이블코인)과 전통 금융상품(MMF)이 조화를 이루어 국채 시장에 안정적으로 기여할 수 있는 길이라 할 수 있다. 결과적으로 두 자산군이 경쟁보다는 상호보완적 역할을 함으로써, 국채 수급의 변동성을 상쇄하고 완충하는 긍정적 메커니즘을 형성할 수 있다는 점에 주목해야 한다.

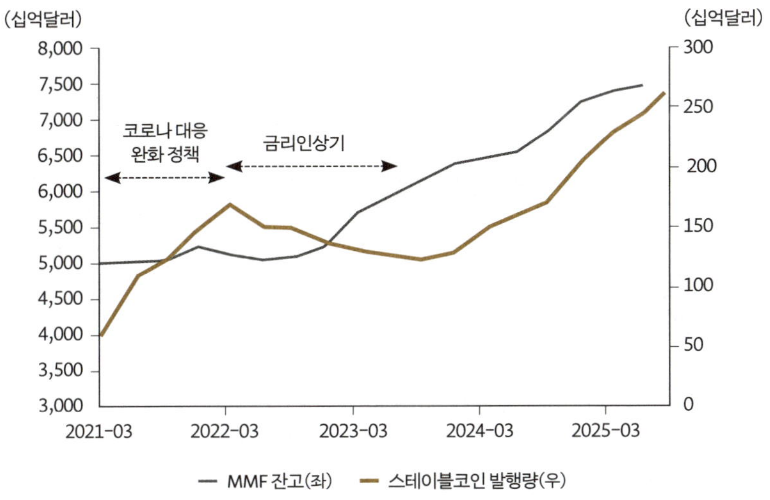

이러한 흐름은 다른 국가들에게 큰 도전이다. 유로존, 중국, 러시아 등은 민간 달러 토큰이 자국 통화권을 잠식하거나 자본 유출을 심화시킬 수 있다는 우려로 경계심을 드러낸다.

그러나 역설적으로, 이런 국가일수록 국민은 불안정한 자국 통화 대신 안정적인 달러 토큰을 선호한다. 국가의 통화 주권과 개인의 안전자산 선호가 충돌하는 지점에서, 스테이블코인은 단순한 금융 혁신을 넘어 국제 통화 질서의 새로운 균열선을 만들어내고 있다. 미국에게는 전략적 이익을, 타국에는 새로운 도전을 안겨주는 이 현상은 앞으로 글로벌 금융 질서와 국제 통화 체제의 핵심 쟁점이 될 것이다.

| THE | COIN

디지털 달러의 확산, 금융이 바뀐다

은행은 수 세기 동안 돈의 중개자 역할을 해왔다. 우리가 월급을 받으면 은행 계좌에 예금하고, 은행은 그 돈을 기업에 빌려주거나 채권에 투자하여 경제를 돌린다. 그런데 스테이블코인의 부상은 이 전통적 구조에 잔잔한 파문을 일으키고 있다. 돈이 은행을 경유하지 않고 블록체인 네트워크로 가면서 '예금의 이동' 현상이 나타나고 있기 때문이다.

예금의 이동,
은행의 위기인가?

사람들이 은행예금을 인출해 스테이블코인을 사들이면 그 돈의 상당 부분은 국채로 흘러간다. 이는 은행 입장에서 대출 재원이 줄어드는 효과를 가져온다. 예를 들어, 어떤 기업이 은행에서 대출을 받으려는데, 은행에 예금이 모자라면 대출금리를 올리거나 대출 자체를 줄일 수밖에 없다. 극단적인 경우 은행의 '중개 기능이 약화되는(disintermediate)' 시나리오도 거론된다. 실제로 2023년 미국의 일부 지역은행 위기 때, 몇몇 은행 경영진들은 "젊은 고객들이 돈을 빼서 스테이블코인과 암호화폐로 옮긴다"라는 하소연을 하기도 했다.

그렇다면 은행은 손을 놓고 있을까? 은행들은 자체 스테이블코인 발행 가능성을 염두에 두고 있다. JP모건은 이미 JPM 코인을 운영

중이고, 일본의 은행 컨소시엄은 '디지털 엔화' 스테이블코인을 시범 발행했다. 은행이 직접 나서 예금의 토큰화를 추진하는 것이다.

이렇게 되면 고객들은 굳이 은행을 떠나지 않고도 은행이 발행한 스테이블코인을 쓸 수 있게 된다. 미국의 규제가 정비되면서, 대형 은행들도 당국의 허가만 떨어지면 발행에 뛰어들 준비를 하고 있다.

한편으로 은행들은 스테이블코인 업체와 협업을 모색하고 있다. 예를 들이, 은행이 스데이블코인 준비금의 일부를 보관해주고 수수료를 받거나, 은행의 결제망에 스테이블코인을 통합하는 방식이다.

2022년까지 미국의 실버게이트(Silvergate) 은행은 암호화폐 산업에 특화된 은행으로서 서클을 포함한 여러 크립토 기업들과 거래 관계를 유지하며 성장의 수혜를 누렸다. 시그니처 은행도 암호화폐 고객 유치를 위해 실시간 달러결제망(SEN)을 운영했다. 비록 이 은행들은 리스크 관리 실패로 문을 닫았지만, 그 실험은 전통 금융과 크립토 자금의 접점을 보여준 사례였다.

예금자 입장에서 보자면, '은행이냐, 스테이블코인이냐' 하는 고민이 생길 수 있다. 은행 예금은 예금자보호제도로 일정 금액까지 정부가 보장해주지만, 이자는 낮다. 반면 스테이블코인은 원금 보장은 발행사의 신용(담보자산)에 달렸지만, 온체인 활용이나 디파이에 넣으면 예금 금리보다 높은 수익을 낼 수도 있다. 영리한 투자자들은 디파이 대출이나 예치 서비스를 활용해 이자 일부를 자신이 취하려 한다. 은행 예금과 스테이블코인 그리고 디파이 간에 경쟁이 벌어지는 양상이다.

물론 은행 예금이 압도적으로 규모가 크고 주류이기에, 스테이블코인이 은행 시스템을 위협한다는 주장은 과장일 수 있다. 다만 속도와 편의성 측면에서 젊은 세대나 신흥국 사용자들은 은행보다 스테이블코인을 선호하는 경향이 있다. 은행 계좌 개설이 어려운 지역이나, 은행 송금이 느리고 비싼 경우 스테이블코인은 훌륭한 대안이다.

예금의 이동은 이렇게 지역적, 계층적으로 먼저 나타나고 있다. 글로벌 은행 접근성이 낮은 13억 인구가 있는 아프리카, 남아시아 등지에서 스테이블코인은 곧잘 사설 디지털 은행권 노릇을 한다. 이는 금융 포용의 관점에서는 긍정적이지만, 해당 국가 입장에서는 통제 안 되는 그림자 금융이 커지는 셈이라 우려스럽다.

결국 은행과 스테이블코인의 관계는 대립이라기보다 재조정에 가깝다. 은행들도 디지털화에 적응해 변신을 꾀하고, 스테이블코인 산업도 은행의 장점(신용, 인프라)을 받아들이며 성장할 것이다.

가까운 미래에는 은행이 스테이블코인을 들고, 스테이블코인이 은행과 같은 역할을 부분적으로 수행하는 융합 형태가 나타날 것으로 예상된다. 예를 들어, 은행 앱에서 바로 USDC를 사고팔 수 있다. 또 은행이 고객 대신 디파이에 예치해 이자를 분배해주는 식이다.

이처럼 경계가 허물어지면, 은행과 스테이블코인을 구분하지 않고 그냥 편리하고 안전한 디지털 머니로 인식하게 될지도 모른다.

투자자라면 이 변화에 주목해야 한다. 예금을 비롯한 현금성 자산 운용의 지형이 달라지고 있다. 만약 은행 금리가 낮고 규제가 번거롭다면, 스테이블코인과 디파이로 자금이 이동하는 트렌드는 계속될 것이다. 반대로 중앙은행이 금리를 높이고 규제를 명확히 해주면, 은행권이 다시 경쟁력을 가질 수도 있다. 양쪽을 균형 있게 활용하면서, 금리와 리스크를 비교해 자산을 배분하는 지혜가 필요하다.

24시간 인터넷 속도로
돈을 보낸다

현대 금융 시스템에서는 해외 송금이나 카드 결제 대금 정산에 며칠 씩 걸리는 경우가 흔하다. 주말이나 공휴일에는 은행 결제망이 멈추 기도 한다. 그러나 스테이블코인과 블록체인 기술의 등장으로 돈을 주고받는 방식에 혁명이 일어나고 있다.

이제 디지털 달러 토큰을 이용하면 인터넷 데이터 전송 속도 로 24시간 실시간 결제가 가능하다. 예컨대 비자는 자체 금융망 (VisaNet)의 국제 정산에 미국 달러 스테이블코인(USDC)을 활용하 는 실험에 나섰다. 이로써 전통적 은행망을 통할 때 며칠씩 걸리던 과정을 단 몇 분으로 단축했다.

블록체인 위에서 365일 24시간 움직이는 돈은 인터넷이 정보 전달을 탈중앙화하고 상시화한 것처럼, 금융 분야에서 시공간의 제약을 허물고 있다. 스테이블코인 전송은 은행 영업 시간이나 중개 은행 없이도 몇 초 만에 결제가 완료된다. 수수료도 매우 낮다. 실제로 크립토닷컴은 비자와의 USDC 결제 파일럿을 통해 기존에 최대 8일까지 걸리던 정산 소요 기간을 4일로 단축하고, 환전 수수료도 0.2~0.3%p 절감하는 효과를 봤다.

이처럼 인터넷 속도로 돈을 보내는 경험은 전통 금융의 느린 송금에 익숙한 사용자들에게 결제의 패러다임 전환을 예고한다.

국경을 넘어 퍼지는
새로운 화폐 습관

2023년 봄, 사람들은 스테이블코인이 이렇게까지 빠르게 세상을 바꿀 것이라고 예상하지 못했다. 그저 암호화폐 거래소에서 쓰이는 한 종류의 디지털 자산일 뿐이라고 여겼다. 그러나 불과 1년 사이, 달러에 연동된 스테이블코인은 전 세계 곳곳에서 새로운 화폐 습관으로 자리 잡아갔다.

다음 그래프를 들여다보면 변화의 흐름이 생생하게 보인다. 2023년 초반까지만 해도 전 세계에서 매달 100억 달러 안팎 수준의 법정화폐가 스테이블코인으로 바뀌어 들어왔다. 그러나 시간이 지날수록 곡선은 점차 가팔라졌다. 여름을 지나 가을로 접어들면서 거래량은 꾸준히 증가했다. 연말에 이르자 눈에 띄게 껑충 뛰어올랐다.

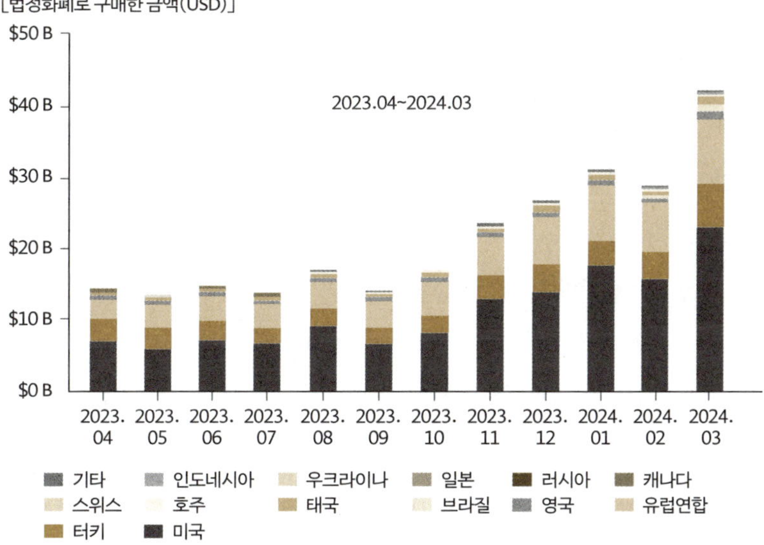

2024년 초, 마침내 폭발적인 순간이 찾아왔다. 1월과 2월, 달러 스테이블코인 구매 규모는 전례 없는 속도로 불어나며 전 세계 금융 지형의 변화를 알렸다. 3월에는 그래프의 막대가 하늘을 찌를 듯 솟아오르며, 스테이블코인이 더 이상 주변부 자산이 아님을 선언했다.

이 열풍의 주된 무대는 미국과 유럽이었다. 세계 금융의 중심지에서 스테이블코인은 거래 효율성을 높이고, 새로운 도구로 활용되기 시작했다. 빠르고 저렴한 결제 수단, 글로벌 자금 이동의 윤활유로서 스테이블코인이 선택된 것이다.

하지만 이야기는 여기서 끝나지 않는다. 진짜 극적인 장면은 신흥국에서 펼쳐졌다. 인플레이션과 환율 폭락에 시달리는 나라들에서는 사람들의 지갑이 자국 통화를 버리고 달러 토큰을 품기 시작했다. 은행 계좌 대신 스마트폰 속 USDT가 저축 수단이 되었고, 거리의 상점에서는 물건 가격을 디지털 달러로 매기기도 했다. 누군가는 국제 고객으로부터 받은 대금을 스테이블코인으로 보관한다. 필요할 때마다 암호화폐 기반 결제 카드를 통해 식료품을 사는 일상으로 들어섰다.

이것은 단순한 유행이 아니라, 화폐 질서의 서서히 드러나는 변화였다. 종이 달러를 침대 밑에 감추던 시대에서, 스마트폰 속 달러 토큰을 신뢰하는 시대로의 전환. 이른바 '디지털 달러화'라 불릴 만한 장면이었다.

각국 정부와 중앙은행은 긴장하기 시작했다. 자국 통화에 대한 신뢰가 약화되고, 금융 통제가 벗어나자 규제를 강화하려 했다. 그러나 이미 텔레그램과 왓츠앱을 통한 P2P 거래망이 활발히 돌아가고 있었다. 국경도, 제도도, 심지어 정부의 눈길조차 달러 토큰의 흐름을 막기에는 역부족이었다.

궁극적으로 이 열풍은 한 가지 사실을 말해준다. 사람들은 언제나 가치를 안전하게 지켜줄 수단을 찾는다는 것. 기술은 그 선택권을 넓혀주었다. 신흥국 시민들이 달러 토큰을 선택한 것은 단순히 투자가 아니라, 생존과 생활의 문제였다. 선진국에서의 활용이 '효율성'이었다면, 신흥국에서의 활용은 '생존'이었다.

달러 토큰은 그렇게, 세계 곳곳에서 각기 다른 이유로 선택되며, 하나의 공통된 흐름을 만들어내고 있다. 새로운 화폐 습관의 탄생, 그것이 바로 우리가 지금 목격하고 있는 변화다.

국가의 돈을
믿지 못하는 사람들

많은 나라가 CBDC를 연구하고 있지만 그 과정은 느리고 복잡하다. 왜냐하면 통화 정책, 보안, 법적 문제까지 고려해야 하기 때문이다. 반면 스테이블코인은 국민이 먼저 선택한 돈이다.

경제가 불안정해지면 사람들은 더 이상 '국가의 돈'을 믿지 않는다. 대신 신뢰할 수 있는 자산을 찾는다. 실제로 하루가 다르게 물가가 오르고 통화 가치가 떨어지는 나라에서 사람들이 지폐 대신 스테이블코인을 쓰기 시작했다. 국제통화기금(이하 'IMF')도 경고한다.

"스테이블코인은 신흥국에서 달러화를 빠르게 가속할 수 있다."

베네수엘라에서는 인플레이션으로 볼리바르화의 가치가 무너졌다. 시민들은 미 달러나 USDT를 이용해 자산을 지키고 있다. 실제조사를 봐도, 소액 거래의 대부분이 스테이블코인으로 이루어지고 있다.

나이지리아에서는 중앙은행이 암호화폐를 금지했지만, 사람들은 텔레그램이나 오프라인 환전상을 통해 USDT를 주고받는다. 한 상인은 이렇게 말했다.

"은행 송금은 며칠씩 걸리지만, USDT는 몇 초 만에 도착해요."

터키에서는 화폐가 급락하자 상점들이 상품 가격을 USDT 기준으로 표기하기 시작했다. 2023년 4월에서 2024년 3월까지, 터키에서의 스테이블코인 거래 규모는 GDP의 4.3%에 달했다.

이유는 간단하다. 디지털 기술이 누구나 해외 자산에 접근할 수 있게 만들었기 때문이다. 은행 계좌가 없어도, 스마트폰 하나면 달러 자산을 손에 쥘 수 있는 시대가 된 것이다.

이런 변화는 위기 국가에만 국한되지 않는다. 비교적 안정된 나라, 필리핀에서도 스테이블코인은 이미 생활 속에 스며들고 있다.

그 중심에 있는 것이 바로 '지캐시(GCash)'다. 지캐시는 수천만 명이 사용하는 필리핀의 대표 모바일 결제 앱이다. 처음엔 단순한 전자지갑이었지만, 이제는 미국의 서클사와 손잡고 앱 안에서 USDC를 송금하고 교환할 수 있게 되었다.

특히 해외 근로자(OFW)들의 송금 구조가 혁신적으로 바뀌었다. 기존 은행 송금은 느리고 수수료가 비쌌지만, 이제는 '지캐시 → USDC → 현지 통화'로 즉시 전환된다. 결제 속도는 수십 배 빨라지고, 수수료는 대폭 낮아졌다. 과거의 달러가 은행 속 숫자였다면, 오늘날의 달러는 스마트폰 속 토큰이다.

홍콩이나 싱가포르에서 일하는 필리핀 가정부들도 이 방식을 적극적으로 사용하고 있다. 이들은 매달 스테이블코인으로 본국 가족에게 돈을 보내며, 그 규모는 '수백억 달러(수십조 원)'에 이를 가능성이 있다는 언론 보도도 있다. 아직 공식 통계는 없지만, 이미 민간형 디지털 달러화의 흐름이 현실이 된 셈이다.

스테이블코인은 시민에게는 가치를 지키는 피난처이지만, 정부에게는 통화 주권을 흔드는 변수다. 한쪽에서는 금융 포용이 확장되지만, 다른 한쪽에서는 자본 유출과 정책 무력화의 위험이 커진다. 이제 각국의 고민은 분명하다.

"국민에게는 안정된 디지털 화폐, 정부에게는 지속 가능한 통화 주권, 둘 다 지킬 수 있을까?"

CBDC와 스테이블코인은 적과 동지의 경계에 선 경쟁자다. 결국 디지털 시대의 화폐 질서는 국가가 아닌 국민이 먼저 선택한 '신뢰의 질서' 위에서 만들어질 것이다.

누구나 누리는
디지털 달러

전 세계에는 여전히 약 17억 명에 달하는 은행 계좌 미보유자(언뱅크드)가 존재한다. 이들은 금융 서비스에 접근하지 못해 현금으로만 거래하거나, 멀리 떨어진 은행 지점을 찾아가야 하는 불편을 겪는다. 스테이블코인은 이러한 금융 소외 계층을 포용할 새로운 열쇠로 주목받고 있다. 스마트폰만 있다면 누구나 설치할 수 있는 암호화 지갑 앱을 통해, 은행 계좌 없이도 달러 가치를 저장하고 송금하며 결제할 수 있기 때문이다.

예컨대 아프리카나 남미의 농촌 주민도 휴대폰에 USDT 등 달러 토큰을 받아 마을 상점에서 결제할 수 있다면? 이는 은행 계좌 없이 디지털 현금을 사용하는 것과 같다. 실제로 동남아시아의 일부 지역에서는 암호화 지갑과 스테이블코인을 활용해 해외에 나간 가족이 보내는 송금을 즉시 받고 현지 화폐로 교환해주는 서비스들이 생겨나고 있다.

스테이블코인은 저렴한 해외 송금 수단으로 이미 각광받고 있다. 전통적으로 평균 6~7%에 달하던 국제송금 수수료를 1% 미만으로 낮추고 며칠 걸리던 시간을 몇 분 이내로 단축할 수 있다. 그 혜택은 이민 노동자와 빈곤층 가정에 돌아가, 송금액의 실질 증대와 긴급 자금 접근성 향상으로 이어진다.

정부 입장에서도 스테이블코인을 활용하면 사회보조금이나 재난지원금을 신속하고 투명하게 지급하는 방안이 될 수 있다. 다만 금융 문해력 부족과 디지털 접근성 문제는 과제로 남아 있다. 인터넷 연결이나 스마트폰 보급이 미흡한 지역, 또는 디지털 자산에 대한 불신이 있는 고령층에겐 여전히 장벽이 존재한다.

그럼에도 전문가들은 스테이블코인 기반 금융 서비스가 각종 소액 대출, 보험, 저축 상품으로 확대된다면 개발도상국의 금융 포용성에 기여할 것으로 보고 있다. 누구나 누리는 디지털 달러라는 비전이 현실화될 수 있도록, 기업과 정책당국의 협력이 중요한 시점이다.

해외 노동자의
새로운 송금 수단

개도국 출신 해외 노동자들이 본국 가족에게 돈을 보내는 국제 송금 시장은 매년 수천억 달러 규모에 이르지만, 기존 경로는 비싸고 더뎠다. 세계은행에 따르면 전통 송금의 평균 수수료는 6.3%에 달하고 송금이 도착하는 데 최대 5일이 걸린다.

스테이블코인은 이러한 한계를 극적으로 개선하며 송금의 게임 체인저로 떠올랐다. 미 달러에 연동된 USDT나 USDC를 이용하면 송금인이 디지털 달러를 보내고 수취인은 이를 즉시 현지 화폐로 환전할 수 있다. 거의 실시간에 수수료 몇 센트 수준으로 해외 송금이 가능해진다. 예를 들어 필리핀의 한 노동자는 전통 송금회사 대신 스텔라(Stellar) 네트워크와 머니그램의 제휴 서비스를 통해 미국에서 번 돈을 USDC로 전송한다. 가족은 현지 지갑이나 은행에서 그 USDC를 페소 현금으로 찾아 쓸 수 있다.

인도의 IT 프리랜서들이 엄격한 자본 규제를 피해 트론 네트워크의 USDT로 대금을 받고 국내 거래소에서 루피로 환전하는 사례도 늘고 있다. 남아시아 전체가 세계 최대 송금 수취 지역인데, 스테이블코인 도입으로 6~8%에 달하던 은행 수수료를 크게 절약하고 있다. 특히 은행 계좌가 없는 농촌 지역에서도 모바일 월렛만 있으면 송금을 받을 수 있어 금융 접근성이 향상된다.

2025년 스테이블코인은 국경 간 송금 분야에서 점점 더 중요한 역할을 차지하고 있다. 전체 글로벌 송금 시장에서 스테이블코인의 비중이 아직 압도적 수준은 아니지만, 여러 국제 연구기관은 이미 국경 간 지급(cross-border payments) 거래의 약 3% 안팎이 스테이블코인을 통해 이루어지고 있다고 추정한다. 몇 년 전만 해도 존재감이 미미했던 점을 감안하면 빠른 성장이다.

특히 아프리카와 같은 신흥국에서는 스테이블코인의 활용도가 더 빠르게 확대되고 있다. 예를 들어 사하라 이남 아프리카 지역에서는 암호화폐 전체 거래량 중 스테이블코인이 40% 이상을 차지한다는 분석도 있다. 이는 당장의 송금 채널이 암호화폐로 급격히 전환되었다는 의미는 아니지만, 불안정한 현지 통화 환경과 높은 해외 송금 수수료 때문에 스테이블코인이 실질적인 대안으로 자리 잡아가고 있음을 보여준다.

물론 스테이블코인이 전통 금융의 송금 시스템을 완전히 대체하려면 넘어야 할 규제·보안·가격 안정성 과제가 여전히 크다. 그럼에도 수수료 절감 효과 덕분에, 해외에서 일하는 노동자의 더 많은 소득이 실제 가족에게 전달될 수 있다는 점은 분명한 장점이다. 이는 단순한 기술 혁신을 넘어, 저소득층 가계와 고향 지역사회에 실질적인 혜택을 제공하는 변화라는 점에서 의미가 크다.

기회와 위험이 공존하는 신흥국의 딜레마

스테이블코인의 확산은 신흥국 경제에 양날의 검이다. 한편으로는 금융 혁신을 통해 달러화된 안전자산에 접근할 기회를 준다. 다른 한 편으로는 자국 통화 주권과 금융안정에 새로운 위험을 제기한다.

기회 측면을 보면, 인플레이션이 높거나 금융 인프라가 부족한 나라의 국민들이 스테이블코인을 통해 안정적 가치를 저축하고 국제 결제망에 참여할 수 있다. 이는 달러 예금을 해외에 두는 것보다 쉬운 자본 도피 창구이기도 하지만, 긍정적으로 보면 국민 개인의 재산 가치를 지키는 수단이다.

정부 입장에서도 적절히 규율한다면 핀테크 산업 육성이나 국제 무역 결제 다변화에 활용할 수 있다. 예컨대 브라질 등은 이미 자국

펀테크 기업들이 스테이블코인을 활용한 저렴한 해외 송금 서비스를 선보이고 있다. 동남아 일부 국가들은 스테이블코인을 달러 유입 경로로 인정하며 관련 기업을 유치하고 있다.

반면 위험도 있다. 스테이블코인이 디지털 달러화 가속을 통해 해당국 통화에 대한 수요를 잠식할 수 있다. IMF의 지타 고피나트 부총재는 "신흥국에서 스테이블코인 급성장은 통화 대체(currency substitution)와 금융 중개 약화를 초래할 위험이 높다"라고 경고했다. 국민이 달러 스테이블코인만 쓰면 중앙은행이 금리를 올려도 국내 통화에는 영향이 적어 통화 정책 전달이 어려워진다. 또 은행 예금이 빠져나가 은행 시스템이 약화될 수 있다.

한편에선 "스테이블코인은 오히려 현지 금융을 강화한다"라는 반론도 나온다. 아프리카 결제업체 옐로카드(Yellow Card) CEO는 "사람들이 원래도 현지 통화를 신뢰하지 못해 달러 현찰이나 금을 보유했었다. 이젠 그게 디지털로 바뀌었을 뿐이며, 오히려 현지 은행들이 글로벌 망을 우회해 달러 유동성을 확보하는 데 도움이 된다"라고 말한다.

데이터상으로 아직 글로벌 스테이블코인의 대다수는 미국 등 기축통화국에서 유통되고 신흥국에서의 유통은 제한적이다. 그러나 나이지리아 등 일부 나라는 시장 규모 대비 사용량이 매우 높아 정책 당국을 긴장시키고 있다.

민간의 달러 토큰 사용을 막을 수 없다면, 이를 제도권에 편입해 투명하게 관리하는 동시에, 자국 통화에 대한 신뢰를 높여야 한다. 이것이 신흥국 입장에서 취해야 할 균형 잡힌 전략일 것이다.

국경 없이 실시간으로 주고받는 글로벌 머니

'오픈 머니(Open Money)'란 국경과 플랫폼의 장벽 없이 자유롭게 흐르는 화폐를 뜻한다. 스테이블코인은 바로 이러한 개방형 금융의 핵심 요소로 부상했다.

과거에는 각국 법정화폐와 은행 시스템이 폐쇄망을 이루고 있어, 서로 다른 통화권 간 돈 이동이 복잡하고 느렸다. 그러나 USDC나 USDT 같은 토큰화된 달러는 인터넷상에서 프로그래밍 가능한 화폐로 기능하면서, 누구나 사용할 수 있는 글로벌 머니의 모습을 보여주고 있다. 스마트폰 지갑 하나만 설치하면, 마치 이메일을 주고받듯 전 세계 누구와도 실시간으로 가치 교환을 할 수 있게 된 것이다.

이런 개방형 특성은 탈중앙화 금융(디파이) 분야에서 특히 빛을

발한다. 수많은 디파이 어플리케이션이 안정적 결제 수단으로 스테이블코인을 채택한다. 그리고 담보대출, 예치 이자, 파생상품 거래 등을 은행 없이 전개하고 있다.

예를 들어 한 디파이 스마트 계약은 프리랜서의 작업 완료 신호를 받으면 자동으로 100USDC를 지급하도록 할 수 있다. 이는 프로그래밍된 달러가 금융 프로세스에 직접 내장된 사례다.

오픈 미니의 또 다른 측면은 상호운용성이다. 은행 앱의 포인트는 그 은행 시스템 밖으로 이동하기 어렵다. 반면 스테이블코인은 표준화된 이더리움 같은 레이어 위에서 발행되어 모든 지갑과 앱이 호환된다. 이는 돈을 특정 회사나 국가가 아닌 글로벌 인프라 위에 올려놓았다는 의미다.

물론 개방형 금융에는 규제 공백과 보안 위험이라는 과제가 있다. 그러나 각국이 점차 스테이블코인을 제도권으로 편입하고 표준을 마련하면서, 개방성과 안정성의 균형을 추구하고 있다.

오픈 소스 소프트웨어가 IT 혁신을 가속했듯, 오픈 머니는 금융 혁신을 가속하고 모두에게 혜택을 돌릴 잠재력이 크다. 스테이블코인은 이러한 오픈 머니 시대의 기축 자산으로, 미래 개방형 금융의 토대를 닦고 있다.

손안의 은행 vs 손안의 달러

'손안의 은행'이란 모바일뱅킹이나 간편결제 앱으로 언제든 은행 업무를 보는 경험을 뜻한다. 한국의 카카오뱅크, 네이버페이 등이 이에 해당한다. 한편 '손안의 달러'는 스테이블코인 지갑을 통해 누구나 휴대폰으로 달러를 보유하고 결제하는 경험을 가리킨다.

두 경험은 모두 스마트폰에서 금융을 처리한다는 점에서는 비슷하지만, 사용자 관점의 차이가 있다. 우선 접근성과 개방성 측면에서, 손안의 은행은 해당 은행의 계좌 개설과 신원 확인이 필요하다. 일부 국가에서는 외국인 이용이 막힌다.

이와 달리 손안의 달러는 인터넷만 되면 지갑 앱을 깔고 전 세계 어디서나 자유롭게 이용할 수 있다. 예를 들어 미국에 계좌 없는 아프리카 청년도 USDC 지갑을 하나 만들어 일을 하면 바로 달러를 받을 수 있다. 반면 전통 은행 계좌는 현지 규제와 요건 때문에 이게 어렵다.

속도와 이용 시간 면에서도 차이가 있다. 모바일뱅킹은 근본적으로 은행 업무 시간과 결제망 일정에 영향을 받기 때문에 이체 지연이 발생할 수 있다. 반면 스테이블코인은 365일 24시간 즉각 정산되어 항상 실시간에 가깝다.

수수료 측면도 비교된다. 은행 앱으로 해외 송금이나 환전을 하면 중개 은행 등 비용이 누적된다. 이에 비해 스테이블코인 지갑으로 보내면 중개 없이 직접 전송되어 수수료가 훨씬 저렴하다.

사용자 인터페이스와 신뢰성 측면에서는 손안의 은행이 유리하다. 손안의 은행은 친숙한 UI와 고객센터 지원, 오류 발생 시 계좌 동결 등 장치가 있다. 그러나 손안의 달러는 자기 책임하에 관리해야 하므로 지갑 키 분실 시 복구가 어렵다. 그리고 초기 진입장벽이 느껴질 수 있다. 또한 달러 토큰의 가치는 발행사가 담보하지만, 예금자보호처럼 국가가 보증하지는 않는다.

요약하면, 손안의 은행은 현행 금융권의 연장선으로 편의성을, 손안의 달러는 개방형 네트워크의 자유와 글로벌성을 제공한다. 결국 사용자는 어느 경험이 자신의 필요에 부합하는가에 따라 선택하거나, 두 가지를 병행하게 될 것이다.

앞으로 기술 발전으로 두 경험이 점차 수렴하여, 은행 앱에서도 스테이블코인을 다루고, 스테이블코인 지갑도 은행만큼 쉽게 쓸 수 있게 된다면 진정한 디지털 금융 포용이 이뤄질 것이다.

결제의 미래:
공존인가 대체인가

스테이블코인과 기존 결제망은 앞으로 공존하게 될까, 아니면 하나가 다른 하나를 대체할까? 현재로선 공존하면서 상호보완적으로 발전할 가능성이 높다는 견해가 우세하다.

신용카드, 은행 송금 등 전통 결제망은 오랜 기간 신뢰와 법적 체계를 구축해왔고, 사용자 경험도 정교하다. 반면 스테이블코인은 혁신적인 속도와 비용 효율로 전통 결제의 약점을 보완하지만, 규제 정비와 신뢰성 확보 측면에서는 시작 단계다.

공존 시나리오에서는 둘의 장점을 결합하는 방향이 전개된다. 예를 들어, 비자나 마스터카드 같은 카드사는 자체 네트워크 정산에 스테이블코인을 도입한다. 스트라이프(Stripe) 같은 결제 프로세서는 상인 정산금 지급에 USDC를 사용하면서도 겉으로는 사용자에게 카드나 현지 통화가 쓰이는 것처럼 보이게 할 수 있다. 이처럼 사용자는 익숙한 카드 결제를 하지만, 후단에서는 스테이블코인이 돌아 결제 속도가 개선되는 식이다.

또 다른 공존 양상은 은행들이 스테이블코인 발행에 참여하는 것이다. 이처럼 민간 혁신(토큰 기술)과 공공 신뢰(은행 규제)가 결합할 경우, 이용자는 스테이블코인을 기존 예금과 비슷한 안정성을 가진 결제 수단처럼 사용할 수 있게 된다. 즉 토큰이라는 새로운 기술적 편의성과 은행 규제가 제공하는 신뢰가 만나는 지점에서, 디지털 화폐는 오히려 더 안전하고 직관적인 형태로 진화하고 있는 셈이다.

스테이블코인이 대체하는 시나리오도 배제할 수 없다. 혁신 속도가 빨라져 스테이블코인과 디지털 월렛이 지금의 신용카드 네트워크를 완전히 대체하는 미래도 가능하다는 것이다. 다만 규제가 혁신을 못 따라갈 때는 혼란이 생길 수 있다.

현실적으로는 공존하면서 점진적 대체가 이뤄질 것이란 전망이 유력하다. 단기적으로는 기존 결제망에 스테이블코인이 흡수되어 효율을 높일 것이다. 그리고 장기적으로는 새로운 결제 표준으로 스테이블코인이 자리 잡아 신용카드 등의 역할을 상당 부분 대체할 수 있다. 소비자 편익과 금융 안정을 모두 충족하기 위해, 공존 전략이 각국 정책과 업계의 기본 방침이 될 가능성이 크다.

스테이블코인에 안전하게
투자하는 법

스테이블코인은 디지털 세상에서 새롭게 등장한 '전자 현금'이라고 할 수 있다. 달러나 원화 같은 법정화폐의 가치를 그대로 따라가도록 설계된 화폐 형태로, 예금이나 국채 같은 안전자산을 담보로 발행된다. 예를 들어 1개의 스테이블코인은 실제로 은행에 보관된 1달러와 교환이 가능하다는 원리다.

스테이블코인은 겉으로 보기에는 안정적이다. 가격이 오르내리는 일반 암호화폐와 달리 스테이블코인은 1대 1로 교환이 보장되니 손실이 없을 것처럼 느껴진다. 하지만 현실은 그렇게 단순하지 않다. 그 안정성은 발행사가 어떤 자산으로 담보를 쌓아두었는지, 그 자산이 얼마나 신속하게 현금화될 수 있는지, 그리고 시장이 얼마나 신뢰를 유지하느냐에 따라 달라진다.

그래서 스테이블코인은 '안정적'이지만 '완전히 안전한' 자산은 아니다. 스테이블코인의 가치는 결국 발행사가 보유한 준비자산에 달려 있다. 준비자산은 법정화폐와의 1대 1 교환 약속을 지탱하는 토대다. 따라서 발행사는 가치가 안정적이고 언제든지 현금화할 수 있는 자산을 보유해야 한다. 보통 이런 자산은 단기국채나 MMF 같은 단기 금융상품으로 구성된다.

문제는 발행사의 유혹이다. 예금에만 돈을 묶어두면 수익이 거의 발생하지 않기 때문에, 조금이라도 금리가 높은 채권이나 금융상품으로 운용하려는 유인이 생긴다. 이 과정에서 단기채권에 대한 수요가 급증하면 금리가 불안정해지고, 단기금융 시장 전체의 유동성이 흔들릴 수도 있다. 결국 '조금 더 벌기 위한 욕심'이 시장의 변동성을 키우는 셈이다.

스테이블코인의 가장 큰 위험 중 하나는 '코인런(coin run)'이다. 이는 은행에서 한꺼번에 인출 사태가 벌어지는 '뱅크런(bank run)'과 같은 현상이다. 만약 발행사에 대한 신뢰가 흔들리면, 투자자들이 동시에 환매를 요청하게 된다. 그러면 발행사는 담보로 가지고 있던 자산을 급히 팔아야 한다.

이 과정에서 채권 가격이 급락하고, 일부 금융기관은 환매 자금을 제때 마련하지 못해 문제가 커질 수 있다. 이러한 상황은 2008년 글로벌 금융위기 당시 MMF에서 실제로 벌어졌다. 리먼 브라더스가 파산하자, 일부 MMF의 자산가치가 1달러 밑으로 떨어졌고, 투자자들이 공포에 질려 대규모로 자금을 빼내기 시작했다. 이를 '브레이크

더 벅(Break the Buck)’ 사태라고 부른다.

당시 미국 정부는 시장 안정을 위해 재무부가 MMF에 원금 보장 프로그램을 도입하고, 연준이 유동성 공급 프로그램(AMLF)을 통해 자금 지원에 나서며 위기를 진정시켰다.

그러나 스테이블코인은 상황이 다르다. 중앙은행이 직접 발행한 제도권 자산이 아니기 때문에, 정부가 개입할 법적 근거가 없다. 위기가 발생해도 정부가 구제하기를 기대하기 어렵다. 이 때문에 스테이블코인은 종종 ‘그림자 화폐(Shadow Money)’라고 불리기도 한다.

많은 투자자가 ‘스테이블코인은 발행한 만큼 준비금이 있으니 안전하다’고 생각한다. 하지만 준비금 100%는 필요조건일 뿐, 충분조건은 아니다. 준비자산의 가치가 변동하거나, 발행사가 돈을 맡긴 은행이 파산하거나, 블록체인 네트워크가 해킹당하는 등의 위험은 언제든 발생할 수 있다.

이런 상황에서는 스테이블코인이 일시적으로 1대 1 교환 비율을 잃을 수도 있다. 이를 ‘디페깅(de-pegging)’이라고 부르며, 실제로 여러 차례 발생했다. 2022년 테라·루나 사태 당시, 테더(USDT)는 1달러에서 0.95달러로 떨어졌다. 2023년 실리콘밸리은행(SVB) 파산 때는 USDC가 0.88달러까지 하락했다. 유럽 통화 기반의 스테이블코인(EURC, EURT)도 잦은 변동성을 보였다. 특히 원화나 유로처럼 거래량이 적은 비달러 스테이블코인은 유동성이 부족해 가격이 더 자주 흔들리는 경향이 있다.

그럼 어떻게 하면 스테이블코인을 안전하게 사용할 수 있을까? 다음 다섯 가지 위험을 반드시 점검해야 한다.

첫째는 발행사의 신용 리스크다. 준비자산이 실제로 존재하는지, 외부 감사가 이루어지고 있는지를 확인해야 한다. 테더(USDT)는 과거 준비금 의혹으로 신뢰가 흔들렸고, 테라(UST)는 아예 알고리즘 실패로 붕괴한 적이 있다. 가능하다면 규제 라이선스를 보유하고, 투명한 보고서를 공개하는 발행사를 선택해야 한다.

둘째는 보관 리스크다. 거래소에 스테이블코인을 두면 해킹이나 파산 위험에 노출된다. 가능하면 개인이 직접 관리하는 하드웨어 지갑에 보관하고, 그럴 여력이 없다면 보험이나 규제를 받는 커스터디(보관) 서비스를 이용하는 것이 좋다.

셋째는 스마트 컨트랙트 리스크다. 디파이 서비스를 통해 이자를 받으려면, 그 플랫폼이 신뢰할 만한지 반드시 점검해야 한다. 과도하게 높은 수익률을 제시한다면, 그만큼 높은 위험이 숨어 있다는 신호일 수도 있다.

넷째는 규제 리스크다. 일부 국가는 암호화폐 규제를 강화하고 있어, 갑작스러운 정책 변화로 자산이 묶이거나 거래가 금지될 수도 있다. 중앙화 스테이블코인은 발행사가 특정 지갑을 동결할 권한을 갖고 있다는 점도 유의해야 한다. 이런 리스크를 줄이기 위해서는 중앙화·탈중앙화 코인을 적절히 나누어 사용하는 것이 좋다.

다섯째는 환율 및 인플레이션 리스크다. 스테이블코인은 가치가 고정된 것처럼 보이지만, 달러 등 외화에 연동되어 있기 때문에 원화로 환산하면 환율 변동의 영향을 받는다. 또 달러의 인플레이션이 높아지면 스테이블코인의 실질 구매력도 함께 하락한다.

또한 스테이블코인을 안정적으로 활용하기 위해서는 몇 가지 기본 원칙을 지켜야 한다. 첫째, 검증된 발행사와 투명한 준비금 구조를 확인한다. 지갑을 분산해 관리하고, 오프라인 보관(하드 월렛)을 활용한다. 둘째, 투자 플랫폼이나 거래소의 보안과 규제 상태를 확인한다. 셋째, 여러 종류의 스테이블코인으로 자산을 분산한다. 넷째, 시장 불안이나 환매 급증 등 비상 상황을 대비해 현금성 자산을 일부 보유한다.

스테이블코인은 겉으로는 변동이 없고, 달러처럼 안정적으로 보이지만 그 속에는 금융 시장과 기술 리스크가 함께 존재한다. 따라서 현명한 투자자는 이를 '현금 대체 수단'으로 보되, 절대 무위험 자산으로 착각하지 않아야 한다. 디지털 시대의 돈을 다루더라도, 기본은 여전히 '분산'과 '주의'다. 은행 예금을 관리하듯, 스테이블코인도 신중하게 관리해야 한다.

"디지털 돈을 쓸 때에도, 은행만큼의 신중함이 필요하다."

이것이 스테이블코인을 안전하게 활용하는 첫 번째 원칙이다.

| THE | **COIN**

디지털 통화가 만드는
새로운 금융 질서

스테이블코인은 또 하나의 코인이 아니라, 디지털 경제 속에서 실제 현금처럼 흐르는 새로운 화폐다. 비트코인이 디지털 금이라면, 이더리움은 디지털 금융 인프라다. 그 위에서 스테이블코인은 마치 혈관을 따라 흐르는 피처럼 움직인다. 이 세 축이 만들어내는 새롭고 거대한 흐름을 읽어보자.

디지털 달러 패권을 위한 미국의 전략

미국은 기축통화 달러의 패권을 디지털 시대에도 이어가기 위해, 스테이블코인을 새로운 소프트 파워 도구로 활용하려는 전략을 보이고 있다. 미 재무부와 의회 인사들은 스테이블코인이 전 세계에 미국 달러 사용을 확산시키는 잠재력에 주목하고 있다.

2023년 미 하원 공청회에서는 한 관료가 "스테이블코인의 확산은 글로벌 준비통화로서 달러의 지위를 공고히 하고, 미국 국채에 대한 수요를 앵커링(anchoring) 하는 효과가 있다"라고 강조했다.

실제로 현재 전 세계 스테이블코인 시가총액의 98% 이상이 달러 표시일 정도로, 디지털 영역에서도 달러가 압도적으로 지배하고 있다. 이는 미국 입장에서 디지털 달러화의 공고화를 의미한다.

스테이블코인 준비금의 상당 부분이 미국 국채로 운용되고 있어, 민간 발행 토큰을 통해 막대한 해외 자금이 미 국채로 유입되는 효과도 있다. 한 분석에 따르면, 2030년까지 스테이블코인이 미국 국채 시장에 1.4~3.7조 달러의 추가 자금을 공급한다. 그래서 연간 100억 달러 이상의 미 국채 이자 비용을 절감시킬 수 있다고 한다. 다시 말해, '스테이블코인 = 미국 부채의 새로운 구매자'인 셈이다.

미국 정책당국도 이를 놓치지 않고 있다. 지니어스 법안은 연방정부가 스테이블코인 발행과 준비금 관리에 대한 감독권을 갖도록 한다. 동시에 미국 스테이블코인 산업을 제도권으로 육성하려는 움직임이다. 트럼프 행정부는 이 법을 추진하는 데 적극적이었다. 바이든 대통령 또한 2022년 행정명령으로 디지털 달러의 위상 강화 방안을 검토시켰다. 유럽중앙은행은 보고서에서 이렇게 분석했다.

"미국 행정부의 스테이블코인 지원은 단순히 기술 혁신을 돕는 것이 아니라, 디지털 플랫폼상에서 달러 사용을 확대하여 글로벌 지배력을 유지하고, 스테이블코인 준비금으로 미 국채 수요를 늘려 차입비용을 낮추려는 양면의 목표가 있다."

테더의 CTO도 "USDT는 미국 달러 패권의 최후 보루"라고 언급할 정도로 미국에 유리한 측면을 강조한다. 디지털 달러 패권 전략은 하드 파워(경제 제재, 무역 압력)가 아닌 시장 메커니즘과 민간 혁신을 통해 달러 영향력을 퍼뜨리는 소프트 파워 접근이다. 미국은 민간 스테이블코인들을 적절히 규제하되 옥죄지는 않으면서, 중국 등 경쟁국의 CBDC에 대응해 자유세계의 글로벌 통화로서 디지털 달러를 부상시키고 있다.

다극화 시대의
통화 전쟁

미·중 신냉전과 러시아 제재 등 국제질서 다극화가 진행되는 가운데, 통화 패권을 둘러싼 보이지 않는 전쟁도 벌어지고 있다. 한쪽에는 전 세계를 장악한 달러 기반 스테이블코인들이 있고, 다른 한쪽에는 이에 도전하는 각국의 CBDC와 대체 스테이블코인 시도가 있다.

현재까지 판세는 미국 달러 스테이블코인들이 선제공격에 성공한 모양새다. USDT와 USDC 등 달러 스테이블코인이 신흥국 시장을 빠르게 파고들며, 디지털 영역에서 달러화를 확산시켰다. 예컨대 러시아의 우크라이나 침공 후 루블화가 급락하자 러시아 국민들도 테더 매수에 나섰다. 이처럼 서방 제재에도 불구하고 달러 스테이블코인은 러시아 내에서조차 가치 저장 수단이 되고 있다.

중국은 암호 달러의 침투를 막고자 디지털 위안화 보급과 위안화 표시 무역 결제를 추진하고 있다. 그러나 민간의 자연스러운 수요를 억누르는 데는 한계가 있다. 중국인들도 비공식적으로는 VPN(Virtual Private Network) 등을 활용해 비트코인과 USDT를 보유하고 있다는 보고가 있을 정도다.

중동의 이란, 레바논 등 달러화가 만연한 경제 위기국들 역시 기존에는 현찰 달러가 지하경제를 지배했다면, 이제는 암호 달러가 그 역할을 대체하고 있다. 이는 미국 입장에서 제재 회피 수단이 될 우려가 있는 동시에, 달러 영향력 유지라는 양면성이 있다.

한편 다른 통화 블록들은 연합전선을 모색한다. 브릭스(BRICS) 국가들은 공동으로 담보화폐(금이나 원자재 연동)를 통한 스테이블코인 발행을 논의하고 있다. 홍콩은 중국 디지털 위안과 연결된 위안화 스테이블코인 허용을 추진 중이다. 유럽은 유로화 영역 방어에 힘쓰고 있고, 인도, 브라질 등은 자국 결제망과 CBDC 파일럿으로 달러 의존도를 낮추려 한다. 이처럼 통화의 디지털화 무대에서 패권 다툼이 전개되면서, 달러 토큰의 힘이 중요한 변수로 부상했다.

미국 달러가 기존 금융에서는 군사력과 경제 규모로 지배력을 가졌다면, 디지털 시대에는 시장 선점과 네트워크 효과로 우위를 점한 달러 토큰들이 그 역할을 하고 있다. 각국이 이를 견제하고자 해도, 네트워크 크기가 곧 힘이 되는 특성상 이미 거대한 이용자 풀을 확보한 달러 토큰을 따라잡기 쉽지 않다. 궁극적으로 다극화 시대 통화 전쟁의 향배는, 미국이 이끄는 개방형 달러 토큰 생태계에 대항하여 다른 블록들이 얼마나 매력적인 대안을 제시하느냐에 달려 있다.

중앙은행 디지털 화폐 vs 스테이블코인

디지털 화폐를 구현하는 두 가지 경로인 중앙은행 디지털 화폐(이하 'CBDC')와 스테이블코인은 각기 장단점을 지니고 있다.

우선 신뢰성과 안정성 측면을 보자. CBDC는 중앙은행 발행이므로 명목가치가 100% 보장되고 신용 위험이 없다. 반면 스테이블코인은 민간 발행이라 준비자산 담보에 대한 신뢰도가 발행사별로 상이하다. 때때로 페그가 흔들리거나 준비금 투명성 이슈가 있다. 실제로 2022년 테라 사태 같은 극단적 사례도 있었다.

유통속도와 혁신성에서는 스테이블코인이 앞선다. 이미 2,000억 달러 이상 발행되어 전 세계에 퍼져 있고, 디파이 등 혁신적 금융 서비스와 연계되어 진화 속도가 빠르다.

CBDC는 중앙은행이 단계적으로 추진해야 하므로 보수적이고 발행까지 시간이 오래 걸린다. 프라이버시 측면에서는, 스테이블코인은 익명 지갑 간 전송이 가능해 현금에 가까운 익명성을 일부 제공한다.

CBDC는 설계에 따라 다르나, 대체로 거래 데이터가 중앙은행과 정부에 기록되므로 프라이버시 우려가 있다. 법적 지위는 CBDC가 훨씬 명확하다. 법정 통화이므로 법적 청산성, 강제 통용력이 있지만, 스테이블코인은 법적 위치가 나라마다 다르고 기본적으로 민간 채무 형태라 법정화폐 대접을 받지 못한다.

금융 안정에 미치는 영향도 차이가 있다. CBDC가 광범위하게 채택되면 은행 예금이 중앙은행으로 이동해 은행 자금 중개가 위축될 수 있다는 우려가 있다. 반대로 스테이블코인은 은행권 밖에서 활성화될 경우, 전통 금융과 분리된 그림자 통화로 작동해 통제하기 어려운 위험을 낳을 수 있다.

국제 활용도 면에선 현재는 달러 스테이블코인이 독보적이지만, 향후 미 CBDC가 나온다면 기축통화로서 영향력이 클 것이다. 그러나 미 연준은 소매용 디지털 달러엔 소극적이어서 당분간 민간 달러 토큰이 계속 주도할 것으로 보인다.

기술 구현 면을 보자. 스테이블코인은 주로 퍼블릭 블록체인 위에서 돌아가 상호운용성이 높고 프로그래밍이 자유롭다. 반면, CBDC는 국가별 독자망일 가능성이 높아 국제 호환성이 떨어질 수 있다. 다만 각국 중앙은행들도 분산원장 기술(DLT) 활용을 검토하고 국제 CBDC 네트워크 연구도 진행 중이다.

다만, 미국이 중앙은행 디지털 화폐(CBDC)를 전면적으로 도입하기는 쉽지 않다고 본다. 그 핵심 이유는, 정부의 통제력이 과도하게 강화될 수 있다는 점과 프라이버시 침해에 대한 우려가 미국 사회가 오랫동안 중시해 온 자유 중심적 가치관과 근본적으로 충돌하기 때문이다. CBDC가 통화 주권과 금융 안정성을 우선하는 제도적 설계라면, 스테이블코인과 비트코인은 시장의 선택과 기술적 진화를 통해 신뢰를 축적해 온 자산이라 할 수 있다.

비트코인을 국가 전략 자산으로 활용해야 하는지에 대해서는 논쟁의 여지가 있지만, 비트코인이 디지털 자산 생태계 전반의 신뢰 기준점 역할을 해왔다는 점은 부정하기 어렵다. 비트코인이 붕괴될 경우, 이는 개별 자산의 가격 하락을 넘어 가상자산 시스템 전체의 신뢰를 흔드는 충격으로 이어질 가능성이 크다. 이는 RP나 CMA가 담보자산을 기반으로 설계되어 있음에도 불구하고, 실질적으로는 발행 금융기관의 신뢰와 지급 능력이 핵심 안전판으로 작동하는 기존 금융 시스템의 구조와 닮아 있다.

결국 미국이 CBDC 도입보다 스테이블코인과 비트코인의 제도화를 우선하는 이유는 기술적 선택의 문제가 아니다. 이는 자유주의적 가치관, 시장 친화적 접근, 그리고 글로벌 금융 질서에서의 전략적 목표가 결합된 결과다.

달러 패권은
무너질 것인가?

오늘날 세계 경제를 지탱하는 가장 근본적인 축은 달러다. 국가 간 결제, 무역, 자산 평가, 그리고 중앙은행의 외환보유까지 대부분의 시스템이 달러를 중심으로 돌아가고 있다. 그러나 이 구조가 영원히 지속되리라는 보장은 없다.

역사적으로 패권은 언제나 기술, 제도, 신뢰 위에서 세워졌다. 그 어떤 패권도 예외 없이 변화의 흐름을 피하지 못했다. 영국의 파운드가 그랬듯, 달러 역시 '붕괴'의 가능성을 내포하고 있다. 그러나 그 붕괴는 금융위기처럼 갑작스럽게 찾아오는 폭발적 사건이 아니라, 기술의 발전, 제도의 재편, 신뢰의 이동 속에서 서서히 진행되는 구조적 변화일 가능성이 크다. 지금 미국은 바로 그 변곡점에 서 있다.

달러 패권의 근원은 단순히 통화의 힘에 있지 않다. 그 기반은 자유시장, 법치 그리고 제도적 신뢰라는 미국의 가치 체계다. 따라서 달러 패권의 미래를 논할 때 우리는 '무너질 것인가?'보다 '어떤 형태로 진화할 것인가?'를 물어야 한다.

『국가는 왜 실패하는가』에서 말하듯, 한 국가의 지속 가능한 성장과 패권은 기술, 노동, 제도의 조화 위에서 작동한다. 미국은 이 세 가지의 균형을 누구보다 잘 이해하고 활용해온 나라다. AI, 반도체, 인터넷, 금융 혁신 등 모든 기술적 진보는 정부가 아니라 민간의 창의적 역량에서 비롯되었다. 따라서 디지털 화폐의 시대에도 미국은 정부 주도가 아닌 민간 주도의 혁신 모델을 선택할 가능성이 크다.

CBDC는 기술적으로 효율적인 시스템이다. 거래 추적이 용이하고, 금융 시스템 전반의 리스크 관리가 가능하며, 정책 전달력도 뛰어나다. 하지만 이러한 효율성은 미국 사회의 근본적 가치와 충돌한다. CBDC는 중앙은행이 모든 국민의 거래를 실시간으로 감시할 수 있는 통제형 화폐 시스템이기 때문이다.

미국은 건국 이래 정부 권한의 확대에 매우 민감한 나라다. 1913년 연준이 설립될 당시에도 '중앙집권적 금융 통제'에 대한 반발이 거셌다. 이런 역사적 맥락에서 볼 때, 중앙은행이 국민의 모든 거래를 감시하는 시스템이 미국 사회에서 받아들여지기는 어렵다. 즉 CBDC는 기술적으로는 효율적이지만, 철학적으로는 미국의 가치 체계와 맞지 않다.

이러한 이유로 미국은 '통제형 디지털 화폐'가 아닌 '시장형 디지털 달러'를 선택하려 하고 있다. 그 중심에 스테이블코인이 있다. 이는 정부의 신뢰를 유지하면서도 민간의 혁신성과 글로벌 확장성을 동시에 확보할 수 있는 장점을 지닌다.

기존의 달러 패권은 '미국 국채 → 글로벌 결제 → 달러 수요'의 흐름으로 유지되어왔다. 스테이블코인은 이 구조를 디지털로 전환한 형태다. 블록체인상에서도 달러가 결제 표준으로 기능하게 만든다. 즉 디지털 결제 인프라에서도 달러가 중심이 된다면, 달러 패권은 오히려 강화될 가능성이 크다.

이미 주요 금융기관과 테크 기업들이 이 방향으로 움직이고 있다. 서클의 USDC, 페이팔의 PYUSD, JP모건의 JPM 코인 등 대형 민간 기업들이 스테이블코인 발행을 통해 디지털 달러 생태계를 확장하고 있다. 이는 단순한 금융 혁신이 아니라, 민간이 주도하는 새로운 달러 시스템의 출현이다.

미국 정부는 이를 강하게 통제하지 않고, 감독과 규범 설정을 통해 '통제하지 않되, 방임하지도 않는' 방식으로 접근하고 있다. 이러한 공존 모델은 민간의 혁신성과 공공의 신뢰가 조화를 이루는 구조다. 민간은 기술과 속도를 제공하고, 정부는 제도적 안전망과 거시적 안정성을 확보한다.

CBDC가 중앙 집중형이라면, 스테이블코인 체제는 민관 협력형 거버넌스 모델로 진화하고 있다. 스테이블코인은 미국 내 결제 수단을 넘어, 전 세계 유동성의 새로운 매개체로 자리 잡고 있다.

만약 전 세계가 스테이블코인을 결제 수단으로 사용하게 된다면, 이는 곧 '디지털 달러의 세계화'를 의미한다. 실물 달러의 통제력은 약화되더라도, 디지털 네트워크에서의 달러 지배력은 강화된다. 즉 달러 패권은 붕괴가 아니라 재설계(reconfiguration)를 맞이하고 있는 것이다.

　패권은 기술이 아니라 신뢰에서 나온다. CBDC는 효율을 제공하지만, 효율만으로는 패권을 유지할 수 없다. 스테이블코인은 통제는 덜하지만, 신뢰를 창출한다. 미국은 CBDC를 도입하지 않는 나라가 될 것이다. 그것은 뒤처졌기 때문이 아니라, CBDC 없이도 패권을 유지할 수 있기 때문이다. 달러는 CBDC가 아닌 스테이블코인 중심으로 진화하며, '통제의 패권'에서 '신뢰의 패권'으로 전환될 것이다.

누가 미래 화폐의
주도권을 쥘 것인가?

디지털 시대에 화폐 패권을 누가 쥘 것인가는 경제뿐 아니라 지정학적 핵심 쟁점이다. 그 후보로는 미국을 비롯한 기축통화국 정부, 빅테크 등의 민간 기업 그리고 탈중앙 네트워크 공동체를 들 수 있다.

현재까지 양상을 보면, 미국은 달러 기반 스테이블코인 및 글로벌 금융망을 통해 상당한 선점을 이루고 있다. 달러 스테이블코인은 사실상 미국 소프트 파워의 연장선이다. 미 정부도 이 흐름을 용인, 장려하는 쪽으로 방향을 잡았다. 따라서 향후 수년간은 미국이 돈의 미래를 주도할 공산이 크다.

반면 중국은 자국 통제 모델의 디지털 위안화로 대응하고 있다. 그러나 국제 호응이 제한적이고 자국 시장 보호에 그칠 가능성이 있다. 유럽은 규제와 디지털 유로로 따라가지만, 속도가 상대적으로 느리다.

민간 빅테크의 경우, 페이스북 리브라처럼 직접적인 시도는 좌초됐지만, 페이팔의 PYUSD나 테더 같은 크립토 기업은 이미 영향력을 행사하고 있다. 애플, 구글 등 빅테크도 결제 서비스에 스테이블코인을 접목할 잠재력이 있다. 그러나 결국 규제 환경 아래에서 움직여야 하므로, 완전히 주도권을 쥐긴 어렵다는 지적이다.

탈중앙 커뮤니티는 비트코인 개발자 그룹이나 이더리움, 디파이 참여자들을 말한다. 이들은 기술 혁신을 이끌 뿐 정치·경제적 권한은 제한적이다. 다만 이들이 설계한 공개 프로토콜(예: 이더리움 네트워크)이 새로운 금융 시스템의 기술 표준으로 자리잡는다면, 기술 주도권 측면에서 영향력이 클 수 있다.

이미 이더리움은 디지털 자산 인프라의 사실상 표준 플랫폼이다. 비자 결제 실험이나 글로벌 기업의 블록체인 활용이 대부분 이더리움에 기반한다. 이를 통해 기술 커뮤니티가 화폐 시스템 설계에 일정 역할을 하는 특이한 상황도 벌어지고 있다.

결국 돈의 미래 주도권은 단일 주체가 아닌, 국가·기업·커뮤니티의 힘겨루기 속에서 결정될 것이다. 아마도 국가(특히 미국)가 큰 방향과 질서를 정하면, 민간 기업이 상품과 서비스를 통해 구현하고, 기술 커뮤니티가 이를 뒷받침할 것이다. 이 과정에서 경쟁과 협력이 병존하며, 어떤 나라는 뒤처지고 어떤 기업은 앞서나갈 것이다.

중요한 것은 '미래 화폐의 기준을 누가 설정하느냐'다. 현재는 미국 달러 가치가 그 기준이고, 스테이블코인들도 이를 따른다. 향후에도 달러 중심이 계속된다면 미국이 주도권을 쥘 것이다. 그러나 혹여 기술 변화나 신뢰 이동으로 다른 기준(예: 국제 통화바스켓이나 금 연동)이 부상한다면 게임의 새 판이 열린다.

지금까지의 흐름을 볼 때 그럴 가능성은 작아 보인다. 돈의 미래는 여전히 기존 강대국과 혁신 기업의 협력적 경쟁 속에서 전개되고 있다. 적어도 가까운 미래에는 미국 주도의 다자 간 협력체제가 될 것이라는 전망이 힘을 얻고 있다.

새로운 금융 시장의
탄생

스테이블코인의 성장과 더불어 완전히 새로운 디지털 금융 시장이 태동하고 있다. 2024년 기준 스테이블코인 총발행량은 약 1,500억 달러로 전 세계 소액결제 시장의 일부에 불과하다(2025년 상반기 기준 약 2,500억 달러로 성장). 그러나 연간 거래량은 무려 27조 달러를 넘어 비자와 마스터카드의 합계도 추월했다. 이처럼 거대한 거래량은 스테이블코인이 다양한 금융 활동의 기반 자산이 되었음을 의미한다.

　실제로 스테이블코인 생태계에서는 디파이 시장이 활성화되어 있다. 디파이 대출 플랫폼에서는 USDC 등을 담보로 암호화폐를 빌리거나 반대로 예치해 이자를 받는다. '이자 농사(Yield Farming)'라고 불리는 수익 극대화 전략도 등장했다. 여러 디파이 프로토콜에 스테이블코인을 공급하여 보상 토큰을 받는 방식으로, 연 5~20% 이상의 수익을 올리는 사례도 있었다. 물론 이는 스마트 컨트랙트 해킹 위험과 토큰 가격 변동 위험을 수반하는 고위험 투자였다.

중앙화거래소(CeFi)에서도 스테이블코인 마켓이 형성되어, 사람들은 현금 대신 USDT로 코인을 사고판다. 심지어 선물증거금이나 NFT 거래에도 스테이블코인을 사용한다. 많은 거래소가 고객 예치금의 달러 대신 USDC/USDT로 인출을 허용하고 있다.

또한 상호운용성 프로토콜이 발전하여, 이더리움 외에 솔라나, 트론, BSC 등 다양한 체인 위에서도 스테이블코인이 활발히 유통된다. 이는 마치 여러 증권거래소와 은행 간에 달러가 자유롭게 이동하듯, 블록체인들 간에 브릿지 기술을 통해 이동하는 모습이다. 더 나아가 실물자산 토큰화 시장도 스테이블코인과 맞물려 성장 중이다.

2023년 미 국채를 토큰화한 상품, 부동산 수익증권을 토큰화한 프로젝트 등이 등장했다. 이러한 거래의 결제 대금으로 대부분 스테이블코인이 사용된다. 스테이블코인은 디지털 금융의 기축통화처럼 작동하여, 신규 시장이 태어날 때마다 결제와 단위계정의 역할을 맡는 모습이다.

최근 모건스탠리는 "2028년까지 실물결제에 쓰이는 스테이블코인 규모가 연 1,870억 달러를 넘을 것"이라고 전망했다. 맥킨지는 "스테이블코인 공급이 2028년 2조 달러에 이를 것"이라고 내다봤다. 이는 새로운 금융 시장이 메인스트림으로 성장한다는 의미다. 스테이블코인 생태계는 암호 자산 시장을 넘어, 전통 금융과 융합된 하이브리드 시장으로 진화하며 인류 금융사에 한 획을 긋고 있다.

디지털 머니 시대,
누가 수익을 얻는가?

이런 말이 있다.

"금광 시대에는 금을 캐는 사람보다 곡괭이를 파는 회사가 더 큰 돈을 번다."

지금의 디지털 머니 시대에도 똑같은 원리가 통한다. 스테이블코인이 전 세계에서 빠르게 퍼지고 있지만, 그 뒤에는 반드시 이를 움직이는 블록체인 인프라가 있다. 바로 이 인프라가 진짜 투자 기회가 될 수 있다.

수많은 블록체인 가운데 스테이블코인의 중심 무대는 여전히 이더리움이다. 오랜 시간 큰돈이 오가며 보안과 안정성이 검증되었다. 기관 투자자들이 필요로 하는 규제 대응, 자산 보관 서비스도 가장

블록체인	발행된 스테이블코인 종류	스테이블코인 시가총액 (십억달러)	YTD 증가 (십억달러)
이더리움	131	130.1	+23.5
트론	6	65.2	+5.3
솔라나	32	12.4	+7.7
BNB체인	41	7.1	+0.9
아비트럼	57	5.7	+0.0
베이스	31	4.0	+0.5

주: 발행된 스테이블코인 종류는 DefiLlama 기준. 시가총액은 2025.03.25 기준
자료: Artemis, DefiLlama, NH투자증권 리서치본부

잘 갖춰져 있다. 주요 거래소, 대출 서비스, 브리지 같은 핵심 서비스가 모두 이더리움에서 먼저 자리 잡았다. 최근에는 수수료와 속도를 개선해 주는 레이어2(L2) 기술이 확산되며 약점도 보완되고 있다. 그래서 새로운 투자자들이 가장 먼저 선택하는 무대는 지금도 이더리움이다.

스테이블코인이 많이 쓰일수록 이더리움 네트워크의 사용량도 늘어난다. 이더리움은 거래 수수료 일부가 소각되는 구조라, 거래가 늘어날수록 공급량이 줄어드는 특징이 있다. 실제로 최근 몇 년간 스테이블코인 거래액이 폭증하면서, 이더리움 자체의 희소성도 커지고 가치 상승 압력까지 생겼다. 즉 '스테이블코인의 성공 = 이더리움의 성장'이라는 공식이 성립한 셈이다.

물론 이더리움만 있는 것은 아니다. 트론(Tron)은 아시아 지역에

서 USDT 송금의 대부분을 처리하며 '테더의 체인'으로 불릴 정도다. 솔라나(Solana)는 빠른 속도와 낮은 수수료 덕분에 글로벌 결제 네트워크 시범사업에 참여하며 주목받고 있다.

중요한 건 기술 자체가 아니라, '얼마나 많은 사용자가 모여 있느냐'다. 지금은 이더리움이 가장 큰 네트워크 효과를 누리고 있지만, 미래에는 다른 체인도 두각을 나타낼 수 있다.

앞으로 스테이블코인이 전통 금융과 더 깊이 연결되고, 자산의 토큰화가 본격화될수록 신뢰할 수 있는 인프라의 가치는 더 커질 것이다. 인터넷 초창기에 시스코 같은 인프라 기업과 구글 같은 플랫폼 기업에 투자했던 사람들이 큰 수익을 거둔 것처럼, 디지털 머니 시대의 승자 역시 블록체인 인프라를 쥔 자가 될 가능성이 크다. 따라서 이더리움과 같은 기반 네트워크에 대한 투자는 단순한 코인 투기가 아니라, 새로운 금융 시스템을 지탱하는 뼈대에 투자하는 일로 볼 수 있다.

국채부터 부동산까지, 전통 자산의 토큰화

스테이블코인으로 촉발된 디지털 자산 혁명은 이제 전통 금융 자산의 토큰화로 확장되고 있다. 이미 미국 국채를 토큰화한 사례가 나왔다. 한 핀테크 기업이 2023년에 서클 인터넷 그룹(Circle Internet Group) 등과 유사하게 미국 단기국채 포트폴리오를 기반으로 한 토큰형 MMF 구조를 준비했으며, 이 상품은 블록체인(예: 이더리움 네트워크)상에서 투자자들이 접근 가능하도록 설계된 것으로 알려져 있다.

이는 사실상 달러 스테이블코인의 이자 수익 버전이라 주목받았다. 투자자들은 USDC 등을 이 토큰으로 바꾸면 국채 수익률을 누리면서도 블록체인상에서 자유롭게 거래할 수 있다.

미국·유럽·아시아에서 부동산 자산을 블록체인상 토큰으로 분할

하고 소액투자자가 참여할 수 있게 한 사례가 증가하고 있다. 예컨대 건물을 여러 토큰으로 나눠 판매하고, 토큰 보유자에게 임대수익을 배당하도록 설계된 구조도 있다. 부동산은 전통적으로 유동화가 어려웠던 자산이지만 토큰화 덕분에 유동성과 접근성이 커지는 흐름이 있다. 또한 주식 토큰화도 진행 중이다. 일부 플랫폼은 전통 주식 가격을 추종하는 토큰을 발행해 24시간 거래 가능성을 제공하고 있다

다만 이는 증권법 규제에 민감하여 아직 본격화하진 못했다. 예술품, 금, 원자재 등 대체 자산도 토큰화 시도가 잇따른다. 금 연동 토큰으로는 이미 팍스골드(PAX Gold) 같은 제품이 나오고 거래소에 상장되어 있다. 향후 산업용 금속이나 원유, 또는 축구 구단의 수익권까지 토큰화되어 거래될지 모른다.

이러한 토큰화 움직임은 거대한 새로운 시장을 형성할 잠재력이 있다. 시중 부동자금이 손쉽게 부동산·채권 토큰으로 이동하고, 글로벌 투자자들이 국경 없이 다양한 자산에 소액씩 분산 투자하는 세상이 열린다.

넘어야 할 산도 있다. 법적으로 증권인지 상품인지 애매한 토큰이 많고, 각국 규제 불확실성이 존재한다. 또한 실물 자산과 토큰 간 권리 연결(예: 부동산 등기부와 토큰 소유자의 법적 권리 연계)을 명확히 해야 한다. 기술적으로는 토큰 표준화와 상호운용성이 필요하다. 이런 과제를 풀어간다면, 전통 자산의 토큰화는 스테이블코인과 함께 새 금융 시장의 탄생을 이끄는 쌍두마차가 될 것이다.

억압 아닌
편입

암호화폐의 태동기만 해도 각국 정부와 중앙은행은 이를 기존 금융 질서를 위협하는 존재로 인식하며 대체로 부정적인 태도를 보여왔다. 그러나 스테이블코인의 등장 이후 판도는 분명히 달라지고 있다. 특히 2025년에 들어 미국 정부의 인식 변화는 매우 뚜렷하다.

미 재무장관 스콧 베슨트(Scott Bessent)는 백악관 디지털자산 회의에서 "달러의 세계 기축통화 지위를 지키기 위해 스테이블코인을 활용할 것"이라고 공개적으로 언급했다. 이는 정부가 직접 발행·통제하는 디지털 달러(CBDC)가 아니더라도, 민간이 발행한 달러 연동 스테이블코인이 글로벌 달러 표준을 확산시키는 역할을 한다면 이를 용인하고 오히려 육성하겠다는 전략적 선언으로 해석된다.

실제로 미국 의회는 지니어스 법을 통해 스테이블코인 발행과 준비자산에 대한 법적 틀을 마련했고, 연준과 재무부 역시 관련 연구와 규제 정비에 속도를 내고 있다. 이는 미국이 공식 CBDC 도입을 유보하는 대신, 민간 스테이블코인을 '사실상의 디지털 달러'로 인정하고 관리하는 우회 전략을 택했다는 점에서 의미가 크다.

이러한 스탠스 전환은 최근 글로벌 탈달러화(de-dollarization) 흐름과도 맞물린다. 러시아·중국 등 일부 국가는 에너지 거래와 국제 결제에서 달러 비중을 낮추기 위해 자국 통화나 제3의 통화 사용을 확대하고 있다. 이 흐름이 가속화될 경우 달러 수요 감소와 함께 미국 국채 소화에도 부담이 커질 수 있다.

그러나 역설적으로, 스테이블코인의 글로벌 확산은 이러한 탈달러화 움직임을 상당 부분 상쇄하고 있다. 개발도상국의 개인들이 일상적으로 달러 토큰을 사용하고, 글로벌 암호화폐 시장의 거래 페어 대부분이 달러 연동 스테이블코인으로 구성되어 있는 한, 달러는 실물 국경을 넘어 디지털 공간에서 여전히 강력한 영향력을 유지한다. 스테이블코인은 눈에 띄지 않게 전 세계 수억 명의 손에 '디지털 달러'를 쥐여주며 달러 패권의 저변을 넓히는 역할을 수행하고 있는 셈이다.

이런 맥락에서 스테이블코인은 미국 국채 수요를 떠받치는 '트로이 목마'이자, 디지털 시대 달러 패권을 방어하는 보이지 않는 미사일 방어 체계로 비유할 수 있다. 중앙은행이 전면에 나서지 않더라도, 시장 메커니즘을 통해 달러가 사이버 공간의 표준 화폐로 자리 잡는 시나리오는 미국 입장에서 매우 이상적인 그림이다.

물론 미국이 스테이블코인을 수용하는 이유가 달러 영향력 유지에만 있는 것은 아니다. 금융 안정에 대한 현실적 고려 역시 중요하다. 2022년 테라·루나 사태와 FTX 파산 이후, 암호화폐 시장의 불안정성이 전통 금융으로 전이될 수 있다는 우려가 커졌다. 스테이블코인 규모가 커질수록, 문제가 발생할 경우 은행 시스템과 자본 시장 전반에 충격을 줄 수 있다는 인식이 확산된 것이다.

실제로 테라USD 붕괴는 암호 자산 시장 전반의 급락을 촉발했고, 일부 시점에서는 기업들이 보유한 스테이블코인 준비금(은행 예치금)이 은행 유동성 위기를 자극할 뻔한 사례도 있었다. 이런 경험을 통해 미국 규제당국은 방치보다 제도권 편입이 더 안전하다는 결론에 도달했다.

이는 19세기 자유 은행 시대의 혼란을 연준 설립과 연방 규제를 통해 수습했던 미국 금융사의 흐름과도 맞닿아 있다. 혁신을 억누르기보다 관리 가능한 틀 안으로 끌어들여 활용하는 것, 이것이 오늘날 미국이 스테이블코인을 대하는 핵심 전략이라 할 수 있다.

변하지 않는
화폐의 본질

근본적인 질문으로 돌아가보자. 화폐의 본질은 무엇인가? 고전 경제학은 화폐를 가치 저장, 교환 매개, 회계 단위로 정의했다. 디지털 시대에도 이 정의는 유효하지만, '누가 신뢰를 보장하는가'라는 측면에서 변화가 생기고 있다.

과거에는 화폐의 신뢰가 국가에 의해 담보되었다. 중앙은행이 발행하고 법으로 강제 통용되며, 정부에 대한 신뢰가 화폐 가치의 버팀목이었다.

그러나 비트코인의 등장은 기술과 합의가 신뢰를 창출할 수 있음을 보여주었다. 수학적 알고리즘과 분산 네트워크만으로, 21밀리언(million) 비트코인이라는 제한된 총량을 바탕으로 사람들이 스스로 가치를 부여한 자산이 만들어졌다. 비트코인은 금처럼 내재가치가 없다고 비판받았지만, 13년간의 네트워크 효과 끝에 디지털에 가까운 자산으로 인식되기 시작했다.

한편 스테이블코인은 다시 기존 화폐(달러)의 가치를 디지털 포맷으로 구현한 것이기에, 화폐의 본질 측면에서 하이브리드다. 가치는 여전히 달러(국가)에 연동되지만, 형태와 유통은 탈국가적으로 움직인다. 이는 화폐에 대한 인식 전환을 불러온다.

사람들이 신뢰하는 가치 단위라면 무엇이든 돈이 될 수 있다. 디지털 시대에 그 그릇은 종이가 아니라 프로토콜이다. 이메일 프로토콜로 편지를 주고받듯, 가치 전송 프로토콜로 돈을 주고받는 세상이 온 것이다.

그렇다고 해서 국가의 역할이 사라지진 않는다. 결국 스테이블코인도 미 국채를 담보로 하고, 각국 규제 아래 운영된다. 돈의 본질은 여전히 신뢰이고, 지금은 신뢰의 매개자가 다변화되었을 뿐이다. 일부는 국가(달러), 일부는 알고리즘(비트코인), 일부는 기업(테더) 등으로 분산된 모습이다.

이에 따라 사람들은 어떤 형태의 돈을 신뢰할지 선택한다. 아르헨티나인들은 페소보다 USDT를, 미국 투자자는 달러보다 비트코인을 선호하기도 한다. 이는 화폐에 대한 민주화 혹은 개인화로 볼 수 있다.

디지털 시대의 돈은 더 이상 하나로 획일화되지 않는다. 용도와 선호에 따라 여러 화폐를 병용하는 다화폐 사회가 펼쳐질 수 있다. 그럼에도 궁극적 본질은 변함없다. 사람들이 가치 척도로 삼고 신뢰의 저장 수단으로 받아들이는 것이 바로 돈이다.

디지털 기술은 그 모습(토큰, 데이터베이스)을 바꾸고 이동 속도를 높였을 뿐, 돈의 영속적 기능은 유지된다. 이는 오히려 '공동의 믿음'이라는 화폐의 본질을 다시 상기시키는 계기가 된다.

우리가 1달러나 1USDT에 가치를 부여하는 것은, 모두가 그것을 가치 있다고 받아들일 거라는 사회적 합의가 있기 때문이다. 디지털 시대에도 이 합의는 계속되어, 형태는 달라도 돈이라는 개념은 불멸일 것이다.

디지털 금, 비트코인의
역할과 한계

비트코인은 이제 더 이상 주변부의 투기 자산이 아니다. 2026년에 이르러 비트코인은 글로벌 자산 시장에서 독자적 지위를 구축하며, '디지털 금'이라는 새로운 이름을 사실상 스스로 증명하고 있다. 단순히 높은 수익률을 기대하는 투자 대상이 아니라, 복잡해진 세계 경제 속에서 가치 저장과 금융 자유를 동시에 제공하는 대체적 자산으로 진화하고 있는 것이다.

이 서사 변화는 우연이 아니다. 무엇보다 2024~2025년 현물 비트코인 ETF 승인 이후 기관투자자의 대규모 유입은 비트코인을 전혀 다른 자산으로 만들었다. 연기금·보험사·은행·국부펀드까지 포트폴리오에 비트코인을 편입하기 시작하자, 시장에는 과거와 비교할 수 없는 깊이의 장기자금이 형성되었다.

그 결과 비트코인의 가격은 변동성 속에서도 점차 하방이 단단해지는 구조, 즉 '준(準)주권자산'적 속성을 띠기 시작했다. 이제 비트코인은 금과 달러 사이의 어딘가에서, 전통 금융이 인정한 디지털 가치 저장 자산으로 자리를 잡아가고 있다.

비트코인이 '디지털 금'으로 재평가되는 이유는 단순히 희소성과 기술적 구조 때문이 아니다. 더 근본적인 요인은 세계 경제의 불확실성이 커지고 있기 때문이다. 정책 금리 변화, 지정학적 긴장, 신흥국 통화 불안, 부채 확대, 자본 통제 가능성 등 기존 질서를 뒤흔드는 변수가 늘어날수록 비트코인은 중앙은행의 통제에서 자유로운 가치 저장 수단으로 주목받는다. 특히 금이 물리적 제약을 갖는 반면, 비트코인은 국경을 넘나드는 이동성·보관 편의성·검열 저항성을 모두 갖추고 있어 현대 경제 환경에 더 적합한 형태의 '가치 보관소'가 되고 있다.

하지만 비트코인의 부상은 단지 불안에 대한 반사이익이 아니다. 강달러·디스인플레이션 국면에서도 비트코인은 자신만의 역할을 잃지 않았다. 이는 비트코인이 이제 기존 자산 가격의 '종속 변수'가 아니라, 포트폴리오 구성의 독립된 축으로 받아들여지고 있음을 의미한다. 과거에는 위험자산과 동조해 움직이던 비트코인이, 이제는 달러·금과 나란히 배치되는 '가치 저장 3축'의 한 자리를 차지하기 시작한 것이다.

그러나 비트코인의 한계도 분명하다. 우선 변동성이 너무 크다는 점이다. 금에 비해서도 가격 등락 폭이 커서, 단기적으로 신뢰할 수 있는 가치 척도로 쓰기 어렵다. 일례로 2021년 고점 대비 2022년 비트코인은 70% 폭락했다가 이후 회복했다. 이런 변동은 통화로서는 치명적이다.

두 번째는 확장성 문제다. 초당 7건 내외로 처리되는 낮은 트랜잭션 처리량과 10분 평균 블록 타임으로 인해, 일상 소액결제에는 부적합하다. 라이트닝 네트워크 같은 L2 솔루션이 나왔으나, 아직 대중화되진 않았다.

세 번째로 환경 비용이 지적된다. 작업증명(PoW) 채굴은 막대한 전기를 소모하여 탄소발자국 문제가 제기된다. 비트코인은 이를 통해 보안을 담보한다고 하지만, ESG를 중시하는 시대에 이미지 타격이 있다.

네 번째는 스마트 컨트랙트의 부재다. 이더리움처럼 프로그래밍 가능한 플랫폼이 아니어서, 비트코인 자체로는 디파이나 NFT 등의 혁신을 구현하기 어렵다. 결국 현재의 암호화폐 생태계는 비트코인을 가치 저장 핵심 자산으로, 이더리움 등을 활용해 기능을 구현하는 구조다. 실제 디파이에서 WBTC(래핑한 비트코인)로 비트코인을 활용하는 식이다.

이러한 한계를 인식하면서, 비트코인은 디지털 금이라는 본연의 포지션에 집중하고 있다. 일상 결제는 스테이블코인이나 CBDC가 맡고, 비트코인은 디지털 시대의 금고 자산으로 남는 시나리오다. 2140년까지 신규 채굴이 계속되고 이후도 채굴자 수수료로 네트워크가 유지되어야 하는 과제도 있다. 그러나 13년간의 운영으로 네트워크 효과와 브랜드를 확보한 점은 강점이다.

비트코인은 디지털 가치 저장고로서, 전 세계 불확실성이 커질 때마다 찾는 최후의 보루 자산이 될 가능성이 크다. 반대로 세계가 안정되고 기술이 발전하면, 비트코인의 한계가 더욱 부각될 수도 있다. 향후 10년은 이 두 힘이 계속 충돌하는 시기가 될 것이다.

그러나 한 가지는 분명하다. 비트코인은 과거와 같은 주변부 투기 자산의 위치로 돌아가지는 않을 것이다. 이미 전 세계 투자자와 기관의 포트폴리오 속에서 '없어서는 안 되는 자산'으로 자리 잡기 시작했기 때문이다.

스테이블코인의
다섯 가지 가능성

19세기 미국의 자유은행 시대에는 각 은행이 자체적으로 은행권을 발행해 유통했다. 은행권의 가치는 발행 은행의 신용과 준비금에 의해 유지되었고, 이 지폐들은 당시의 금융 생태계 안에서 자연스럽게 사용되었다.

오늘날 우리는 이와 유사한 구조를 디지털 환경에서 다시 목격하고 있다. 스테이블코인은 BIS가 표현한 것처럼 '민간이 발행한 디지털 은행권'에 해당한다. 그리고 발행사의 신용을 기반으로 안정성을 유지하는 점에서 전통적 은행권과 같은 뿌리를 가지고 있다.

그러나 스테이블코인은 단순히 과거 시스템의 디지털 복사본이 아니다. 블록체인이라는 기술적 기반 위에서 스테이블코인은 전통적

은행권이 제공하지 못했던 기능을 획득하고 있다. 이는 새로운 금융의 가능성을 열고 있다.

첫째, 스테이블코인은 상시 결제 가능한 글로벌 디지털 현찰로서 기능하고 있다. 은행이 문을 닫은 주말에도, 해외에 체류하고 있는 상황에서도, 신흥국의 결제 인프라가 불안정한 환경에서도 스테이블코인은 네트워크만 존재한다면 언제든지 송금과 결제가 가능하다. 사용자는 사실상 손안에 '24시간 작동하는 달러 지폐'를 들고 있는 것과 같은 경험을 누릴 수 있다. 이는 기존 금융 시스템이 제공하지 못했던 즉시성·보편성·국경 초월적 유연성을 보여주는 사례다.

둘째, 스테이블코인은 프로그래머블 머니(Programmable Money)라는 점에서 질적으로 다른 진화를 보여주고 있다. 스마트 컨트랙트와 결합하면 스테이블코인에는 다양한 조건과 규칙을 담을 수 있다.

예를 들어 자동 지급, 수수료 자동 분배, 특정 용도에 한정된 지출 허용 등 새로운 형태의 화폐 사용 로직을 구현할 수 있다. 농업보조금을 스테이블코인으로 지급하면서 농자재 구매에만 사용하도록 제한하는 형태의 정책도 가능하다. 이는 화폐가 가치 전달의 수단을 넘어 정책 집행의 도구로 기능할 수 있음을 의미한다.

셋째, 스테이블코인은 금융 포용성 측면에서 강점을 보이고 있다. 스테이블코인 지갑은 실질적으로 은행 계좌와 유사한 기능을 제공하지만, 복잡한 신분 확인 절차가 필요 없고 계좌 개설 문턱이 높지 않다.

은행 접근성이 낮은 신흥국이나 언뱅크드(unbanked) 인구에게 스테이블코인은 낮은 비용으로 글로벌 달러 네트워크에 접근할 수 있는 새로운 금융 창구가 되고 있다. 특히 통화 불안정 지역에서는 스테이블코인이 현지 화폐보다 더 신뢰받는 디지털 저축 수단으로 활용되는 사례가 빠르게 증가하고 있다.

넷째, 스테이블코인은 국제 송금과 무역 결제의 공용 인프라로 자리잡을 잠재력을 가지고 있다. 전통적인 해외 송금은 여러 중개 은행을 거치고 서로 다른 규제와 시스템을 통과해야 하기 때문에 비용과 시간이 많이 소요된다.

반면 스테이블코인을 이용하면 하나의 디지털 달러 토큰을 글로벌 공통 결제 레일로 사용할 수 있어, 결제 지연을 줄이고 비용을 크게 낮출 수 있다. 실제로 일부 글로벌 은행들은 자체 스테이블코인을 발행해 국제결제 테스트를 진행하고 있다. 이는 장기적으로 스테이블코인이 국제 결제 시스템의 백엔드 역할을 수행할 가능성을 보여주고 있다.

다섯째, 스테이블코인은 디파이 생태계의 핵심 기반 자산이다. 대부분의 디파이 프로토콜에서 담보, 대출, 파생상품 거래의 기준 단위가 스테이블코인이다. 스테이블코인이 없다면 디파이 시스템은 사실상 작동하기 어렵다. 동시에 전통금융기관(TradFi)도 스테이블코인을 활용한 이자 지급형 토큰, 온체인 담보형 예금 등 새로운 금융상품을 모색하고 있다. 이는 스테이블코인이 디파이와 전통금융을 연결하는 중추적인 인터페이스가 될 가능성을 보여주는 흐름이다.

하지만 스테이블코인의 가능성이 무한한 것은 아니다. 스테이블코인은 본질적으로 기축통화(달러)의 디지털 표현에 불과하다. 화폐 공급, 신용 창출, 최종 대출자 기능 등 통화 정책의 근본적 영역은 민간 스테이블코인이 수행할 수 없다.

스테이블코인이 빠르게 확산하면서 "민간이 발행한 디지털 달러가 기존 통화를 대체하는 것 아닌가?"라는 의문이 제기되기도 한다. 하지만 실제 흐름은 정반대다. 스테이블코인은 결제 속도, 국경 간 송금 비용, 금융 접근성 등의 측면에서 많은 편의성을 제공할 수 있다. 하지만 통화 공급을 조절하거나 신용을 창출하는 기능, 즉 경제 전체의 유동성과 경기 흐름을 관리하는 핵심 역할은 민간이 수행할 수 있는 성질의 것이 아니다.

민간 스테이블코인은 준비자산을 바탕으로 1대 1로 발행되기 때문에 스스로 신용을 확대할 수 없고, 경기 상황에 맞춰 통화량을 조절하는 기능도 갖추고 있지 않다. 결국 스테이블코인은 어디까지나 기존 금융 시스템의 외곽에서 작동하는 보조적 결제 수단에 가까우며, 금융 시스템 안정성과 최종 결제 능력을 보장하는 것은 여전히 중앙은행의 고유 권한이다.

더 나아가 스테이블코인이 성장할수록, 이를 안전하게 운영하고 통화 질서를 관리하기 위한 규제적 틀과 최종 대부자(backstop) 역할의 필요성이 커지기 때문에 오히려 중앙은행의 중요성은 약화되지 않고 더 부각되는 방향으로 이어진다.

결국 스테이블코인은 디지털 금융 생태계 확장의 한 축이지만, 경제 전체의 통화 정책 방향을 결정하고 금융 시스템을 지탱하는 핵심 축은 앞으로도 중앙은행이 책임지는 구조가 지속될 것이다.

앞으로 스테이블코인의 진화는 전통 금융 시스템과 어떤 관계를 설정하느냐에 따라 크게 달라질 것이다. 만약 은행과 협력하며 제도권에 편입되는 방향으로 발전한다면, JPM 코인, BOA 코인과 같은 은행 브랜드 기반 스테이블코인이 본격 등장할 가능성이 있다. 이 경우 스테이블코인은 결제·송금·무역·투자 전반을 아우르는 정식 디지털 은행권으로 자리잡을 수 있다.

반면 규제 환경이 모호하거나 전통 금융과의 연계가 제한적이라면, 스테이블코인은 현재처럼 크립토 시장과 일부 신흥국 중심의 제한적 사용처에 머물 가능성이 크다.

스테이블코인은 여전히 진화 중이며, 그 미래는 기술만으로 결정되지 않는다. 전통 금융과의 협력, 규제의 수용 정도, 글로벌 결제망과의 연결 방식 등 여러 요인이 복합적으로 작용해 그 궤적을 결정하게 될 것이다. 향후 10년은 스테이블코인이 단순한 크립토 도구에 머물지, 아니면 글로벌 금융 시스템의 핵심 인프라로 도약할지를 가르는 중요한 시간이 될 것이다.

디지털 금융망의 핵심이 된
이더리움

오늘날 이더리움은 단순한 플랫폼을 넘어 디지털 금융 인프라의 지위를 구축했다. 수많은 스테이블코인, 디파이 앱, NFT 마켓플레이스, 토큰 프로젝트가 이더리움 위에서 돌아가고 있다. 경쟁 체인들이 생겨나도 쉽게 무너지지 않는 거대한 네트워크 효과를 누리고 있다.

이더리움의 스마트 컨트랙트 기능은 탈 중앙은행 역할을 수행하여, 코드가 곧 규칙인 자동화 금융 시스템을 탄생시켰다. 예를 들어, 에이브 프로토콜은 은행 없이도 전 세계인이 돈을 맡기고 빌릴 수 있는 공개 대출 인프라로 작동한다. 유니스와프는 거래소 운영자 없이도 수백 개 토큰이 거래되는 공개 거래 인프라다.

그 밑단에 이더리움 네트워크가 모든 트랜잭션의 정합성과 영구성을 보장한다. 전통 금융 인프라와 비교하면, 이더리움은 비자망, 스위프트망, 증권예탁원, 청산소 등이 하던 역할을 단일 오픈 네트워크로 통합한다.

그리고 누구나 그 위에 앱을 만들 수 있어 혁신의 속도가 전례 없이 빨라졌다. 2017년에는 디파이란 게 없었는데 2020년 등장하더니, 2021년엔 1,000억 달러 규모로 성장했다. 2022년 조정 후에도 여전히 건재하다. 이는 인터넷 초창기 웹 혁신에 비견할 만하다.

이더리움의 가치도 이런 인프라적 중요성에서 나온다. 이더리움의 가치는 그 자체의 가격보다 '인프라적 기반'에서 비롯된다. 2025년 8월 말 기준으로 이더리움의 시가총액은 약 5,300억 달러, 즉 막강한 글로벌 금융기관의 자산 규모에 견줄 만큼 성장했다. 탈중앙 공동체가 만들어 운영하는 네트워크치고는 경이로운 스케일이다.

이더리움은 2022년 말에 PoS 방식으로 바뀌었다. 덕분에 전보다 훨씬 에너지를 적게 쓰면서도 안전성은 더 높아진 것이다.

또 하나 중요한 변화는 L2(레이어2) 기술이다. '롤업'이라는 방식을 통해 한 번에 더 많은 거래를 묶어서 처리할 수 있게 했다. 쉽게 말해, 도로를 여러 차선으로 늘려 교통체증을 줄이는 것과 비슷하다.

기존 금융 인프라로 비유하면, PoS로의 전환은 은행의 보안 시스템을 업그레이드하면서 동시에 전기료를 크게 절감한 것과 같다. 또 L2 확장은 결제망의 용량을 늘리고, 신용카드 승인 속도를 빠르게 개선한 것과 같다. 이처럼 이더리움은 단순한 디지털 화폐가 아니라, 더 빠르고 안전하며 친환경적인 결제·금융 인프라로 진화하고 있다.

이더리움 외에도 솔라나, 카르다노, 폴카닷 등 수십 개 스마트체인이 각자 특장점을 내세워 인프라 경쟁 중이다. 궁극적으로는 멀티체인 상호운용 시대가 될 것이라는 전망도 있지만, 현재로선 이더리움이 한발 앞서 있다.

한편 전통 금융기관들도 이러한 공개 인프라를 적극 활용하기 시작했다. 비자는 이더리움 주소로 결제 테스트를 한다. JP모건은 자체 퍼블릭 체인을 연구한다. 또 나이키는 이더리움 기반 NFT를 출시했다. 이는 마치 1990년대 말 기업들이 웹을 도입한 상황과 흡사하다. 새로운 금융은 이미 시작됐고 인프라는 깔렸으며, 기존 플레이어들이 올라타는 추세다.

앞으로 10년 후 금융의 백엔드 역할을 이더리움과 그 친구들이 담당할 가능성이 점점 커지고 있다. 이미 스위스 슈투트가르트 증권거래소의 BX디지털은 이더리움 기반 블록체인으로 주식·채권·펀드 등을 직접 거래, 정산하는 시스템을 구축했다. 도이치은행 등 글로벌 금융기관들도 이더리움 기반 레이어2 롤업을 채택해 확장성과 규제 대응을 동시에 달성하려 한다. JP모건은 이더리움 L2 위에서 예금을 토큰화한 JPMD를 발행했다. 프날리티(Fnality)는 블록체인 기반 실시간 결제 시스템을 구축했다.

은행과 중개 기관들은 점차 프런트엔드 고객 서비스와 관계 관리에 집중하는 플랫폼 사업자로 재편되고 있다. 이더리움과 그 생태계는 개방성, 투명성, 상호운용성을 기반으로 한 글로벌 금융망의 핵심 인프라로 자리 잡고 있다.

미래 금융의 세 축,
비트코인·스테이블코인·이더리움

미래 금융의 모습은 크게 세 가지 축으로 움직일 것으로 보인다. 그 세 축은 바로 비트코인, 스테이블코인 그리고 이더리움이다. 이들은 디지털 시대 금융 시스템에서 각기 고유한 역할을 맡으면서도, 서로를 보완하며 균형을 이루고 있다.

먼저 비트코인은 전 세계 투자자들에게 디지털 안전자산이자 새로운 대체투자 수단으로 자리 잡아가고 있다. 디지털 시대의 금은 이제 비트코인으로 옮겨가고 있다. 국가부채가 늘고 지정학적 리스크가 높아질수록 비트코인의 매력은 빛날 것이다.

다만 거래 매개로 쓰이기에는 비효율적이므로, 주로 토큰 경제의 가치 기준 혹은 담보자산 역할을 할 것이다. 실제로 테더사는 자사 준비자산의 일부를 비트코인으로 보유하겠다고 발표했다. 일부 국가는 외환보유고로 비트코인을 고려하기 시작했다.

스테이블코인은 거래와 결제의 축이다. 일상 경제활동과 금융거래의 교환 매개로서, 달러 등에 페그된 안정적 가치를 제공해 디지털 경제의 혈액 역할을 한다. 스테이블코인이 없었다면 암호화폐 시장은 지금만큼 성장하지 못했을 것이다.

향후 스테이블코인은 디지털 머니의 주류로 편입되어, 쇼핑, 급여, 국제송금, 디파이 등 모든 영역에서 기축통화처럼 쓰일 전망이다. 물론 각국 CBDC와 경합하겠지만, 현재로선 민간 달러 스테이블코인이 기세에서 앞서 있다.

이더리움은 시스템 인프라의 축이다. 스마트 컨트랙트 기능과 거대한 네트워크 효과를 갖춘 이더리움은 탈중앙 금융의 프로토콜 레이어로 작동한다.

비트코인과 스테이블코인이 디지털 자산 경제의 자산 측면이라면, 이더리움은 거래와 서비스 측면의 플랫폼이다. 이 위에 수많은 금융 서비스가 구축되어 돌아간다. 이더리움의 가치는 그런 경제 활동의 총합을 반영한다. 요즘 사람들이 농담 삼아 "비트코인는 돈, 이더리움은 인터넷"이라고 할 정도다.

이 세 축은 각기 독립적인 듯 보이지만, 사실 긴밀히 연결되어 디지털 금융 생태계를 형성한다. 스테이블코인은 지금의 블록체인 생태계에서 사실상 기축통화 역할을 하고 있다. 흥미로운 점은 그 상당 부분이 이더리움 네트워크 위에서 발행되고 유통된다는 점이다.

스테이블코인은 이더리움 생태계 안에서 가장 많이 쓰이는 기본

화폐와도 같은 존재다. 이더리움 위에 구축된 디파이 서비스들은 대출, 거래소, 파생상품 등 전통 금융의 기능을 대신 수행한다. 이 과정에서 변동성이 큰 비트코인이나 이더리움 자체보다는 가치가 달러에 고정된 스테이블코인을 주로 활용한다. 안정적인 거래와 담보 역할을 위해서다.

또 하나 흥미로운 흐름은 비트코인의 활용 방식이다. 원래 비트코인은 이더리움과 별도의 네트워크에서 운영된다. 그러나 사람들은 이더리움 기반의 디파이 시장에서도 비트코인을 쓰고 싶어 했다.

그 결과 '래핑(Wrapping)'이라는 방식이 등장했다. 이는 실제 비트코인을 예치하고, 이와 1대1로 연동된 토큰(WBTC 등)을 이더리움 위에서 발행하는 방식이다. 쉽게 말해, 비트코인을 포장해 이더리움 세계로 들여온 것이다.

오늘날 디지털 금융 질서에서 이더리움 생태계는 이미 스테이블코인을 기본 화폐로 삼아 작동하는 구조로 진화했다. 탈중앙 금융(DeFi)과 온체인 결제, 파생상품과 예치 서비스까지, 대부분의 금융 활동은 스테이블코인을 매개로 이루어진다. 심지어 비트코인마저 래핑(wrapping)을 통해 이더리움 기반 시스템에 편입되고 있다. 이는 스테이블코인과 이더리움의 결합이 디지털 금융 질서에서 차지하는 핵심적 위치를 잘 보여준다.

이 세 축은 점점 더 긴밀하게 얽히고 있다. 스테이블코인 발행사는 준비자산을 비트코인과 단기 국채에 분산 투자하고, 이더리움은 비트코인 네트워크와의 상호운용성을 강화하는 기술적 해법을 발전시키고 있다. 결과적으로 비트코인·스테이블코인·이더리움이라는 세 축을 동시에 수용하고 활용할 수 있는 국가나 기업이 미래 금융 질서의 주도권을 쥘 가능성이 높아지고 있다.

이 장면은 낯설지 않다. 역사를 길과 돈, 그리고 권력의 관점에서 바라보면, 우리는 이미 비슷한 구조를 여러 차례 목격해 왔다. 과거에는 금이 가치의 닻이었고, 금을 직접 나르지 않기 위해 어음과 은행권이 등장했으며, 철도와 전신망이 그 모든 흐름을 하나의 경제권으로 묶었다. 2025년의 무대에서는 이름만 바뀌었을 뿐, 배역은 거의 같다. 비트코인은 금의 자리를, 스테이블코인은 은행권과 어음의 자리를, 이더리움은 철도와 전신망의 자리를 맡고 있다.

이 과정에서 제도권 밖의 행위자들이 먼저 등장하는 것도 역사와 닮아 있다. 과거의 사설은행과 밀수업자처럼, 오늘날에는 불법 자금 흐름과 사이버 범죄가 제도의 빈틈을 먼저 파고든다. 이후 국가와 제도가 표준과 감독을 정비한다. 중요한 것은 인과를 과장하지 않는 것이다.

불법 사용이 시장을 키운다고 단정할 수는 없지만, 규범을 성숙시키고 준비자산을 안전자산으로 수렴시키는 압력은 분명히 작동한다. 그 결과 스테이블코인은 점차 온쇼어화되고, 준비자산은 현금과 단기 국채 중심으로 정착된다.

이 지점에서 미국 경제와 달러 패권의 서사가 겹친다. 과거 국채 시장과 해상 네트워크를 통해 제국을 지탱했듯, 오늘날은 국채–결제–네트워크가 서로를 지지하는 삼각 구조를 디지털 차원에서 재구축하고 있다. 스테이블코인이 성장할수록 단기 국채에 대한 기초 수요는 두터워지고, 달러 결제의 외연은 블록체인 위로 확장된다. 그리고 그 결제 트래픽의 상당 부분이 이더리움에서 발생한다면, 네트워크의 경제성과 지속 가능성은 더욱 강화된다. 달러의 네트워크 효과가 온체인 데이터로 가시화되는 순간이다.

이 흐름을 투자와 전략의 언어로 번역하면 간명하다. 비트코인은 여전히 가치 저장의 기준점이고, 스테이블코인은 결제 체적을 키우는 윤활유이며, 이더리움은 그 모든 흐름을 수용하는 인프라다. 이더리움을 보유하고 스테이킹하는 재무 구조는 가격 상승이라는 베타뿐 아니라, 네트워크 사용에서 발생하는 현금 흐름과 보유량 증가라는 알파를 동시에 겨냥한다. 요컨대 '인프라의 지분'을 보유하는 선택에 가깝다.

물론 위험은 존재한다. 디페깅, 규제의 급변, 네트워크 집중과 같은 균열은 현실적인 리스크다. 그러나 이에 대한 처방 역시 역사에서 크게 벗어나지 않는다. 완충자본과 유동성 버퍼, 거버넌스의 투명성, 인프라의 분산과 다변화 같은 고전적 안전장치는 디지털 시대에도 유효하다. 길이 넓어질수록 신호와 규칙이 중요해지는 법이다.

결국 우리는 반복되는 장면을 보고 있다. 과거에는 금 위에 은행권이 얹히고, 철도와 전신망이 이를 묶어 새로운 경제 지도를 그렸다. 이번 사이클에서는 그 장면이 비트코인×스테이블코인×이더리움이라는 형태로, 온체인 위에서 다시 쓰이고 있을 뿐이다.

THE COIN

투자자를 위한
미국 경제 읽기

2020년대 중반의 글로벌 경제 무대에서 패권국 미국의 움직임이 심상치 않다. 자유무역과 세계화의 수호자였던 미국이 돌연 현대판 중상주의 전략으로 선회하면서 시장 판도가 크게 요동치고 있다.

이러한 극적 변화는 투자자들에게 기회와 위험을 함께 던져주고 있다. AI, 반도체, 데이터센터, 전력, 에너지 등 특정 산업에는 정부 지원의 순풍이 불겠지만, 다른 한편으로는 무역 갈등과 비용 상승이라는 역풍이 불어올 것이다. 이 모든 흐름을 투자자 관점에서 풀어본다.

미국우선주의는
어디로 가는가?

2020년대 미국은 '미국우선주의' 기치 아래 수십 년 만에 대규모 정부 주도 산업 정책을 펼치고 있다. 이는 한때 신자유주의 원칙에 따라 시장에 맡겨두었던 방식을 접고, 정부가 적극 개입하는 현대판 중상주의로의 전환을 의미한다.

인플레이션 감축법과 반도체 지원법을 통해 친환경 에너지, 반도체, 전기차 등 핵심 산업에 수천억 달러 규모의 보조금을 쏟아붓는 이 정책은 중국과의 기술 패권 경쟁에서 우위를 점하고 제조업 일자리를 되찾겠다는 전략적 목표를 담고 있다.

단기적으로는 이미 가시적 성과가 나타나고 있다. 2024년 한 해에만 미국 내 청정기술 제조시설 192곳에 약 3,100억 달러 규모의 신규 투자가 발표되었다. 제조업 관련 건설 투자는 사상 최고치인 연간 2,380억 달러에 달했다. 오랫동안 침체됐던 미국 제조업이 다시 움트는 신호탄으로 볼 수 있다.

그러나 이러한 정책이 장기적으로 미국 경제에 어떤 영향을 미칠지는 좀 더 면밀히 따져볼 필요가 있다. 융성해 보이는 겉면 뒤에 위험 요인도 존재하기 때문이다.

우선 미국의 적극적 산업 정책은 이미 위험 수위에 달한 국가부채 문제를 한층 악화시키고 있다. 팬데믹 대응과 제조업 지원 등으로 2020년 미국의 연방 부채는 GDP 대비 133%까지 치솟았다. 이후로도 2025년 상반기 120%를 훌쩍 넘는 높은 수준을 유지하고 있다. 2024년 연방 예산에서 채무 이자 지급액만 8,700억 달러에 달해 국방비에 필적하는 수준이 되었다.

부채 증가는 단순한 숫자 문제가 아니다. 부채에 대한 이자 상환 부담이 커질수록 미래 세대의 재정 여력은 그만큼 제약받게 된다. 국가 차원의 장기 성장 잠재력이 갉아 먹힌다는 의미이기도 하다.

일부 경제학 연구에 따르면, 국가 부채가 GDP의 90%를 넘어서면 경제성장률이 평균 1%포인트가량 낮아지는 경향이 있다고 한다. 부채가 일정 수준 이상 쌓이면 경제에 부담으로 작용한다는 뜻이다.

역사적으로도 경고 신호는 있었다. 16세기 스페인 제국 사례가 대표적이다. 아메리카 대륙에서 유입된 막대한 은(銀)으로 스페인은 한때 쉽게 번영을 누렸다. 하지만 그 결과 자국 제조업이 부진해지고 물가는 폭등하여 만성적인 무역적자에 시달렸다. 결국 16세기 후반에만 세 차례나 국가 파산을 선언하는 몰락을 맞았다. 쉽게 얻은 부에 취해 구조 개혁을 소홀히 한 대가였다.

미국도 기축통화국이라는 달러 패권의 이점을 지나치게 신뢰하여 부채 누적을 용인한다면, 자칫 스페인의 전철을 밟을 수 있다.

미국의 현대 중상주의 전략이 진정 성공하려면 단순히 돈을 풀어 산업을 일으키는 데서 그치지 않고, 그 자금이 생산성 향상으로 이어져야 한다. 그러나 최근 수십 년간 미국의 생산성 증가율은 계속 떨어져왔다. 과연 정부 주도의 산업 부흥이 이 하락 추세를 반전시킬 수 있을지는 아직 미지수다.

일본의 사례는 이 점에서 시사하는 바가 크다. 일본은 전성기였던 1980년대에 GDP 대비 3% 가까이를 R&D에 투자하며 기술 혁신을 이뤄냈다. 하지만 1990년대 버블 붕괴 후 장기 침체의 늪에 빠졌다. 생산성이 뒷받침되지 않은 채 돈 잔치만 벌이면 결국 남는 것은 인플레이션과 부채뿐이라는 교훈을 준 것이다.

그러므로 미국의 산업 정책이 성공하려면 보조금 지급을 넘어, 혁신 생태계 구축, 인력 양성, 규제 개혁 등 종합적 접근이 수반되어야 한다. 정부가 뿌린 돈이 좀비 기업 연명에 쓰이지 않고 진정한 혁신의 씨앗으로 자라날 때라야, 미국 경제는 부채 부담을 상쇄할 새로운 성장 동력을 확보할 수 있을 것이다.

현재 미국은 산업 보조금으로 경기를 뜨겁게 달구면서 동시에 금리 인상으로 인플레이션을 억제하는 엇박자 정책을 병행하고 있다. 정부 지원이라는 마차 채찍과 연준 금리라는 브레이크를 한꺼번에 밟고 있는 형국이다.

이러한 정책 혼선은 시장에 불확실성을 키우고 있다. 투자자들은 과연 어느 힘이 최종적으로 우위를 점할지 주시하고 있다. 만약 산업 정책의 효과로 생산성 혁신이 일어난다면, 미국 경제는 부채 부담을 상쇄할 성장의 길이 열리고 기업 이익도 늘어나 주가에 긍정적 영향을 미칠 것이다. 반대로 실질적 성과 없이 돈 잔치로만 끝난다면, 부채와 인플레이션이라는 이중 고통만 남아 장기 침체를 자초할 수도 있다.

현실적으로
미국이 택할 전략

미국의 현대 중상주의 정책은 더 이상 중국을 견제하기 위한 산업·통상 전략에 국한되지 않는다. 이는 글로벌 공급망과 동맹 구조, 나아가 국제 금융 질서 전반에까지 영향을 미치는 구조적 전환 전략으로 확장되고 있다. 단기적으로는 자국 산업 보호와 기술 패권 확보에 효과적일 수 있지만, 그 파급력은 경쟁국을 넘어 동맹국의 이해관계까지 재편한다는 점에서 훨씬 복합적인 성격을 띤다.

오늘날 보호무역과 산업 보조금은 '외부의 적'을 겨냥한 수단에 머물지 않고, 동맹 내부의 산업 질서와 경쟁 구도를 재구성하는 도구로 기능하고 있다. 대표적인 사례가 미국의 전기차 및 친환경 산업 보조금 정책이다. 미국은 '바이 아메리칸(Buy American)' 원칙을 중심으로, 미국 내 생산 비중과 미국산 부품 사용 요건을 충족한 전기차에만 보조금과 세제 혜택을 집중하고 있다. 그 결과 유럽산 전기차와 부품은 제도적으로 불리한 위치에 놓이게 되었고, 유럽 각국은 이를 사실상의 차별적 산업 정책으로 인식하고 있다.

물론 유럽이 이러한 변화에 수동적으로 대응하고 있는 것은 아니다. 각국은 자국 중심의 산업 정책과 보조금 체계를 강화하며 대응에 나서고 있고, EU 차원의 전략적 자율성 논의도 확대되고 있다. 그럼에도 불구하고 미국과 유럽 간의 산업·정책 역량 격차, 그리고 달러 중심 금융 질서에서 비롯되는 구조적 비대칭은 단기간에 해소되기 어렵다. 이로 인해 동맹 내부에서는 정책 선택의 자유도와 부담 배분을 둘러싼 긴장이 점진적으로 누적되고 있다.

이러한 인식은 우크라이나 전쟁 국면에서 더욱 분명해졌다. 유럽은 에너지 안보와 군사적 지원 측면에서 미국에 크게 의존하고 있지만, 그 대가로 상대적으로 높은 가격의 미국산 LNG와 무기를 대규모로 수입해야 하는 상황에 직면했다.

이는 미국의 의도적 착취라기보다는 에너지 시장 구조와 군사력 격차에서 비롯된 결과에 가깝다. 그럼에도 전쟁 대응 과정에서 미국이 자국 산업과 에너지 기업에 상대적으로 유리한 구조를 형성하고 있다는 인식이 확산되면서, 동맹 내부의 정치적·경제적 부담감은 한층 커지고 있다.

이처럼 동맹 내부의 비대칭 구조와 부담 인식이 장기적으로 어떤 결과를 낳을 수 있는지는 역사적 사례를 통해 보다 선명하게 확인할 수 있다. 17세기 네덜란드 공화국은 세계 최초의 근대적 상업·금융 중심지로, 막강한 상선단과 해군력, 그리고 암스테르담을 중심으로 한 정교한 금융 시스템을 바탕으로 유럽 무역을 주도했다. 동인도회사는 네덜란드 국가 경쟁력의 상징이었으며, 글로벌 상업 네트워크의 핵심 축이었다.

물론 당시의 네덜란드와 오늘날의 미국은 국력 규모, 제도적 기반, 기술 수준에서 근본적인 차이를 지닌다. 그럼에도 이 사례가 주는 교훈은 특정 국가의 흥망이 아니라, 상업·금융 패권과 군사·정치적 자율성 간의 구조적 균형 문제에 있다. 네덜란드의 번영은 해상 지배력과 자유로운 항로 접근에 크게 의존하고 있었고, 1651년 영국의 항해조례와 이어진 영국-네덜란드 전쟁은 이러한 구조적 취약성을 현실화시켰다.

영국은 더 넓은 인구 기반과 자원, 그리고 국가 차원의 제도적 보호를 바탕으로 장기적인 패권 경쟁을 감당할 수 있었던 반면, 네덜란드는 상업과 군사력을 동시에 유지해야 하는 부담을 감내해야 했다.

18세기에 접어들면서 네덜란드는 금융과 상업의 중심지라는 지위를 일정 부분 유지했지만, 해상 패권과 정책 주도권은 점차 영국으로 넘어갔다. 그 결과 네덜란드의 상업 활동은 영국의 해군 보호와 정책 환경에 의존하는 성격을 띠게 되었고, 이는 국가 전략 차원의 자율성을 약화시키는 요인으로 작용했다.

이 역사적 경험은 오늘날 미국의 현대 중상주의 전략이 직면한 과제를 시사한다. 보호무역과 산업 보조금은 단기적으로 자국 산업을 강화할 수 있지만, 이러한 정책이 동맹국의 자본과 산업까지 배제하는 방향으로 고착될 경우, 장기적으로는 신뢰와 결속을 약화시킬 위험을 내포한다. 패권은 경쟁국을 제압하는 능력만으로 유지되지 않는다. 동맹과의 이해관계를 조율하고, 부담과 이익을 균형 있게 배분할 수 있을 때 비로소 지속 가능하다.

아이러니하게도 미국의 현대적 중상주의는 제조 패권 강화라는 목표와 금융 패권 유지라는 과제 사이에서 미묘한 긴장을 만들어낸다. 제조 경쟁력 강화와 공급망 재편 자체가 곧바로 금융 패권의 약화를 의미하는 것은 아니다.

그러나 보호 정책이 자본 이동의 경로까지 과도하게 제약하는 방식으로 설계될 경우, 달러를 축으로 한 국제 금융 질서의 개방성과 흡인력은 약화될 수 있다. 제조 패권과 금융 패권은 상호 보완적이지만, 정책 설계에 따라 긴장 관계로 전환될 가능성도 상존한다.

이러한 긴장은 미국 경제 정책의 방향 전환과 맞물려 있다. 미국은 점차 단기 경기 부양을 위한 수요 중심 정책에서 벗어나, 공급 능력 확충과 생산성 제고를 중시하는 공급 중심 경제학으로 무게 중심을 옮기고 있다.

이는 레이건 시대의 레이거노믹스를 단순히 반복하는 것이 아니라, 감세와 규제 완화라는 '작은 정부'의 원칙 위에 리쇼어링, 인프라 투자, 전략 산업 육성이라는 '큰 정부'의 역할을 결합한 현대적 혼합 모델에 가깝다. 미국이 추구하는 것은 일시적 경기 반등이 아니라, 경기 순환을 넘어선 구조적 성장 경로의 재구축이다.

이러한 정책 기조의 중심에는 미 재무부 장관 스콧 베센트의 실용주의적 접근이 자리하고 있다. 그는 특정 경제 이론에 얽매이기보다 데이터와 시장 현실을 중시하며, 조지 소로스의 재귀성 이론을 응용해 경제 주체들의 기대와 행동이 시장 구조를 스스로 변화시키는 과정에 주목한다. 그의 구상에서 정책은 단번에 완결되는 처방이 아니라, 초기에는 정부 주도의 전략적 개입을 통해 산업 기반을 다지고, 이후에는 시장의 자율성을 점진적으로 확대하는 단계적 혼합 정책의 형태를 띤다. 이는 정부와 시장을 대립 항으로 보지 않고, 상호 보완적으로 작동하도록 설계하려는 접근이다.

이러한 정책 철학 위에서 볼 때, 미국이 선택할 경로는 전면적 디커플링이나 완전한 탈동조화가 아닐 가능성이 크다. 미국은 프렌드쇼어링을 출발점으로 삼되, 이를 고정된 동맹 질서로 묶기보다는 정책 목표와 전략적 기여도에 따라 유연하게 조정되는 구조로 재편하려 할 것이다. 안보와 첨단 기술, 핵심 제조 분야에서는 강력한 보호 장벽을 유지하는 한편, 금융과 자본 순환 영역에서는 개방성을 유지하는 '양면 전략'을 통해 제조 패권과 금융 패권의 균형을 모색하는 방식이다.

이 전략의 연장선에서 스테이블코인과 디지털 달러의 역할은 자연스럽게 부각된다. 미국은 자본 이동을 차단하는 방식이 아니라, 달러의 기능을 디지털 환경으로 확장함으로써 금융 질서를 재설계하려 하고 있다.

스테이블코인은 달러의 국제적 활용 범위를 넓히면서도, 전통 금융 시스템의 통제력과 신뢰를 유지할 수 있는 수단으로 작동한다. 이는 제조와 안보 영역에서는 선택적 보호를 강화하면서도, 금융 영역에서는 개방성과 흡인력을 유지하려는 미국식 전략의 핵심 도구에 가깝다.

이러한 접근은 과거 네덜란드의 경험과도 뚜렷한 대비를 이룬다. 네덜란드는 금융 중심지로서의 지위를 유지했지만, 군사·정치적 자율성을 충분히 확보하지 못한 채 외부 질서와 동맹에 의존하는 구조에 놓였다. 오늘날 미국이 디지털 달러와 스테이블코인을 통해 시도하는 것은, 금융 중심성은 유지하되 전략적 자율성은 동시에 확보하려는 방향으로의 조정이라 할 수 있다.

결국 미국의 현대 중상주의는 단순한 보호무역으로의 회귀가 아니다. 이는 제조·에너지·기술이라는 실물 기반 위에 디지털 금융 질서를 결합해, 재설계된 세계화를 미국 주도로 구축하려는 장기 전략에 가깝다.

이 전략의 성패는 경쟁국을 얼마나 강하게 압박하느냐가 아니라, 동맹과의 신뢰를 유지하면서 제조 패권과 금융 패권 사이의 균형을 얼마나 정교하게 관리할 수 있느냐에 달려 있다. 네덜란드의 경험은 바로 이 지점에서, 오늘날 미국이 반드시 되새겨야 할 역사적 경고로 남아 있다.

미국 경제의 향방을 가를
단 하나의 변수

19세기 대영제국은 '세계의 공장'으로 군림했지만 20세기에 접어들며 상대적 쇠퇴의 길을 걸었다. 미국과 독일이 보호무역 기조 아래 급속히 공업화를 이루는 동안, 영국은 여전히 자유무역 원칙에 안주했다. 기술 혁신 속도도 정체되어 제조업 우위가 희석되기 시작했다. 두 차례의 세계대전을 치르는 동안 영국은 국력을 소진했고, 1945년 무렵 전후 국가채무는 GDP의 200%를 넘을 정도로 불어났다. 천문학적인 전쟁 비용과 글로벌 경찰 역할의 대가였다.

과중한 부채의 이자 상환 부담은 전후 영국이 산업 현대화에 필요한 투자를 제때 하지 못하도록 발목을 잡았다. 반면 마셜 플랜으로 미국의 자금을 지원받은 독일과 일본은 최신 설비를 갖추며 전쟁 폐허에서 산업을 재건할 수 있었다. 영국은 빚더미와 낡은 산업 구조만 남은 채 세계 패권을 미국에 내주게 되었다.

영국의 사례는 패권국이 안보·군사적 역할에 힘을 쏟느라 경제 기반을 잠식할 수 있음을 잘 보여준다. 광대한 제국 유지와 전쟁 승리를 위해 막대한 자원을 소모한 결과, 정작 전후 재건과 산업 혁신에는 투입할 여력이 부족했던 것이다.

현재 미국도 글로벌 경찰 역할을 자임하며 연간 GDP의 3~4%에 달하는 막대한 국방비를 지출해왔다. 이는 국내 인프라 투자나 산업 연구개발에 쓸 재원을 그만큼 줄이는 효과를 가져왔다.

만약 미국이 신흥 경쟁자인 중국과의 신기술 냉전에 대비해 국방비를 더 늘리고 동시에 산업 보조금 지출도 계속한다면, 영국이 겪었던 '제국의 과도한 확장(overstretch)'을 반복할 위험이 있다.

또한 영국은 패권 말기에 런던 금융 시장의 위상 유지에 집착했지만, 금융 허브로 남는 것만으로는 제조 경쟁력 약화를 되돌리지 못했다. 미국도 달러 금융 패권에만 안주한 채 실물 경쟁력을 소홀히 한다면 비슷한 함정에 빠질 수 있다.

미국의 현대 중상주의 전략은 필요에 의해 등장한 측면이 있지만, 여러 부작용의 씨앗을 품고 있다. 동맹과의 마찰, 세계 경제 블록화라는 그림자는 잘못 대응할 경우 패권의 기반 자체를 갉아먹는 위험 요소가 될 수 있다.

역사는 우리에게 경고한다. 단기 부양에 치중하느라 구조 개혁을 소홀히 말 것, 동맹의 가치를 저버리지 말 것, 과도한 군비 지출로 경제 활력을 잃지 말 것.

오늘날 미국은 제조업 회귀, 공급망 재편, 기술 통제, 산업보조금 확대 등 현대적 중상주의 전략을 본격적으로 추진하고 있다. 이는 단순한 보호무역이 아니라, 미래 패권을 결정지을 핵심 산업과 기술을 자국 중심으로 재편하려는 장기 전략이다.

그러나 이러한 전략이 지속 가능하기 위해서는 미국은 과거 어느 때보다 성장의 질, 동맹과의 조율, 국제 규범 활용, 재정건전성에 신경 써야 한다. 중상주의는 고립이 아니라, 전략적 동맹 유지와 정교한 외교를 전제로만 성공할 수 있기 때문이다.

미국 경제의 향방을 결정할 단 하나의 변수는 결국 AI가 가져올 생산성 혁명이다. 미국의 산업 정책이 막대한 재정지출과 공급망 재편 비용을 감당하려면, 그리고 보호주의가 낳는 비효율을 상쇄하려면, AI가 실질적인 생산성 향상을 만들어내야 한다.

이는 단순한 기술 트렌드가 아니라, 미국이 누적된 부채 문제를 해결하고 글로벌 패권을 유지할 수 있는지를 좌우하는 전략적 기반이다.

따라서 투자자 역시 이 구조적 변화를 세심하게 읽어내야 한다. 미국의 산업정책이 실제 생산성 혁신으로 이어질 것인지, 또는 부채와 인플레이션만 남길 것인지, 그리고 동맹 균열과 경제 블록화가 어떤 속도로 진행될지는 앞으로 수십 년간 글로벌 경제 질서를 바꿀 핵심 변수다. 결국 미국의 현대 중상주의 전략의 성패는, 다른 무엇보다 AI가 실질적 성장 엔진이 될 수 있는가에 달려 있다.

스테이블코인의
유통속도에 주목하라

금융 영역에서는 달러가 디지털 형태로 새 지배력을 발휘하기 시작했다. 그 주역은 바로 스테이블코인이다. 스테이블코인이 흥미로운 이유는 그 유통속도(velocity), 즉 '동일한 코인이 일정 기간 몇 번이나 손을 거치는가' 하는 지표에 있다.

전통 금융에서 통화유통속도(M2 기준)는 지난 수십 년간 지속적으로 하락해왔다. 사람들이 소비보다는 저축과 자산 보유를 선호하면서, 시중의 돈이 실제 거래로 순환하는 빈도가 둔화되었기 때문이다. 돈이 많이 풀려도 경제 활동으로 연결되지 않고 자산 계좌에 머무르는 경향이 강해진 것이다.

그런데 스테이블코인 세계는 사뭇 다르다. 대표적인 달러 연동

스테이블코인인 USDT와 USDC의 '일일 유통속도(daily velocity)'
는 추정치로 대략 0.15~0.25 수준에 달한다.

이것을 단순 연 환산하면 한 해에 한 코인이 70회 이상 굴러간다
는 뜻이다. 전통적 M2 통화속도가 1.5도 채 안 되는 현실과 비교하면
엄청난 회전율이다. 24시간 365일 멈추지 않는 글로벌 네트워크, 낮
은 거래 비용, 암호화폐 거래소와 디파이에서의 빈번한 활용이 이러
한 고속 회전을 가능케 한다.

실제로 2025년 1분기 단일 커스터디/결제 플랫폼에서 처리된 스
테이블코인 거래액만 수천억 달러에 달했다. 연말까지 누적 2조 달
러에 달할 것이란 전망도 나온다. 이제 스테이블코인은 변방의 실험
이 아니라 인터넷 경제의 머니 레일(money rails)로 기능하고 있다.

스테이블코인의 이러한 빠른 순환이 축적되어 만들어낸 현상이 바로 디지털 달러화다. 2025년 중반 전 세계 스테이블코인 시가총액은 이제 약 2,000억 달러 후반대까지 성장했다. 전체 규모의 절대다수는 미 달러에 연동된 스테이블코인이 차지하고 있다.

역설적이게도 같은 시기 각국 중앙은행들의 글로벌 외환보유액에서 달러 비중은 수십 년 만에 최저 수준(약 57% 안팎)으로 내려와 있다. 중앙은행들은 달러 의존도를 서서히 줄이고 있지만, 민간 디지털 영역에서의 달러 수요는 폭발하고 있는 셈이다. 중앙은행들이 달러 대신 금이나 기타 통화를 사들이는 동안, 개인·기업·거래소·디앱(dApp)들은 전자지갑 속에 디지털 달러를 빠르게 채워 넣고 있다.

이 변화는 특히 신흥국에서 두드러진다. 만성적 인플레이션과 자국 통화 가치 불안을 겪는 나라들, 예컨대 아르헨티나, 터키, 나이지리아에서 스테이블코인은 일종의 '디지털 달러 예금'처럼 활용된다. 현지 통화가 급락할 때마다, 다음 달이면 어김없이 스테이블코인 매수와 거래가 급증하는 패턴이 관찰된다. 신뢰할 만한 달러 은행 계좌를 갖기 어려운 이들이 스마트폰 월렛을 통해 국경 없이 달러 가치를 저장·이동하는 것이다. 달러는 더 이상 종이와 금속의 형태에 머무르지 않고, 코드와 토큰의 형태로 국경을 넘나들고 있다.

이러한 디지털 달러의 확장은 거시적으로도 중요한 파급효과를 가진다. 스테이블코인 발행사는 유통된 코인만큼의 현금이나 미국 단기국채(T-Bill) 등을 준비자산으로 보유해야 한다. 결과적으로 스테이블코인에 대한 수요 증가는 미 국채에 대한 구조적 추가 수요로 연결된다.

일부 전망은 머지않아 스테이블코인 준비자산 보유 규모가 미 국채의 '상위 보유자' 그룹에 진입할 수 있다고까지 한다. 미국 입장에서 디지털 달러의 확산은 달러 유통망이 그만큼 깊어진다는 의미다. 이는 자국 국채의 수요 기반이 안정적으로 확대되는 효과를 낸다.

물론 경로는 하나가 아니다. 민간 스테이블코인의 범람이 통제 밖 유동성을 키워 중앙은행 통화 정책의 전파력을 약화시킬 수 있다는 우려도 존재한다. 또한 달러가 아닌 유로, 엔화 등의 연동 코인이나 각국의 CBDC 확산은 달러 일극 체제에 변수가 될 수 있다.

그럼에도 현재 추세선은 분명해 보인다. 금융이 오프라인에서 디지털 네트워크로, 중앙화된 은행 계좌에서 분산된 전자지갑으로 무대를 옮겨감에 따라 달러의 영향력도 새로운 무대에서 펼쳐지고 있다. 미국 정책당국은 이 흐름을 놓치지 않으려고 달러 기반 스테이블코인을 디지털 금융 패권을 강화하는 수단으로 육성하되, 일정한 관리 장치를 마련하는 방향을 모색 중이다.

투자자 입장에서 주목해야 할 점은, 스테이블코인의 발행량과 유통속도(V)가 새로운 유동성 지표로 떠오르고 있다는 사실이다. 스테이블코인의 발행량이 증가한다는 것은 디지털 달러의 저수지 규모가 커진다는 의미다. 그리고 유통속도가 높아진다는 것은 그 저수지에 고여 있던 물이 실제 경제와 시장으로 빠르게 흘러 들어간다는 뜻이다.

속도가 급등하면 자금 회전과 위험 선호가 함께 상승하여 크립토 및 관련 위험 자산에 강세 신호로 해석될 수 있다. 반대로 속도가 둔화하면 돈이 거래소와 월렛에 머물며 대기 자금으로 축적되고 있다는 의미다. 그러므로 시장이 잠시 숨 고르기에 들어갔거나 위험자산 선호가 위축되는 신호일 수 있다.

실제로 스테이블코인 속도의 급등 국면이 크립토 사이클의 상단 혹은 전환점과 겹친다는 분석도 나오고 있다. 비록 크립토를 직접 거래하지 않더라도, 이 지표는 글로벌 달러 유동성의 미시적 온도계이자, 위험자산 심리의 실시간 센서 역할을 할 수 있다.

속도가 질서를 만든다. 스테이블코인이 만들어낸 높은 회전율과 낮은 마찰 환경은 디지털 경제의 결제·정산 인프라를 다시 설계하고 있다. 달러의 영향력을 더 넓고 얇게, 국경을 넘는 미시적 접점마다 스며들게 하고 있다.

이러한 디지털 달러화 현상은 미국에게는 금융 패권을 강화할 새로운 기회다. 그러나 관리에 실패하면 통제 어려운 유동성으로 인한 위협이 될 수도 있다. 그 성패는 얼마나 개방성을 유지하되 거버넌스를 잘 조합하느냐에 달려 있다.

통화량과 유통속도를 함께 보라

경제학의 고전적 등식인 M(통화량) × V(유통속도) = PY(명목 GDP) 관점에서 스테이블코인을 들여다보면, 흥미로운 이중 효과가 눈에 띈다. 통화량(M)을 사실상 줄일 수 있는 요인과 유통속도를 높이는 요인이 동시에 작용한다는 점이다.

우선, 스테이블코인은 아직 공식 통화지표(M2 등)에 포함되진 않지만, 금융중개 관점에서 은행 예금의 대체재가 될 수 있다. 개인이나 기업이 은행 예금을 인출해 스테이블코인을 보유하면, 그 자금은 은행의 신용 창출(대출) 기반에서 이탈하게 된다. 스테이블코인 발행사 측은 고객이 맡긴 달러를 100% 현금이나 단기 미 국채 같은 안전 자산으로 묶어두기 때문에, 은행처럼 동일 자금으로 여러 차례 대출을 뿌리는 통화승수 효과가 차단된다.

이렇게 예금이탈(deposit disintermediation)이 커지면 전체 신용 공급과 광의통화(M2) 증가율은 둔화 압력을 받을 수 있다. 실제로 일부 보고서는 최악의 시나리오에서 스테이블코인이 수조 달러 규모의 은행 예금을 대체할 가능성을 경고하기도 했다. 경제 전반으로 보면 이는 투자 및 소비 여력을 낮춰 명목 GDP에 하방 압력을 줄 수 있는 부분이다.

다행히 정책 설계의 여지는 있다. 미국 의회에서 논의 중인 입법안, 가령 지불형 코인(payment stablecoin)에 초점을 맞춘 프레임워크는 스테이블코인을 주로 결제 인프라로 활용하되, 은행 예금과 직접적 경쟁을 최소화하려는 취지를 갖고 있다. 다시 말해 스테이블코인을 기존 은행 시스템의 보완재로 키우되 잠식자는 되지 않게 설계하려는 것이다. 이러한 방향이 유지된다면 대규모 예금 유출 사태는 완화시킬 수 있을 것으로 보인다.

반면, 스테이블코인은 유통속도를 구조적으로 끌어올리는 힘이다. 국경 간 송금이나 결제에서 전통 은행 망은 시간 지연과 높은 수수료를 수반한다. 하지만 스테이블코인은 저비용 실시간 결제를 가능케 한다. 동일한 통화량이라도 돈이 더 빠르고 더 자주 거래에 쓰일 수 있게 되는 것이다.

체인 간 브릿지 기술, 레이어2 확장성, 아토믹 결제(atomic settlement) 등은 결제와 정산에 소요되는 시간을 혁신적으로 단축한다. 물론 현재는 온·오프 램프 구간 등에서 일정 제약이 남아 있다. 하지만 큰 흐름은 분명 '돈의 회전 속도가 빨라지는 방향'이다. 이는 다른 조건이 같다면 명목 GDP에 상승 압력으로 작용한다.

다만 스테이블코인의 유통속도 상승만을 근거로 이러한 변화 전반을 실질 성장률의 확대 요인으로 평가하기에는 신중할 필요가 있다. 금융 시장 내부에서 거래 회전율이 높아지는 경우, 이는 유동성 확대나 자산 가격 변동성을 키울 수는 있지만, 실물 경제의 생산과 교환을 직접적으로 증대시키는 효과로 이어지지는 않는다.

통화속도가 성장으로 연결되기 위해서는 그 회전이 금융 영역에 머무르지 않고, 실물 거래와 국경 간 상거래, 서비스 교환 등 실제 경제 활동으로 확장되는 경로가 확보되어야 한다. 이러한 조건이 충족될 때에만 통화 속도의 증가는 명목상의 거래 증가를 넘어, 실질 경제의 성장 잠재력을 확장하는 요인으로 기능할 수 있다.

이제 투자자의 시계반에는 두 개의 눈금이 새겨졌다. 하나는 스테이블코인 발행 잔액, 다른 하나는 유통속도(V)다. 발행 잔액은 디지털 달러라는 저수지의 규모를 나타낸다. 유통속도는 그 물이 실제 경제·시장으로 얼마나 빨리 흘러들어가는지를 보여준다.

유통속도가 급등할 때는 위험자산 시장의 거래 회전이 빨라지고 투자 심리가 달아오르며, 크립토 및 관련 자산군에 단기 강세 신호로 읽힐 수 있다. 반대로 유통속도가 둔화하면 자금이 거래소나 지갑에 머무르며 관망 세력으로 쌓이고 있다는 뜻이기에, 변동성 확대를 앞둔 숨 고르기 국면이거나 하락 사이클에서 체력을 비축하는 신호일 수 있다. 결국 '얼마나 많고(M), 얼마나 빠른가(V)'를 함께 봐야 유동성의 전모를 파악할 수 있다.

정책당국이 풀어야 할 과제도 분명해진다. 스테이블코인을 결제 인프라로 제도화하되, 은행의 신용 중개 약화는 최소화하는 규제 설계를 마련하는 것이다. 다시 말해, 스테이블코인 도입으로 인한 M(통화량) 감소 리스크는 방어하고, 대신 V(통화속도) 상승이 가져올 거래 효율성은 살리는 방향이어야 한다.

이를 위해서는 준비자산의 투명한 공시와 외부 감사, 유동성 스트레스 테스트, 파산 격리(링펜싱) 등 투자자 보호장치를 반드시 병행해야 할 것이다. 이렇게 해야 디지털 결제망의 효율을 높이면서도 전통 금융 시스템의 안정성을 해치지 않을 수 있다.

결국 스테이블코인의 궁극적인 목표는 경제 전반의 거래 비용을 낮추고, 결제·정산 인프라를 현대화하며, 달러 네트워크가 도달할 수 있는 범위를 확장하는 방향으로 기능하도록 만드는 것이다. 다시 말해, 스테이블코인은 오늘날의 디지털 환경에 맞는 새로운 '달러의 형식'을 설계하는 과정에 가깝다.

이 지점에서 가장 중요한 요소가 바로 유통속도의 설계와 관리다. 디지털 달러가 지나치게 빠르면 투기적 흐름이 커지고, 반대로 지나치게 느리면 결제 자산으로서의 효용이 떨어진다. 적절한 속도와 안정적인 유통 구조를 만들 수 있느냐가 곧 디지털 달러화의 품질, 그리고 그 지속 가능성을 좌우한다.

정책 입안자와 시장 참여자가 이러한 원리를 공감하고 제도적 틀을 함께 구축해나갈 때, 스테이블코인은 더 이상 불안정한 실험적 수단이 아니다. 오히려 다음 금융 질서를 지탱하는 핵심 인프라로 자리 잡을 가능성이 크다.

돈은 어디에서 돌고
누구의 힘을 키우는가?

스테이블코인은 이제 단순한 가상자산 실험이 아니라, 미국이 달러 패권을 유지하기 위한 새로운 금융 전략 도구로 부상하고 있다. 민간이 만들어낸 이 디지털 유동성 경로가 미국 금융 체계에 어떤 변화를 주고 있는지 살펴보겠다.

스테이블코인의 메커니즘을 다시 들여다보면 흥미롭다. 발행사가 보관 중인 고객의 달러 자산은 보통 신탁 형태로 은행에 예치된다. 해당 은행들은 그 자금으로 미 재무부의 단기국채를 매입한다. 예전 같았으면 해외나 사설 계좌에 잠자고 있었을 달러 자금이, 스테이블코인 구조 덕분에 미국 국채 시장으로 흘러들어가는 것이다.

이 흐름이 중요한 이유는 유동성의 성격 변화를 가져오기 때문이다. 단순히 계좌에 보관되던 돈이 이제 투자 가능한 자금으로 전환된다. 그리고 그 돈이 향하는 곳은 미국 재무부의 단기채권이다. 그 덕분에 미 재무부는 안정적으로 자금을 조달할 수 있고, 장기국채 발행 부담을 일부 덜 수 있다.

결과적으로 장기금리 안정에 기여하면서, 이는 중앙은행(연준)이 국채를 매입해주는 것과 유사한 효과를 낸다. 연준이 직접 돈을 풀지 않아도 민간 부문(스테이블코인 발행사)이 국채를 사주며 사실상의 양적완화 역할을 해주는 셈이다.

다시 말해, 스테이블코인은 단순한 디지털 토큰이 아니라 미국이 달러 패권을 유지, 확장하는 전략적 무기로 자리 잡고 있다. 미국은 사상 최악 수준의 부채와 재정 적자에 직면해 있지만, 스테이블코인 구조를 통해 국채 수요를 상당 부분 안정적으로 확보한다.

발행사가 준비금으로 단기국채를 반드시 사야 하기에 시장이 커질수록 국채에 대한 자동 수요가 증가한다. 그리고 스테이블코인 보유자는 국채 금리 변동에 둔감하므로 정부 입장에선 매우 안정적인 조달 창구를 얻게 된다. 한마디로, 스테이블코인 시장이 커질수록 미국 국채를 떠받치는 새로운 기둥이 세워지는 셈이다.

이 흐름은 신흥국에서 더욱 뚜렷하게 나타난다. 실제로 여러 설문조사에 따르면, 브라질·나이지리아·인도 등지에서 암호화폐 이용자 상당수가 현지 통화 대신 달러 연동 스테이블코인을 사용한 경험이 있다고 답했다.

예컨대 아르헨티나의 한 상인이 매출을 현지 은행 계좌가 아니라 스테이블코인으로 보관한다면, 그 자금의 상당 부분은 곧 미 단기국채에 투자되는 준비금(reserves)으로 흘러들어가게 된다. 즉 신흥국의 달러 수요가 디지털 형태로 미국 국채 수요로 재구성되는 셈이다.

게다가 미국 의회는 지니어스 법안을 통해 애플, 메타 같은 빅테크 기업에도 스테이블코인 발행의 길을 열어주려 하고 있다. 민간의 브랜드 파워와 네트워크 효과를 활용해 달러 스테이블코인의 확산 속도를 높이려는 전략이다. 각국 중앙은행들이 CBDC로 디지털 통화 경쟁에 나서는 가운데, 미국은 민간과 손잡고 달러 민영화를 더욱 가속화하는 묘수를 둔 셈이다.

역사를 돌이켜보면, 화폐의 형태와 네트워크의 진화는 늘 권력 이동과 맞물려왔다. 과거에는 금이 가치 기준이었고, 금을 직접 옮기지 않기 위해 어음과 은행권이 나왔다. 그리고 철도와 전신망은 이런 화폐 흐름을 지탱하며 제국들의 상업과 군사력 확장의 인프라가 되었다.

오늘날에도 판만 바뀌었을 뿐 비슷한 장면이 펼쳐지고 있다. 비트코인은 디지털 금으로서 가치 저장의 상징이 되었다. 스테이블코인은 옛날 은행권의 자리를 대신해 디지털 현금으로 경제 활동의 윤활유 역할을 한다. 이더리움 같은 블록체인 네트워크는 철도와 전신망처럼 디지털 레일 역할을 맡아 자산과 데이터의 이동을 가능하게 한다.

이 세 가지가 결합해 새로운 금융 질서를 짜고 있다. 과거 영국이 국채 시장과 해상 네트워크를 기반으로 제국을 유지했듯, 오늘의 미국은 '국채-결제-네트워크'라는 삼각 구조를 디지털 차원에서 다시 세우고 있다. 달러는 여전히 중심에 있지만, 이제 그 달러는 종이가 아니라 코드로 발행된 토큰일 뿐이다.

아직 전통적인 실물 경제 영역에서는 통화 유통속도가 낮고 돈의 회전이 더디다. 하지만 스테이블코인이라는 새로운 경로가 금융 시장과 국채 시장에 활력을 불어넣고 있다. 이는 단순한 기술 혁신이 아니라, 미국이 달러 패권을 유지하기 위해 고안해낸 새로운 '금융-정치-기술' 메커니즘이라고 볼 수 있다.

여기서 기억해야 할 질문은 하나다.

"돈은 지금 어디에서 돌고 있으며, 그 흐름은 누구의 힘을 키우고 있는가?"

오늘날 돈은 디지털 화폐의 외피를 쓰고 미국의 패권 전략 속에서 다시 흘러가고 있다. 통화유통속도와 디지털 화폐 그리고 국채 시장을 연결해 바라보면, 금융 패권 지형의 변화가 훨씬 선명하게 보일 것이다.

시장의 돈줄이
흐르는 곳

금융 시장을 움직이는 핵심 동력 중 하나는 다름 아닌 유동성이다. 흔히 '유동성 장세'라는 말이 나오면 시중에 돈이 넘쳐 자산 가격이 상승하는 국면을 뜻한다. 반대로 '유동성 가뭄'에는 돈줄이 말라 투자 심리가 얼어붙곤 한다. 핵심 질문은 이것이다.

"앞으로 시중의 돈줄이 다시 풍족해질 것인가? 그리고 그 돈은 어디로 흘러갈 것인가?"

전통적인 광의통화(M2) 공급과 자본지출(CapEx)의 흐름을 통해 향후 주식 시장을 가늠해보겠다. 먼저 미국의 통화공급(M2) 추이를 보자. 2020년 코로나 팬데믹 충격에 대응한 양적완화로 미국의 M2는 폭발적으로 증가했다. 그러다 2022~2023년 미 연준의 급격한 긴축으로 역사상 유례를 찾기 힘든 통화 공급 감소 현상까지 나타났다. 실제로 2022년에는 M2 증가율이 마이너스로 돌아서며 시중 통화량이 줄어드는 이례적 상황을 겪었다. 그 여파로 주식 시장도 큰 조정을 받았다.

그런데 2024년 하반기부터 분위기가 바뀌기 시작했다. M2 증가율이 서서히 플러스로 돌아서더니, 2025년에 이르러 마침내 과거 정점을 회복하고 사상 최고 수준(약 21조9,400억 달러)을 넘어섰다. 2025년 5월 기준 M2는 1년 전보다 약 4.5% 늘어나 3년 만의 최고 증가율을 기록했다.

이는 연준이 본격 돈 풀기에 나섰다기보다는, 경제 회복과 함께 예금 등 시중 자금이 자연 증가한 영향이 크다. 그럼에도 중요한 건 통화량 증가율이 플러스로 전환되었다는 사실 자체다. 한동안 바짝 말랐던 유동성의 샘물에 다시 물이 차오르기 시작했다는 신호니까 말이다.

역사적으로 M2 증가는 시차를 두고 경기와 물가에 영향을 미쳐 왔다. 통화량이 늘어나면 금융 여건이 완화되어 경제 활동이 활발해지고 위험자산 선호 심리가 살아난다. 한편으로 통화량 증가는 인플레이션 압력을 높여, 연준의 긴축 기조를 다시 부를 수도 있다.

세인트루이스 연방준비은행 자료를 보면, 2020년 M2 급증 이후 약 1년의 시차를 두고 2021~2022년에 PCE 물가가 본격적으로 상승했다. 반대로 2022~2023년 M2 증가율이 둔화되자 물가도 점진적으로 안정되는 패턴을 보였다. 이는 통화량 변화가 물가에 일정한 시차(lag)를 두고 반영된다는 해석과 부합한다.

이런 역사적 패턴에 비추어보면, 최근의 M2 재가속은 향후 인플레이션을 다시 자극해 연준의 금리 인하 폭을 제한하는 요인이 될 수도 있다. 동시에 경기를 연착륙시키고 자산 시장을 반등시키는 유인이 될 수도 있다. 투자자 입장에선 '적당한 유동성 증가'가 이루어져 경기를 살리되, 물가를 과하게 자극하지 않는 골디락스 시나리오를 기대할 것이다.

실물 경제 측면의 유동성 흐름을 봐야 하는 또 다른 창은 기업의 자본지출과 은행 여신 등 신용 흐름이다. 최근 미국 경제 이면을 들여다보면 흥미로운 역학이 포착된다. 정부 인센티브에 힘입어 반도체, 전기차 배터리, 데이터센터 인프라 등 제조업 분야에서 전례 없는 설비투자 붐이 일었다. 2023~2024년 동안 제조업 관련 건설투자는 연율 기준 두 자릿수 성장률을 기록하며 사상 최대 규모로 확대되었다. 기업들이 미래를 내다보고 과감히 지갑을 열고 있다는 뜻이다.

같은 시기, 통화 긴축의 여파로 부동산이나 스타트업 등 일부 과잉투자 분야에서는 조정 국면이 찾아왔다. 요컨대 경제 내 돈의 흐름이 재배치되고 있는 모습이다. 한쪽 문이 닫히면 다른 쪽 창이 열린다고 할까.

예컨대 초저금리 시대 붐을 누렸던 스타트업/벤처 자금은 한풀 꺾였지만, AI와 제조업 관련 투자에는 다시 열기가 돌고 있다. 자본지출 증가는 단기적으로는 비용 지출로 보이지만, 장기적으로는 생산능력 확충과 효율 개선으로 이어져 경제의 공급 능력을 키워준다. 말하자면 생산적인 유동성이다.

이런 선순환이 계속된다면, 미국 경제는 실물 부문의 유동성 회복을 통해 성장률을 제고하고 인플레이션 압력을 공급 증가로 상쇄할 수 있다. 그렇게 되면 연준도 큰 폭의 추가 긴축 없이 비교적 안정적인 금융 환경을 유지할 여지가 생긴다. 이는 주식 시장에 '기업 이익 개선'과 '할인율 안정'이라는 두 가지 호재가 겹치는 결과를 가져올 것이다.

물론 경계할 부분도 있다. 높은 금리가 장기간 지속되면 민간의 투자 활동이 결국 위축될 수밖에 없다. 경기 사이클상 재고 조정이나 비용 절감 압력이 커지면 자본지출도 기업 계획 대비 축소될 위험이 있다. 은행 대출 역시 2023년 일부 지역은행 부실 사태 이후 대형은행들이 보수적 기조로 돌아서면서 산업에 따라 신용경색이 나타나고 있다.

만약 실물 경제에 돈이 돌지 않고 금융 시장에만 머문다면, 이는 불균형 회복(imbalance correction)의 위험을 키운다. 다시 말해, 생산적 투자 없이 통화량만 늘어나면 자산 거품이나 인플레이션으로 흘러갈 수 있다.

2020~2021년의 경험이 이를 보여준다. 연준의 초저금리 자금 중 상당 부분이 부동산과 주식 등 자산 시장으로 흘러가 거품을 키웠다. 결국 인플레이션이 터지자 급격한 긴축으로 자산 가격이 출렁였다. 이런 유동성의 비생산적 활용은 경제의 체력을 키우지 못한 채 변동성만 증폭시킨다. 그러므로 투자자들은 앞으로도 유동성의 질(質)에도 신경을 써야 한다.

통화량과 통화유통속도 관점에서 보면, 미국의 통화유통속도는 여전히 역사적으로 낮은 수준에 머물러 있다. 한때 시중에 풀린 돈

은 넘쳤지만, 그 돈이 경제 전체를 빠르게 순환시키지 못한 측면이
있다.

그러나 자본지출 주도 성장을 통해 실물 경제가 활력을 되찾고,
임금 상승과 소비 여력 확대가 뒤따른다면 돈의 회전 속도도 서서히
올라갈 수 있다. 돈이 특정 자산에만 머무르지 않고 생산과 소비 사
이를 활발히 오갈 때 비로소 실질 성장과 기업 실적 향상이 뒷받침된
탄탄한 강세장이 가능해진다.

그런 국면에서는 성장에 따른 인플레이션 압력도 늘어난 공급과
생산성 향상으로 상쇄되어 건강한 경제 확대가 이루어질 수 있다. 이
것이 바로 1950~1960년대 미국이나 전후 독일, 일본이 보여준 '확
대 재생산'의 선순환이었다.

독일과 일본 모두 풍부한 저축과 투자, 교육과 기술 획득 노력, 정
부의 전략적 산업 육성, 우호적인 대외 환경(개방된 시장과 안정된 통화)
을 성장 요인으로 꼽는다. 특히 기업들이 벌어들인 이익을 설비와
R&D에 재투자하는 문화를 정착시켜 생산 능력 확대의 선순환을 이
뤄냈다. 그 결과 두 나라는 오랜 기간 무역흑자를 누적하며 대외순자
산을 쌓고 통화 가치를 높이면서 경제 강국의 반열에 올랐다.

미국은 물론 전쟁 폐허에서 재기하는 상황과 같지는 않다. 하지
만 이들로부터 배울 점이 분명 있다. 생산적 투자를 통해 실질 성장
을 이루면 부채 부담도 자연스럽게 완화되고 패권 기반도 강화된다
는 점이다. 달리 말해, 양적인 경기 부양이 아닌 구조를 바꾸는 성장
이 필요하다.

만약 미국이 이번 산업 재편과 인프라 투자로 생산성을 끌어올리

고 공급망 안정화를 달성한다면, 굳이 달러를 마구 찍어내지 않아도 성장세를 통해 부채/GDP를 낮추는 길이 열릴 것이다. 그렇게 된다면 달러 패권도 튼튼한 실물 경제의 뒷받침 속에서 지속가능성이 커진다.

반대로 그런 구조 변화 없이 단지 부양 자금이 자산 시장으로만 흘러가거나 단기 효과에 그친다면, 거품과 붕괴의 사이클을 반복할 뿐이다. 1970년대 미국이 생산성 정체 속에 스태그플레이션을 겪은 반면, 1990년대에는 IT 투자 붐으로 생산성 향상과 함께 장기 호황을 누렸던 역사를 떠올려봐도 알 수 있다. 유동성이 미래를 위한 투자로 연결되는가, 아니면 당장의 소비와 투기로 소진되는가에 따라 향후 시장의 질이 달라질 것이다.

현재까지 미국 주식 시장은 2023년 이후 연준의 가파른 긴축 속에서도 비교적 선방하며 미래의 정책 전환을 미리 기대하는 모습이다. 대형 기술주 중심의 랠리가 나타났고, 일부 제조·에너지 분야도 정부 지원 기대에 힘입어 강세를 보였다. 투자자들은 미래 호재를 한 발 앞서 주가에 반영하고 있다.

그러나 이런 유동성 선반영이 정당화되려면, 실물 경제의 유동성 회복이 뒤따라주어야 한다. 반대로 실물은 식어가는데 금융 시장만 붐비는 상황이라면, 이는 일시적 유동성 잔치에 그칠 위험이 있다.

머지않아 연준이 금리 인하로 돌아선다면 M2 증가율은 더욱 높아지고 금융 여건은 분명 완화될 것이다. 중요한 것은 그 돈의 향배다. 정부도 미래 세대를 위해 인프라, 교육, 신기술 등에 재정을 투입하는 생산적 부채를 늘려야 한다. 민간도 환경이 허락하는 한 설비투자와 R&D에 자금을 투입해야 한다. 그렇게 '좋은 흐름'이 만들어질 때 투자자들도 그 파도를 타고 안정적으로 수익을 낼 수 있다.

결국 유동성의 '양'뿐 아니라 '방향'과 '속도'가 중요하다. 전통적 지표인 M2가 늘어났다는 소식에 안도하기보다는, 그 돈이 어디로 어떻게 움직이는지를 읽는 안목이 필요하다. 스테이블코인 유통속도, 자본지출 증가율, M2의 성장과 사용처, 은행 대출 동향, 소비 및 고용 지표 등을 입체적으로 살펴야 경제 흐름의 맥을 짚을 수 있다.

현재 주식 시장은 거품일까?

버블은 어떻게 탄생하는가? 역사학자이자 경제학자인 찰스 킨들버 거는 금융위기를 연구하며 다음과 같은 원리를 강조했다.

"인플레이션은 통화량 증가에 달려 있고, 버블은 신용 확대에 달 려 있다."

여기에 하이먼 민스키의 금융 불안정성 가설을 더해보면, 버블 생성 과정은 의외로 단순하다.

첫째, 낙관적 충격이 등장한다. 인터넷, 전기, 자동차처럼 인류의 상상력을 자극하고 생산성을 혁신할 잠재력이 있는 신기술이 무대에 오르는 것이다. 오늘날이라면 인공지능(AI)이 이에 해당할 것이다.

둘째, 새로운 시대에 대한 과도한 낙관이 형성된다. 투자자들은 이 기술이 기존 질서를 완전히 바꿀 것이라 믿고 앞다투어 자금을 쏟아붓는다. "이번에는 다르다"라는 구호 아래 자산 가격이 치솟고, 차입을 동원한 투자도 늘어난다.

셋째, 유동성과 신용의 팽창이 불을 지핀다. 중앙은행이 금리를 내리고 시장에 돈이 넘쳐나면, 이 자금이 혁신이라는 불씨를 거대한 불길로 키워낸다. 결국 버블은 단순한 과열이 아니라 혁신의 씨앗과 풍부한 유동성이 만나야 탄생하는 특별한 현상이다.

역사는 반복된다. "이번만은 다르다(This time is different)"라는 말은 언제나 버블의 신호탄이었다. 지금 우리는 같은 질문 앞에 서 있다. 투자자에게 중요한 것은 단기적 환호나 공포에 휩쓸리지 않고 역사적 패턴 속에서 길게 보는 시각이다.

1929년 대공황을 이해하려면 먼저 1927년 연준의 금리 인하를 살펴봐야 한다. 이 금리 인하는 미국 경기 때문이 아니라, 영국 파운드화를 방어하기 위한 국제적 공조의 성격이 강했다. 당시 영국은 금본위제 복귀 이후 심각한 자본 유출과 파운드 약세에 시달렸고, 이에 영란은행은 미국에 지원을 요청했다. 연준은 이를 받아들여 단기금리를 낮췄고, 그 결과 미국 내 유동성이 빠르게 풀렸다.

문제는 이 조치가 이미 과열 조짐이 나타나던 미국 증시에 예상 밖의 자극제로 작용했다는 점이다. 1927년 금리 인하 이후 신용이 급증하면서 투기적 자금이 주식 시장으로 대거 유입되었다. 1928~1929년 주가는 거의 수직 상승하며 거품이 정점에 달했다.

요약하면, 연준의 1927년 금리 인하는 영국을 지원하기 위한 것이었지만, 그 부작용으로 미국 증시 거품을 키우는 데 중요한 역할을 했다. 이는 1929년 붕괴의 토대를 만든 결정적 사건이었다.

1999년 IT 버블 때도 비슷했다. 그 직전인 1998년, 초대형 헤지펀드 LTCM의 붕괴 위기가 발생하자, 연준은 금융 시스템 붕괴를 막기 위해 급히 금리를 인하했했다. 그런데 풀린 돈이 인터넷 기업들로 흘러 들어가면서 '닷컴 광풍'이라는 버블을 만들어냈다.

두 경우의 공통점은 뚜렷하다. 실업률은 낮았고, 주도 산업은 이미 활황이었다. 주가는 몇 년간 가파르게 상승 중이었다. 그 상황에서 예외적 이유로 시행된 금리 인하가 버블의 마지막 불꽃, 즉 화룡점정이 된 것이다.

현재 시장은 어디쯤 와 있을까? 2025년 8월 말인 현재, 투자자들은 9월 FOMC의 금리 인하 가능성에 촉각을 곤두세우고 있다. 경기 둔화 신호가 조금씩 나오고 있다고는 하지만, 미국의 실업률은 여전히 낮은 수준이고 AI·반도체 같은 핵심 산업은 호실적을 이어가고 있다. 미국 증시는 올해 들어 벌써 수차례 사상 최고치를 경신했다.

이 장면은 1929년, 1999년 버블의 절정 직전과 놀랍도록 닮아 있다. 구조적 낙관(AI 혁신 기대) 위에 정책적 유동성(금리 인하 전망)이 겹치고 있기 때문이다. 설상가상으로 글로벌 M2 증가율까지 반등하면서, 풀린 돈이 다시 시장으로 흘러들 조짐을 보이고 있다. 즉 다가오는 연준의 금리 인하는 단순한 경기 방어책이 아니라 기술주 중심 버블을 촉발하는 도화선이 될 가능성이 있다.

실제로 요즘 미국 주식 시장의 흐름을 보면 1990년대 후반 닷컴 버블 시절과 겹쳐 보이는 측면이 많다. 1996~1997년 인터넷이라는 신기술이 등장하며 투자자들의 자금을 빨아들이기 시작했다.

1998년에는 아시아 외환위기 등의 충격으로 잠시 급락했지만 곧바로 회복하며 열기가 이어졌다. 그리고 1999~2000년 시장이 화려한 정점에 이르렀다가 급격히 무너졌다.

지금의 S&P500 지수도 이와 비슷한 궤적을 밟는 듯하다. 다른 점이 있다면, 이번에는 인터넷 대신 AI와 반도체가 새로운 주역이 되었다는 것이다. 단기 조정이 나타나더라도 곧바로 강한 반등이 이어진다. 그 과정에서 시장은 점점 더 과열 양상을 보이고 있다. 그렇기에 버블의 정점이 2026~2027년에 찾아올 수 있으며, 이후 상당한 조정이 나타날 가능성도 염두에 두어야 한다.

흥미로운 점은, 통화유통속도가 아직 본격적으로 오르지 않았다는 사실이다. 보통 경제 전반이 과열되는 국면이라면 돈의 회전 속도도 함께 가팔라져야 하는데, 현재로서는 그렇지 않다.

연준이 금리 인하 사이클로 들어간다면 돈이 순환하기보다는 우선 은행 대출이 늘어나 신용이 팽창하는 현상이 먼저 나타날 수 있다. 다시 말해 가계와 기업이 빚을 내어 만들어낸 자금이 자산 시장으로 흘러 들어가 주가를 끌어올리는 것이다. 이는 민간부채 확대라는 부작용을 동반하는 동시에 자산 시장에는 상승 압력으로 작용한다.

사실 돈이 실제 경제에서 얼마나 빨리 돌고 있는지를 보여주는 통화유통속도는 지난 수십 년 동안 장기 하락 추세에 있었다. 그렇다고 자산 시장이 침체했던 것은 아니다. 낮은 금리를 바탕으로 은행 신용이 꾸준히 팽창하면서, 주식과 부동산 등 자산 시장은 오히려 장기 상승 흐름을 이어왔다.

따라서 향후 금리 인하 국면에서는 당분간은 얼마나 많은 새로운 신용(부채)이 만들어지고 있는가를 주목해야 한다. 이것이 지금 상황에서 시장 흐름을 제대로 읽는 핵심 열쇠다.

과거의 버블은 중앙은행의 금리 정책과 은행 신용의 팽창에 의해 만들어졌다. 하지만 오늘날은 양상이 약간 다르다. 앞서 살펴봤듯 스테이블코인과 같은 디지털 자산이 새로운 유동성 경로로 자리 잡았기 때문이다.

오늘의 금융 시장은 두 얼굴을 가지고 있다. 한쪽 얼굴은 AI·반도체라는 낙관적 충격이 그리는 장밋빛 미래이고, 다른 한쪽 얼굴은 금리 인하라는 유동성의 불꽃이 키우는 불안한 거품 그림자다.

버블에는 늘 위험과 기회가 공존한다. 닷컴 버블 당시 수많은 인터넷 기업이 사라졌지만, 아마존과 구글 같은 기업은 거품 붕괴 이후 오히려 더 강한 시장 지배력을 확보했다. 버블은 언젠가 꺼지지만, 그 과정에서 태어난 혁신과 기업들은 다음 시대의 주인공이 된다.

따라서 투자자의 전략 또한 단순하다. 단기적으로는, 버블이 만들어내는 랠리를 기회로 활용하되, 과열 신호에는 민감하게 반응할 것. 중기적으로는, 실적이 뒷받침되는 기업 중심으로 옥석 가리기를 할 것. 장기적으로는, 구조적 변화를 이끌 '진짜 승자'를 찾아 버블 붕괴 이후에도 꾸준히 모아갈 것.

미국 경제를 읽어야
디지털 자산의 방향이 보인다

2025년 중반, 미국 의회를 통과한 '하나의 크고 아름다운 법안(One Big Beautiful Bill: 'OB3')'은 처음에는 단순한 기업 감세 조치로 보였다. 그러나 법안의 내부를 들여다보면, 미국 경제가 다시 한번 생산성 중심의 성장 모델로 회귀하려는 국가적 의지가 강하게 담겨 있음을 어렵지 않게 확인할 수 있다. 기업이 공장을 짓거나 데이터 센터·AI 인프라를 구축하는 데 들어가는 비용은 전액 즉시 손비로 인정되고, 연구개발비 역시 나눠 상각할 필요 없이 한 번에 비용 처리할 수 있게 되었다. 세제가 투자에 불을 붙이자, 오랫동안 정체되어 있던 기업들의 투자 엔진이 마침내 다시 동작하기 시작했다.

흥미로운 것은, 이러한 변화가 우리가 기존에 알고 있던 거시경제의 일반적 흐름과 정반대로 전개되고 있다는 점이다. 일반적으로 정부 지출이 늘고 재정 적자가 확대되면 통화 가치가 하락하고 달러가 약세로 가는 것이 자연스러운 패턴이었다.

그러나 이번에는 상황이 다르다. OB3가 자극한 기업 투자와 생산성 개선이 미국 경제의 구조적 체력을 끌어올리자, 재정 적자가 커지고 있음에도 달러는 약세로 가지 않고 오히려 더 강해지는 방향으로 움직이고 있다. 단순한 금리 차이 때문이 아니라, '미국 경제의 질' 자체가 달라졌다는 평가가 글로벌 자본의 흐름을 다시 미국으로 끌어당기고 있기 때문이다.

이런 구조적 변화의 한가운데서 자연스럽게 떠오르는 질문은 이것이다.

"강달러가 펼쳐지는 환경에서 암호 자산은 어떤 위치를 차지할 것인가?"

전통적으로 강달러는 금과 같은 무이자 자산에 불리한 환경을 만든다. 그러나 비트코인은 이제 금의 단순한 대체재가 아니라, 고유한 네트워크 효과를 기반으로 존재하는 새로운 원초적 자산이다. 중앙은행도, 배당도, 기업 실적도 없는 이 독특한 디지털 자산은 기존의 가치 평가 방식을 벗어난 영역에서 가격이 결정된다. 그래서 강달러가 전개되더라도 비트코인이 반드시 약세를 보인다는 공식은 더 이상 성립하지 않는다. 실제로 달러가 강세일 때조차 비트코인을 '가치 저장의 옵션'으로 바라보는 움직임이 곳곳에서 나타나고 있다.

비트코인은 달러와 경쟁하는 통화가 아니라, 달러 시스템의 균열을 대비하는 보험처럼 작동하며 공존한다. 이제는 두 자산이 서로의 대체제가 아니라, 서로 다른 목적을 수행하는 보완재로 자리 잡고 있다.

하지만 강달러가 만들어내는 더 큰 변화는 미국 밖에서 나타난다. 달러 가치가 오르면 신흥국 통화는 약해지고 금융 시스템이 흔들리기 시작한다. 예전 같으면 사람들은 은행을 찾아가 달러 지폐를 확보했겠지만, 이제는 단 몇 초 만에 스마트폰으로 스테이블코인을 구매한다. 스테이블코인은 많은 신흥국에서 이미 사실상의 '디지털 달러 예금'으로 기능하고 있으며, 강달러는 역설적으로 이 생태계를 폭발적으로 확장시키는 동력으로 작용한다.

이 과정에서 비트코인 역시 또 다른 이유로 주목받는다. 신흥국 통화가 급락할 때 젊은 세대는 더 이상 금을 떠올리지 않는다. 자본 통제나 국경의 제약을 받지 않고, 디지털 형태로 안전하게 자산을 보관할 수 있는 비트코인을 선택한다. 그래서 강달러 시기에는 스테이블코인은 결제 수단으로, 비트코인은 자산 보호 수단으로 각각 역할을 강화하게 된다. 암호 자산 두 축이 서로 다른 메커니즘으로 동시에 수요를 얻는 드문 장면이 연출되는 것이다.

이와 동시에 미국 내부에서는 또 하나의 중요한 변화가 진행 중이다. 2025년 제정된 지니어스 법은 스테이블코인을 미국 금융 제도권에 본격적으로 편입시키는 조치였다. 발행 주체의 기준이 명확해지고, 준비금은 미국 국채·역레포·은행예금 등 고품질 유동자산(HQLA)으로 1:1 보유해야 한다는 규제가 도입되었다.

이는 스테이블코인을 단순한 디지털 토큰이 아니라 미국 금융안정성 프레임 속에 들어오는 자산으로 정의한 것이다. 더 나아가 이는 RWA, 기관투자자, 디파이를 연결하는 온체인 금융 인프라의 제도적 기반이 마련되었다는 뜻이다.

OB3가 실물·기술 투자의 호황을 만들고, 지니어스 법이 암호 자산의 제도권 진입을 열어주면서, 미국 경제는 정책·기술·자본이 정렬된 새로운 성장 경로로 이동하고 있다. 단기적으로는 자동화와 효율화 확대로 고용 지표가 약하게 보일 수 있지만, 이는 생산성 체계가 재구축되는 과정에서 불가피한 전환적 현상이다. 오히려 장기적으로는 생산성 상승이 물가 상승 압력을 완화시키고, 경제 성장률이 오르는 가운데 물가가 안정되는 디스인플레이션 성장 구간으로 진입할 가능성이 크다.

이처럼 OB3와 지니어스는 단순한 감세나 규제가 아니라, 미국 경제를 생산성 중심의 신성장 체제로 재편하고, 동시에 온체인 금융 생태계의 제도적 토대까지 완성하는 이중 구조의 정책 패키지다. 2026년 이후 가상자산 시장의 방향성을 읽기 위해 반드시 고려해야 할 새로운 거시 프레임이 바로 여기서 만들어진다.

결국 우리는 강달러와 약달러, 인플레이션과 디플레이션, 위험자산 선호와 회피라는 전통적 프레임을 넘어, "정책이 자본 흐름을 어떻게 재구성하고, 그 과정에서 암호 자산이 어떤 구조적 역할을 부여받는가?"라는 질문을 던져야 한다.

스테이블코인은 강달러 환경에서 더 강해지고, 비트코인은 시스템 리스크에 대한 보험 역할을 하며, RWA는 실물경제의 확장을 온체인으로 옮겨와 새로운 시장을 연다. 암호 자산은 이제 주변부가 아니라, 글로벌 금융 구조 속에서 각기 다른 기능을 수행하는 구조적 자산군으로 자리 잡아가고 있다.

속도, 흐름, 구조적 변화에
주목하라

21세기에 들어 세계 경제 판도는 빠른 속도로 재편되고 있다. 미국의 국가자본주의적 전략과 디지털 달러의 부상은 겉보기엔 상반된 움직임처럼 보일 수 있지만, 모두 패권 유지와 변화라는 거대한 흐름의 일부다. 투자자라면 이 큰 조류를 거시적 통찰으로 이해하고, 구체적 투자 판단으로 연결 지을 수 있어야 한다. 앞으로 무엇을 주시해야 할지, 세 가지 키워드로 정리해보겠다.

(1) 속도: 머니 무브의 박동을 읽어라

속도란 말 그대로 돈의 회전 속도다. 앞서 여러 번 강조했듯, 돈이 얼마나 빠르게 돌고 있는가는 경기 활력과 투자 심리의 척도다. 중앙은행 통화부터 스테이블코인까지, 돈이 실제 경제와 시장에서 얼마나 빈번히 사용되는지를 살펴야 한다.

통화유통속도가 오르기 시작하면, 이는 경제 주체들이 돈을 움켜쥐기보다 쓰고 투자하기 시작했다는 신호일 수 있다. 예금으로 쌓여 있던 자금이 소비와 투자로 흘러가기 시작하면, 기업의 매출과 이익이 회복되고 이는 결국 주가 상승의 탄탄한 토대가 된다. 경제가 살아 움직이려면 돈이 단순히 '많이 존재하는 것'보다 얼마나 활발히 순환하느냐, 즉 통화유통속도가 훨씬 중요하다.

반대로 통화유통속도가 계속 낮은 상태라면, 중앙은행이 아무리 통화를 공급해도 경제 전반에 전달되는 효과는 제한적일 수밖에 없다. 이는 최근 수년간 달러 공급이 크게 늘었음에도 기대만큼의 실물 회복이 나타나지 않은 이유를 설명하는 핵심 요소다.

따라서 앞으로의 투자자는 단순히 M2와 같은 전통적 통화량 지표만 볼 것이 아니라, 유통속도라는 동적 지표를 함께 추적해야 한다. 여기에 더해 디지털 금융 생태계가 확대되는 만큼, 스테이블코인 거래량 대비 공급 비율과 같은 새로운 '디지털 속도' 지표도 중요해지고 있다.

이는 시장의 자금이 어디에서, 얼마나 빠르게 흘러가고 있는지, 경제의 맥박이 실제로 어디에서 뛰고 있는지를 확인하는 핵심 도구가 될 것이다.

(2) 흐름: 유동성의 방향과 질을 보라

흐름이란 단순히 유동성의 많고 적음이 아니라, 어디로 흐르는 돈인가를 뜻한다. 유동성이 금융자산에만 머문다면 그 효과에 한계가 있다. 실물경제로 흐르는 유동성이 늘어날 때 비로소 경기와 기업 이익이 함께 성장하는 지속 가능한 장세가 펼쳐진다.

그러므로 자본지출, R&D 지출, 신규 고용 투자 등의 동향은 유동성의 질적 흐름을 보여주는 지표다. 최근 미국 제조업 투자가 증가한 것은 고무적이다. 앞으로도 기업들의 투자가 계속 이어지는지 관찰해야 한다.

글로벌 자본 흐름도 중요하다. 미국의 무역적자가 줄어들면 해외에 풀리는 달러 유동성이 축소되어 글로벌 금융 시장에 영향을 미친다. 반대로 미국이 경기 부양에 나서 재정 적자가 커지면 다시 전 세계에 달러가 풀릴 것이다.

현재 진행 중인 경제 블록화 추세 속에서는 동맹국 간 투자 흐름은 강화되고 미·중 사이의 자본 흐름은 약화될 전망이다. 그러므로 지역별/산업별 돈의 움직임 방향을 읽어내는 것이 투자 기회 포착으로 이어질 것이다.

예컨대 미국-유럽 간의 그린산업 협력 흐름, 미국-인도/동남아 간의 공급망 투자 흐름, 중국 내수 부양에 따른 아시아 역내 흐름 등에 주목해야 한다. 좋은 흐름에 올라탄 기업과 자산에 투자의 초점을 맞추고, 왜곡되거나 막힌 흐름에는 경계심을 가지는 것이 필요하다.

(3) 구조적 변화: 시대의 패러다임을 읽어라

마지막으로 구조적 변화에 대한 통찰이 요구된다. 미국이 주도하는 현대 중상주의(국가자본주의)의 등장은 패러다임 전환이다. 이는 단기에 그치지 않고 향후 수년, 수십 년간 글로벌 게임의 규칙을 바꿔놓을 가능성이 크다. 투자자들은 이 큰 그림 속에서 전략을 재정비해야 한다.

지난 수십 년간 당연시되던 글로벌 공급망 최적화나 자유무역 질서가 흔들리고, 경제 안보와 국가 전략 산업 개념이 중요해졌다. 이는 관세를 몇 퍼센트 올리는 문제가 아니라 기업의 가치사슬 전반을 바꾸는 힘이다. 어떤 기업은 혜택을 받아 신성장 동력을 얻겠지만, 어떤 기업은 사업모델을 수정해야 할지 모른다.

또한 디지털 달러화와 각국의 CBDC 부상 등 통화 체제의 기술적 변화도 구조적 흐름이다. 예를 들어 결제 시스템이 블록체인 기반으로 이동하면 전통 금융회사들의 역할이 축소되고 수수료 구조도 바뀔 수 있다. 달러 패권이 디지털 형식으로 유지되는지, 아니면 다극화되는지에 따라 장기 투자 환경이 달라질 것이다.

이런 거시 변화에 대해 꾸준히 학습하고 대비하는 투자자만이 구조적 승자가 될 것이다. 특히 역사적 사례는 훌륭한 나침반이 된다. 스페인, 네덜란드, 영국의 부침에서 해양 제국 흥망의 교훈을 얻었다. 또 독일과 일본의 부흥에서 산업 근대화의 힘을 배웠다.

이렇듯 현재 진행형인 미국의 행보와 중국의 대두도 이런 맥락에서 분석해야 한다. 패권 주기와 기술혁신 주기가 맞물리며 시장의 물줄기가 크게 바뀌는 시기인 만큼, 과거와 단절된 새로운 시각으로 접근하되 인간 경제의 보편적 패턴도 간파해야 한다.

격변기일수록 근본으로 돌아가라는 말이 있다. 결국 경제의 근본은 사람이고, 생산 활동과 교환이다. 국가가 개입하든 시장이 움직이든, 돈이 디지털이든 종이든 좋은 아이디어와 경쟁력 있는 생산이 있는 곳에 자본은 모이고 꽃을 피운다. 투자자는 그 방향을 남보다 앞서 포착하는 것이 숙명일 것이다.

지금 미국이 펼치는 전략의 명암, 스테이블코인으로 상징되는 새로운 화폐 기술, 이 두 가지 모두 위험과 기회가 상존한다. 한쪽 눈은 거시 구조를, 다른 한쪽 눈은 미시 트렌드를 살피며 균형을 잡을 때 비로소 파도를 타고 나아갈 수 있을 것이다.

앞으로는 달러의 총량보다 달러의 속도, 유동성의 규모보다 그 사용처, 정책의 단기 효과보다 구조의 변혁에 주목하라. 변화의 물결 속에서도 돈의 속도와 권력의 흐름을 읽어내는 투자자에게는 언제나 새로운 기회의 항로가 열릴 것임을 믿어 의심치 않는다.

THE COIN

위기에서 탈중앙화로

비트코인은 인플레이션에 대응하는 가치 저장 수단으로서의 잠재력을 인정받기 시작했다. 2008년 위기 이후 계속된 양적 완화로 달러 등 주요 통화의 구매력 하락을 경험한 투자자들에게, 비트코인의 등장은 디지털 시대의 금 혹은 대안적 안전 자산의 탄생으로 비쳤다. 불과 몇 년 전만 해도 생소했던 이 개념은 인터넷 커뮤니티와 일부 기술 애호가들 사이에서 서서히 주목받으며, 새로운 금융 패러다임의 서막을 열었다.

비트코인,
탈중앙화 통화의 서막

비트코인은 처음부터 거대한 시장을 노리고 만들어진 프로젝트가 아니었다. 탄생 초기, 그 가치는 극소수 개발자와 사이퍼펑크 운동 지지자들 사이의 작은 실험이었다. 그러나 이 실험은 곧 전통적 통화 질서가 당연하게 전제해왔던 시스템(정부의 발행, 중앙은행의 통제, 금융기관의 중개)을 근본적으로 뒤흔드는 질문을 던졌다.

"우리는 정말로 중앙기관 없이도 신뢰할 수 있는 화폐를 만들 수 있는가?"

비트코인은 그 질문에 '예'라는 대담한 답을 제시했다.

모든 거래는 투명하게 공개된 블록체인에 기록되고, 전 세계 수많은 참여자가 합의 알고리즘을 통해 장부의 정확성을 검증한다. 더 이상 은행 같은 중개자가 필요 없다. 신뢰를 사람(기관)이 아니라 기술 그 자체가 맡는 구조, 이것이 인류가 처음으로 접한 '탈중앙화 통화'의 개념이었다.

처음 주류 금융권은 이를 위험한 장난 정도로 취급했다. 하지만 2008년 금융위기 이후 기존 시스템에 대한 회의가 깊어지면서 비트코인은 단순한 기술 실험이 아니라 기존 통화 체제에 대한 철학적 반론으로 주목받기 시작했다. 비트코인의 핵심 가치는 단순히 '블록체인을 기반으로 한다'는 기술적 특성에 있지 않다.

비트코인의 핵심 가치는 두 가지다.

첫째, 희소성이다. 비트코인은 처음부터 발행량이 2,100만 개로 제한되어 있어, 시간이 지나도 공급이 늘어날 수 없다. 둘째, 정책 독립성이다. 공급 규칙이 코드에 의해 정해져 있어, 누구도 임의로 발행량을 조절할 수 없다.

정부가 찍어내는 법정화폐와 달리, 비트코인은 시간이 지나도 희소성이 훼손되지 않는다. 이 점 때문에 비트코인은 '인플레이션 시대의 디지털 금'이라는 내러티브를 얻었다. 2010년대 중반부터 암호화폐 거래소가 본격 등장하며 유동성이 커지자, 개인 투자자뿐 아니라 일부 기관 그리고 몇몇 기업까지도 비트코인을 포트폴리오에 편입하기 시작했다. 비트코인의 가격은 천정부지로 치솟으며 글로벌 자산군의 하나로 자리 잡았다.

한편 일부 국가에서는 비트코인을 전략적으로 활용하려는 조짐도 보였다. 예컨대 2021년 엘살바도르는 세계 최초로 비트코인을 법정통화로 공식 채택했다. 이는 달러화에 의존적인 자국 경제를 다변화하고 금융 접근성을 높이려는 파격적인 시도였다. 엘살바도르는 20여 년간 미국 달러를 자국 통화처럼 사용해왔지만, 미국 통화 정책을 따라야 하는 부작용을 겪은 끝에 새로운 통화 전략을 모색했다.

물론 이러한 실험에는 진통도 있었다. IMF는 비트코인의 높은 변동성과 금융 불안정을 이유로 엘살바도르 정부에 비트코인 사용 제한을 권고했다. 결국 엘살바도르는 모든 상인이 비트코인을 의무 수용하도록 한 조항을 폐지하는 등 일부 정책을 수정해야 했다.

미국 의회에서도 엘살바도르의 결정에 우려를 표하며 '엘살바도르 책임법'이라는 법안까지 발의했다. 이는 엘살바도르의 비트코인 실험이 미국 금융체계와 제재 정책에 미칠 영향을 검토하려는 움직임이었다.

이처럼 탈중앙화 통화의 등장은 작은 나라에서 세계 최강대국에 이르기까지 각국 정부와 국제기구에 새로운 숙제를 안겼다.

화폐 혁신을 실생활로 옮겨 온 스테이블코인

비트코인이 세간의 이목을 끌며 급성장했지만, 극심한 가격 변동성은 여전히 해결되지 않는 문제로 남아 있었다. "디지털 시대의 새로운 화폐는 무엇이어야 하는가?"라는 질문은 결국 안정적 가치 단위이면서도 블록체인의 개방성·속도·글로벌성을 갖춘 형태를 요구하게 되었고, 그 해답으로 스테이블코인이 등장했다.

스테이블코인의 혁신성은 단순히 '가격이 안정적'이라는 특성에 그치지 않는다. 블록체인 기반 위에서 작동하기 때문에, 인터넷만 연결되면 누구나 전 세계 어디로든 실시간으로 달러 가치를 송금할 수 있다. 은행 계좌, 스위프트 코드, 중계은행 수수료를 거치는 복잡한 절차가 사라지고, 지갑 주소 하나로 스마트폰에서 몇 초 만에 거래가 이뤄진다.

이 변화는 특히 은행 인프라가 부족하거나 자국통화의 불안정성이 극심한 신흥국에서 강력한 수요를 만들어내고 있다. 아르헨티나, 레바논, 나이지리아, 터키 같은 국가에서 주민들은 스테이블코인을 일종의 '디지털 달러 예금'처럼 활용하며 가치 저장과 송금을 동시에 해결하고 있다. 과거 같으면 암시장에서 현찰 달러를 구해야 하던 현실이, 이제는 스마트폰만 있으면 해결된다. 이는 금융 포용성 측면에서도 매우 의미 있는 발전이다.

그러나 스테이블코인 시장의 성장이 위험을 동반하는 것도 사실이다. 준비금이 부족하거나 공시가 불투명한 프로젝트는 '디지털 뱅크런'에 취약하다. 실제로 2022년 알고리즘 기반 스테이블코인 UST(테라USD)는 신뢰 붕괴로 1달러 페그를 잃고 폭락해 수십조 원 손실을 초래했다.

이 사건은 스테이블코인 시장이 표방하는 '안정성'이 기술적 설계와 규제 없이는 유지될 수 없음을 일깨웠다. 2019년 페이스북의 리브라 프로젝트가 전 세계 정부의 강력한 반대로 인해 무산된 것 역시 '통화 발행권은 국가의 핵심 주권'이라는 사실을 다시 확인시킨 사건이었다. 혁신의 영향력이 크다는 것은 곧 규제 압력도 커진다는 의미다.

이런 맥락에서 스테이블코인의 성장은 단순한 기술 트렌드가 아니라, 글로벌 화폐 질서의 50년 주기 변동과 맞물려 있는 현상으로 해석할 수 있다.

19세기 말 전 세계가 금본위로 통일되었고, 제2차 세계대전 이후 브레튼우즈 체제가 출범했다. 1971년 닉슨 쇼크 이후 법정화폐(Fiat Money)와 변동환율제가 확립되었다.

그리고 지금, 우리는 다시 새로운 화폐 체계의 태동을 목격하고 있다. 시가총액 기준 스테이블코인의 99% 이상이 달러 기반이다. 만약 세계가 오늘 처음부터 통화체계를 다시 설계한다면, 시장이 선택하는 기본 단위는 아마도 '디지털 달러'일 것이라는 사실을 이 숫자는 암시한다.

스테이블코인은 비트코인이 촉발한 디지털 화폐 혁신이 실생활의 화폐 사용성으로 진화한 결과물이라 할 수 있다. 가치의 안정성과 블록체인 기술의 결합은 전 세계 결제, 송금, 상거래의 방식을 바꾸어놓고 있다. 또 법정통화 달러의 디지털 분신으로서 빠르게 영향력을 확대하고 있다.

쌓여가는 빚과
달러의 고민

비트코인과 스테이블코인이 부상하는 동안, 세계 금융 질서의 중심에 있는 미국 경제에서는 또 다른 거대한 문제가 점점 불거지고 있었다. 그것은 바로 눈덩이처럼 불어나는 미국의 국가 부채와 이에 따른 달러 패권의 고민이다.

2008년 금융위기 이후 경기 부양을 위해 재정지출을 늘리고 세금을 감면한 결과, 그리고 2020년 팬데믹 위기 대응으로 막대한 적자 재정을 편 결과, 미국 연방정부 부채는 전례 없는 속도로 증가했다. 2023년을 지나 2025년에는 미국 정부 부채 잔액이 36조 5천억 달러에 달해 사상 최고치를 기록했다.

재정 적자가 누적되자 미국의 신용등급도 흔들리기 시작했다. 국제 신용평가사들은 미국이 지속적으로 재정 적자를 확대하고, 정치적으로도 부채 한도 협상을 반복적으로 지연시키는 모습에 우려를 표했다. 2011년 S&P에 이어 2023년에는 피치(Fitch)가 미국의 신용등급을 최고등급 AAA에서 한 단계 강등했다. 급기야 2025년 5월에는 무디스(Moody's)마저 미국 신용등급을 Aa1로 내려놓았다. 그 이유는 한결같았다.

"미국의 지속 불가능한 재정 경로와 급증하는 부채 비용이 우려된다."

요컨대 앞으로 미국이 지금처럼 막대한 적자를 이어간다면 기축통화 발행국이라 해도 신뢰를 잃을 수 있다는 경고였다.

사실 이러한 문제는 이론적으로 오래전부터 예견된 바 있었다. 20세기 중반 경제학자 로버트 트리핀은 기축통화국이 겪는 딜레마를 지적했다. 이는 훗날 그의 이름을 따 '트리핀 딜레마(Triffin's Dilemma)'로 불리게 된다.

그 내용은 이렇다. 세계 기축통화의 발행국(현재는 미국)은 두 가지 상충하는 요구를 동시에 받게 된다. 하나는 전 세계가 무역과 투자를 원활히 하기 위해 충분한 유동성 공급, 즉 달러를 계속 찍어내달라는 것이다. 다른 하나는 자국 통화의 가치와 신뢰를 지키기 위해 건전한 대외균형을 유지하라는 것이다.

만약 미국이 국제사회 요구대로 지속적으로 달러를 공급하면, 무역수지 적자와 부채가 쌓인다. 결국 달러의 가치와 신용도가 떨어져 기축통화 지위가 흔들릴 수밖에 없다. 반대로 적정한 인플레이션과 통화 가치를 방어하려고 달러 공급을 줄이고 경상수지를 흑자로 돌리면, 세계 경제 전체가 달러 부족으로 어려움을 겪고 경기 침체에 빠질 위험이 있다.

요컨대, 달러를 풀면 미국의 부담, 달러를 조이면 세계의 부담이 생기는 구조적인 딜레마가 존재하는 것이다.

2020년대 들어 이 딜레마는 더욱 뚜렷해졌다. 미국은 만성적인 무역적자를 기록하며 전 세계에 달러 유동성을 공급해왔지만, 그 대가로 대외채무가 누적되고 자국 산업 경쟁력이 약화되는 부작용을 감내해야 했다.

특히 중국, 일본 등 주요 교역국들은 벌어들인 달러로 미 국채를 사주는 방식으로 다시 미국 적자를 메워주곤 했는데, 최근 지정학적 갈등이 심화되자 이런 패턴에도 금이 가기 시작했다.

중국과 러시아 등 일부 국가는 달러 결제망에 대한 지나친 의존을 줄이기 위해 탈달러화(de-dollarization) 움직임을 보인다. 외환보유액 중 미 달러 비중을 줄이고 금이나 위안화 등 다른 자산의 비중을 늘리는 전략을 취하고 있다. 실제로 2023년 무렵부터 외국 중앙은행들의 미 국채 보유량이 감소세를 보였다. 미 재무부 자료에 따르면 해외 투자자들의 미 국채 보유고가 코로나 이전 수준까지 떨어지기도 했다.

여기에 미·중 간 무역전쟁과 러시아 제재 등으로 국제 관계가 경직되면서 "만일 미국이 자국 이익을 위해 달러 결제망 접근을 차단하면 어떻게 될까" 하는 우려도 여러 나라에 퍼졌다. 달러 패권에 대한 도전은 아직 초기 단계지만, 브릭스(BRICS) 국가들의 공동 통화 논의나 중동 산유국들의 비달러 결제 시도 등 작은 파열음들이 곳곳에서

감지되고 있다.

이처럼 미국 입장에서는 달러 패권 유지와 국내 경제 안정 두 마리 토끼를 잡아야 하는 어려운 숙제를 안고 있다. 한쪽에서는 "기축통화국의 특권을 누리기 위해 적자를 감수하라"라는 목소리가 있다. 다른 한쪽에서는 "이대로 가다간 나라 살림이 거덜난다"라는 경고가 나온다.

게다가 국채 발행이 늘어나면서 국가 부채에 대한 이자 부담도 급격히 커지고 있다. 2024년 미국 연방 예산에서 연간 국채 이자 지출이 사상 처음으로 국방비 지출을 넘어서는 상황까지 벌어졌다.

이는 과거 역사상 패권국의 지위가 흔들릴 때 나타나던 징후와도 맞물려 있다는 지적이 있다.(역사학자 니얼 퍼거슨은 '어느 국가의 국채 이자 지출이 국방비보다 많아지면 그 나라의 패권이 저물 징조'라는 법칙을 언급한 바 있다.) 다시 말해, 막대한 부채를 떠안은 미국이 달러의 국제적 신뢰까지 상실한다면, 세계 경제 질서의 지각변동이 불가피하다는 위기감이 고조되었다.

트리핀 딜레마의
귀환

최근 수년간 워싱턴의 정책 입안자들과 경제 전문가들 사이에서 '트리핀 딜레마의 귀환'이 화두로 떠올랐다. 앞서 살펴본 대로, 달러 기축통화 체제의 구조적 문제는 어제오늘 일이 아니다. 하지만 이를 해결할 뾰족한 방법도 마땅치 않은 상황이었다.

20세기 후반에는 IMF가 특별인출권(SDR)이라는 인공통화를 만들어 기축통화 부담을 분산시키려 시도하기도 했다. 그러나 SDR은 시장의 외면으로 영향력이 제한적이었다. 디지털 시대에 들어와 전통적 해법이 아닌 새로운 접근을 모색해야 한다는 공감대가 형성되던 찰나, 아이러니하게도 그 해법의 실마리가 민간 영역에서 탄생한 암호 자산 혁신에서 나오기 시작했다.

미국은 2020년대 중반에 들어 암호화폐와 스테이블코인 산업을 본격적으로 제도권에 편입하며 육성하려는 전략적 움직임을 보이고 있다. 2025년 미국 의회는 사상 최초로 '크립토 주간(Crypto Week)'을 선포하고 일주일간 가상 자산 관련 입법을 집중 심의했다.

그 배경에는 단순한 산업 진흥 이상의 거시경제적 고민이 깔려 있었다. 미국이 앞장서 암호 자산 법·제도를 정비하고 스테이블코인을 합법화하려는 이유 중 하나는 트리핀 딜레마를 완화할 새로운 수단을 찾기 위함이었다. 다시 말해, 민간 주도의 디지털 달러 공급 메커니즘을 활용해 국제 유동성을 공급하면서도, 달러 가치의 급락이나 국내 재정 악화를 막는 균형점을 모색한 것이다.

암호 자산이 어떻게 이러한 딜레마를 해결하는 데 기여할 수 있을까? 미국 정책 입안자들이 주목한 것은 스테이블코인에 의한 글로벌 달러 유통이 갖는 잠재력이었다. 앞서 살펴본 대로, 스테이블코인은 전 세계 어디서나 디지털 형태로 달러를 유통하는 역할을 한다.

주목할 점은 이 유통 구조가 정부가 직접 화폐를 발행해 뿌리는 것이 아니라, 시장의 자발적 수요에 따라 민간이 공급한다는 데 있다. 해외 투자자가 달러 표시 자산을 원할 경우 과거에는 미국 은행 예금이나 미 국채에 투자해야 했다. 그러나 이제는 달러 연동 스테이블코인을 구매함으로써 동일한 효과를 얻을 수 있다.

발행사는 투자자로부터 받은 달러로 미국 국채 등을 매입해 준비 자산으로 보관한다. 이 과정에서 글로벌 시장에 달러 유동성이 공급되면서도 해당 자금은 다시 미국 금융 자산의 수요로 되돌아간다. 즉 스테이블코인이 국제적으로 활용될수록 민간 발행사들은 그에 상응하는 달러 자산(주로 단기국채)을 매입하게 된다. 이는 미국 국채의 안정적 수요 창출과 달러 가치 방어로 이어진다.

이러한 구조는 '적자를 통한 글로벌 달러 공급'이라는 기존 패러다임에 균열을 내는 새로운 모델로 평가된다. 실제 미 의회 보고서에서도 이런 분석이 제시된 바 있다.

"민간 스테이블코인에 의한 달러 유통은 달러 패권을 디지털 영역으로 확장시키며, 달러 가치 급락을 억제하고 나아가 일부 트리핀 딜레마를 완화할 수 있다."

이를 토대로 미국은 명확한 규칙과 보호 장치를 마련하는 동시에, 스테이블코인을 전략적으로 활용하려는 입법을 서두르고 있다. 대표적인 사례가 앞에서도 언급한 지니어스 법안이다. 백악관은 "스테이블코인을 통해 새로운 미 국채 수요가 창출되어, 설령 다른 국가들이 국채를 매도하더라도 충격을 완충할 수 있다"라며 이 법안의 효과를 기대한다고 밝혔다. 스테이블코인 발행사를 '달러 제국'의 우군이자 새로운 국채 수요자로 포섭하려는 전략이다.

근본적인 질문은 미국이 과연 트리핀 딜레마를 근본적으로 해결할 의지와 수단을 갖고 있는가 하는 점이다. 흔히 알려진 트리핀 딜레마의 정의는 기축통화국이 무역수지 적자를 피할 수 없다는 데 초점이 맞춰져 있다. 그러나 그 본질은 단순한 무역수지 적자에 있지 않다. 더 근본적인 문제는 달러가 전 세계로 공급된 뒤에도 그것이 다시 지속적인 국채 수요로 연결되지 않아 미국 정부의 계좌로 안정적으로 회귀하지 않는다는 데 있다.

이러한 변화는 미국 정부에 중대한 함의를 지닌다. 달러가 전 세계로 퍼져나간다 해도 그것이 안정적이고 지속적인 국채 수요로 이어지지 않는다면, 미국은 불가피하게 롤오버 리스크에 직면하게 된다. 그러면 장기적 성장 프로젝트인 인프라 투자, 전략 산업 육성, 국방비 확충 등을 추진하는 과정에서 자금 조달의 불확실성이 커진다. 궁극적으로 국가 성장 전략에 차질을 빚을 수 있다.

그렇다면 해법은 무엇일까? 주목할 지점은 바로 스테이블코인 기반의 민간 유동성 메커니즘이다. 스테이블코인이 지속적으로 국채 수요를 창출한다면 단기물 중심의 롤오버 리스크를 상당 부분 줄일 수 있다. 달러 공급과 국채 수요를 구조적으로 연결하는 새로운 경로가 열리는 셈이다.

실제로 테더와 서클 같은 주요 발행사들은 수천억 달러 규모의 준비자산을 보유하고 있다. 그리고 그 상당 부분을 미국 단기국채에 투자하고 있다. 이는 단순한 민간 투자 행위가 아니라, 글로벌 금융 질서 속에서 '달러 유통 → 국채 수요 회귀'라는 새로운 순환 고리를 형성하는 효과를 만들어내고 있다.

트리핀 딜레마는 완전히 사라지지 않는다. 핵심은 '달러가 세계로 공급된 이후, 그 유동성이 어떻게 미국 국채로 안정적으로 회귀할 수 있느냐'에 달려 있다. 스테이블코인은 이 과정을 제도적으로 관리할 수 있는 미국의 새로운 수단으로 부상하고 있다.

만약 이러한 구조가 제도권 내에서 안정적으로 정착된다면, 미국은 지속적인 재정 집행의 원천을 확보하고 성장률을 높임으로써 부채 대비 성장률의 비율을 낮출 길을 마련하게 될 것이다.

유동성의 새로운 원천인 스테이블코인

암호 자산 규율 정비를 통해 미국이 노리는 바는 뚜렷하다. 전 세계에 퍼져 있는 수백억 달러 규모의 스테이블코인을 미국 경제에 도움이 되는 방향으로 관리하고 육성함으로써, 달러화의 생태계를 민간과 함께 확장해나가겠다는 것이다.

스테이블코인 시장의 폭발적 성장은 디지털 공간에서의 달러화 수요 증가를 의미한다. 이는 고스란히 미국 금융 자산(국채 등)에 대한 수요로 이어지고 있다. 실제로 2024년 기준 세계 최대의 스테이블코인 발행사(테더)는 미 국채를 매입하는 주체들 중 독일·한국·캐나다 같은 주요 국채 보유국들을 앞질렀다.

이처럼 스테이블코인 발행사들은 중앙은행에 필적할 정도의 미

국채 투자가들이 되어가고 있다. 미국으로서는 해외 중앙은행들이 국채를 팔아도 민간 암호 자산 부문이 그 공백을 메워주는 새로운 현상이 나타난 것이다.

그뿐 아니라, 글로벌 금융 인프라 측면에서도 스테이블코인은 달러화 유통의 지형을 바꾸고 있다. 과거의 국제 달러 유통망은 주로 미국과 유럽 은행들이 주도하는 '유로달러' 시장이었다.

지금의 스테이블코인은 '디지털 유로달러'로 비유될 만큼 기능적으로 유사한 역할을 하지만, 은행 시스템 밖에서 인터넷을 통해 직접 유통된다는 점에서 차이가 있다. 은행 계좌를 개설할 필요도, 신용장을 발행할 필요도 없이, 스마트폰의 디지털 지갑만 있으면 언제 어디서나 달러 토큰을 주고받을 수 있어 금융 접근성의 경계를 대폭 넓혔다.

예컨대 아프리카나 중동의 소상공인이 중국에서 물건을 수입한다면, 이전에는 미국 은행을 경유한 달러 송금을 해야 했다. 그런데 이제는 스테이블코인으로 직접 결제할 수 있다. 이런 저마찰의 국경 간 결제는 국제 무역과 투자 흐름을 더욱 원활하게 만들 잠재력이 있다.

스테이블코인이 제공하는 유동성은 단순한 결제 편의뿐 아니라, 위기 시에 안전판 역할도 했다. 2022년 러시아가 국제 금융제재로 스위프트 망 접근이 차단되자, 러시아와 제휴국들은 일부 교역 대금을 스테이블코인이나 기타 암호 자산으로 결제하려는 시도를 했다. 터키나 레바논처럼 통화 가치 폭락을 겪은 나라에서는 자본 통제가 심해지자 국민들이 재산을 지키기 위해 스테이블코인으로 대거 눈을

돌렸다.

이러한 사례들은 달러의 디지털 현신(現身)인 스테이블코인이 글로벌 안전통화로서의 기능까지 일부 대행하고 있음을 보여준다. IMF 조사에 따르면 개발도상국의 일반 가계와 기업들이 달러 기반 스테이블코인을 이용해 자산을 해외로 빼돌리거나 가치 보존을 꾀하는 움직임이 실제 포착되고 있다고 한다. 이는 해당 국가 입장에선 자본 유출 문제로 비칠 수 있으나, 거시적으로 보면 달러화가 그만큼 디지털 형태로 세계 구석구석 침투하고 있다는 의미이기도 하다.

물론 이러한 변화가 장밋빛 미래만을 보장하는 것은 아니다. 스테이블코인이 은행 체계 밖에서 유통됨에 따라 글로벌 달러 유동성이 늘어나는 만큼, 기존 은행의 예금이 감소하고 전통 금융 중개 기능이 약화될 수 있다는 지적이 나온다.

은행 예금은 대출 재원으로 활용되어 실물 경제에 신용을 공급하지만, 스테이블코인의 준비자산으로 묶인 달러들은 비교적 비활성 자금으로 남기 때문에 신용 창출의 여력을 줄인다는 것이다. 이는 장기적으로 달러가 글로벌 신용 팽창을 이끄는 힘을 약화시킬 수 있다는 우려로 이어진다.

또한 BIS는 스테이블코인 자금이 단기국채 등 특정 자산군으로 몰릴 경우 통화 정책 전파 경로에 변동성을 유발할 수 있다는 연구 결과를 발표하기도 했다. 쉽게 말해, 스테이블코인이 너무 커지면 미 연준의 금리 조정이 시장에 파급되는 방식이 달라질 수 있다는 뜻이다.

한편, 제도적 공백을 노린 범죄 악용 가능성도 지적된다. 탈중앙화된 네트워크상에서 움직이는 스테이블코인은 자칫하면 미국의 제재나 자금세탁 방지망을 우회하는 통로로 활용될 수 있다. 예를 들어, 북한 해커들이 탈취한 암호 자산을 스테이블코인으로 바꿔 세탁하거나, 제재 대상 국가들이 달러 결제를 스테이블코인으로 대체하는 식의 시나리오도 완전히 배제할 수 없다. 달러화의 힘 중 하나는 불법 자금 흐름을 차단할 수 있는 통제력인데, 스테이블코인은 이러한 통제력을 일부 약화시킬 잠재력이 있다.

따라서 미국 등 당국은 스테이블코인 규제에 있어 투명성 확보와 불법 이용 방지를 최우선 과제로 삼고 있다. 실제 지니어스 법안에는 모든 스테이블코인 발행사가 미 재무부와 협력하여 자금세탁 및 테러 자금 조달 방지 규정(BSA/AML)을 준수하도록 하고, 불법 활동 연루 시 토큰을 동결·소각할 수 있는 기술적 수단을 갖출 것을 요구하고 있다.

이는 기존 암호화폐가 추구하던 완전한 탈중앙·검열 불가 원칙과는 대치되는 부분이지만, 제도권 편입을 위한 타협으로 여겨진다.

스테이블코인은 새로운 유로달러가 될 수 있을까?

스테이블코인의 등장은 역사적으로 미국 은행 시스템 바깥에서 형성된 달러 시장, 즉 유로달러를 떠올리게 한다. 유로달러란 미국을 제외한 해외 금융기관에 예치된 달러로, 20세기 중반부터 급성장한 개념이다.

1940년대 말 냉전 시기, 소련과 중국 등의 공산권 국가들은 무역 결제를 위해 달러가 필요했지만, 미국 내 계좌에 달러를 두면 동결 위험이 있었다. 그래서 미국 권한 밖에 있는 은행에 달러를 보관하기 시작한 것이 유로달러의 시작이었다.

이후 미국의 자본규제를 피해 달러 조달을 하려는 규제 차익(Regulatory arbitrage)과 1970년대 오일쇼크 이후 석유달러 체제가 맞물리며 유로달러 시장은 폭발적으로 성장했다. 전 세계 비(非)미국 은행들의 달러 표시 부채(유로달러) 규모는 1980년 약 0.6조 달러에서 2025년 1분기 약 13조 달러로 증가했다.

두 시스템의 공통점은 미국 금융당국의 직접 영향력이 미치지 않는 곳에서 달러화 거래가 이루어진다는 점이다. 달러 기반 스테이블코인도 발행사나 거래소 대부분이 미국 밖 또는 미국의 은행 망 밖에서 활동한다는 면에서 유로달러와 유사하다.

이로 인해 '스테이블코인이 장차 유로달러를 대체할 수 있을까' 하는 논의도 있다. 스테이블코인은 블록체인상에서 바로 결제가 이뤄지므로, 전통적인 유로달러 송금이 미국 소재 은행들의 중개를 거쳐야 하는 것보다 효율적이다. 이 결제 편의성 때문에 장기적으로 일부 유로달러 예금이 스테이블코인으로 대체될 가능성을 제기하는 이들도 있다.

다만 금융적인 매력 측면에서 두 자산은 차이가 있다. 유로달러 예금은 비록 해외에 있어도 은행 예금인 이상 이자 지급이 이루어지지만, 스테이블코인은 기본적으로 무이자 자산이다. 따라서 투자 수단이라기보다 거래·결제 수단 성격이 강해 완전한 대체로 보기는 어렵다.

미국 입장에서 보면, 유로달러의 확대는 달러화 영향력 강화에 기여해왔다. 세계 각국이 자발적으로 달러를 사용하도록 놔두는 것이 달러 패권 유지에 유리했기 때문에, 미국 정부는 오랫동안 유로달러를 암묵적으로 용인했다.

같은 맥락에서 스테이블코인의 확산 역시 미국 당국이 전략적으로 활용할 가능성이 있다. 전 세계 투자자들이 달러 스테이블코인을 보유하려면 그만큼 미국 국채 등 안전자산 수요가 늘어나고, 이는 미 정부의 국채 발행비용(금리 부담)을 줄여주기 때문이다.

실제 BIS 분석에 따르면, 2021~2024년 동안 스테이블코인 발행사들이 단기국채를 대거 매입하면서 주요 국채 보유국들을 제치고 미 국채의 매입의 큰 손으로 부상했다고 한다. 스테이블코인 발행이 가져온 국채 수요 증대로 2024년 미국 단기국채 입찰 물량의 상당 부분을 흡수함으로써 국채 금리 상승을 억제했다는 평가도 있다.

아울러 스테이블코인 준비자산 운용에서 발생하는 이자 수익이 (발행사가 미국 기업이라면) 미국 민간 부문에 귀속된다는 점도 미국 경제에 이득이다. 즉 '해외의 스테이블코인 수요 = 미국 국채 수요 = 달러화 영향력'이라는 긍정적 연결고리가 미국의 안보 이익 관점에서 고려되고 있는 것이다.

과거 냉전 시절 유로달러가 미국의 경제적 영향력을 확대하는 비공식 도구가 되었듯이, 앞으로 스테이블코인이 디지털 시대의 '달러화 전도사' 역할을 할 수 있다는 견해도 나오고 있다.

사이클은 끝났고,
체제가 시작되었다

시장은 종종 '정부가 돈을 푼다'라는 표현으로 모든 정책을 하나로 묶는다. 하지만 정부의 국채 발행과 은행의 신용 창출은 겉으로 보기에는 모두 유동성을 늘리는 행위처럼 보일지라도, 경제에 작동하는 방식은 본질적으로 다르다. 이 차이를 이해하지 못하면 왜 어떤 재정 확대는 자산 가격만 끌어올리고, 왜 어떤 신용 확대는 실물 성장으로 이어지는지를 설명할 수 없다.

정부가 국채를 발행할 때 새로운 돈이 만들어지는 것은 아니다. 이미 존재하던 민간 자금이 현금이나 예금에서 국채라는 형태로 바뀌는 자금의 재배치가 일어날 뿐이다. 이 과정에서 중요한 점은 자금의 총량이 변하지 않는다는 사실이다. 민간이 보유하던 현금과 예금은 국채라는 안전자산으로 전환되고, 정부는 그 자금을 지출한다. 통화량은 늘지 않지만, 순 유동성의 풀은 확대된다. 그래서 국채 발행은 자산 가격의 방향성을 만들어내는 힘이라기보다, 자산 간 상대 가치를 조정하는 역할에 가깝다.

반면 은행 대출은 전혀 다른 메커니즘을 가진다. 은행이 대출을 실행하는 순간, 차주의 예금 계좌에는 새로운 예금이 생성된다. 이는 회계적으로 자산과 부채가 동시에 증가하는 구조이며, 이 과정에서 경제 전체의 통화량이 실제로 늘어난다. 이것이 바로 신용 창출이다. 은행 신용은 실물경제와 직접 연결된다. 기업 대출은 설비투자와 고용을 늘리고, 가계 대출은 주택과 내구재 수요를 확대하며, 운전자금은 생산과 유통의 순환을 활성화한다. 경제는 돈이 많아져서 성장하는 것이 아니라, 돈이 실제로 쓰일 수 있을 때 성장한다.

신용이 늘어나면 레버리지는 확대되고, 한계 투자자가 등장하며, 위험자산에 대한 선호가 강화된다. 이때 자산시장은 추세적 상승 국면에 진입하고, 경우에 따라 과열로 이어진다. 중요한 점은 자산 버블이 통화량의 절대적인 규모에서 발생하는 것이 아니라, 신용이 확장되는 경로에서 발생한다는 사실이다. 국채 발행 중심의 재정 확대는 자산 가격을 일정 기간 지지할 수는 있지만, 지속적인 상승 추세를 만들어내기는 어렵다. 반대로 은행 신용이 실물 투자와 결합될 때는 이익 증가, 현금흐름 개선, 밸류에이션의 정당화라는 자산시장 랠리의 핵심 조건들이 동시에 충족된다.

현재의 국면을 보면, 은행은 시스템 붕괴를 걱정할 만큼 비관적이지는 않지만, 성장을 확신할 만큼 낙관적이지도 않다. 그 결과 대출은 제한적으로 유지되고 있으며, 국채는 꾸준히 흡수되고 있다. 자산시장은 유동성에 의해 떠받쳐지고 있지만, 실물경제는 여전히 신용에 대한 확신을 기다리는 상태에 놓여 있다. 그리고 그 확신은 은행이 다시 적극적으로 대출을 선택하는 순간부터 비로소 시작될 것이다.

그렇다면 이러한 유동성 공급 방식은 자산시장에 악재일까? 반드시 그렇지는 않다. 현재 미국의 성장 메커니즘은 몇 가지 구조적 특징을 가지고 있다. 우선 성장의 중심이 자본 효율에 맞춰져 있다. AI, 소프트웨어, 자동화, 데이터센터 투자는 GDP를 증가시키지만, 과거와 같은 대규모 고용이나 즉각적인 설비 가동률 상승을 필요로 하지 않는다. 이는 성장률 대비 인플레이션 압력이 제한적이라는 뜻이며, 자산 할인율의 구조적인 상방을 막는 요인으로 작용한다.

또 하나의 특징은 정부 주도의 하방 안정성이다. 재정은 더 이상 단기 경기 조절 수단에 머물지 않고, 성장 구조를 설계하는 도구로 전환됐다. 국방, 인프라, 에너지, 반도체, AI와 관련된 지출은 경기 둔화 국면에서도 쉽게 철회되지 않는다. 이로 인해 미국 성장률의 하방은 과거보다 훨씬 단단해졌고, 이는 위험자산의 하방 리스크를 완충하는 역할을 한다. 여기에 더해, 은행 대출은 둔화됐지만 담보 기반 금융을 중심으로 한 비은행 유동성은 여전히 유지되고 있다. 이 유동성은 실물경제보다는 금융자산에 훨씬 빠르게 반응한다. 성장률이 급격히 무너지지 않는 한, 자산시장의 유동성 기반은 쉽게 꺼지지 않는다.

이러한 환경 속에서 비트코인의 움직임을 되짚어 보면 흥미로운 공통점이 드러난다. 비트코인의 강한 상승 국면은 언제나 유동성의 절대적인 수준이 아니라, 유동성 증가의 속도, 즉 변화율이 가속되던 시점에서 시작됐다. 2012~2013년, 2016~2017년, 2020~2021년의 대세 상승은 모두 은행과 중앙은행의 증권 보유가 급격히 늘어나던 시기와 정확히 겹친다. 통화량이 늘어났기 때문이 아니라, 시중 유동성이 갑자기 더 빠른 속도로 증가하기 시작했기 때문이다.

이 지점에서 비트코인은 전통 자산과 본질적으로 다르다. 주식이나 부동산이 유동성의 결과로 움직이는 자산이라면, 비트코인은 유동성 변화의 신호에 먼저 반응하는 자산이다. 그래서 반감기 역시 가격을 끌어올리는 직접적인 원인이라기보다는 증폭 장치에 가깝다. 반감기의 본질은 공급이 구조적으로 경직된다는 데 있다. 공급을 통해 가격이 조정되기 어려운 상태에서 유동성이 유입되면, 가격 반응은 과장될 수밖에 없다.

이제 비트코인은 빠르게 성격을 바꾸고 있다. 비트코인은 더 이상 단기 가격을 맞히는 대상이 아니다. 그것은 유동성 전환의 수혜를 받을 확률이 높은 자산이다. 현물 ETF의 등장, 기관 투자자와 장기 보유 자금의 유입은 비트코인을 글로벌 자본 흐름 속의 하나의 독립적인 자산군으로 편입시키고 있다. 가격은 더 이상 반감기라는 단일 이벤트에 의해 좌우되지 않는다. 거시 유동성의 흐름, 자본 배분의 방향, 달러 체제에 대한 신뢰 변화가 가격을 결정하는 핵심 변수가 되고 있다.

이 변화는 곧 4년 주기설의 종언을 의미한다. 비트코인은 더 이상 고정된 사이클의 산물이 아니라, 새로운 화폐 질서 속에서 가치가 평가되는 자산으로 이동하고 있다. 강달러와 관리된 인플레이션이라는 겉보기에는 불리해 보이는 환경에서도 비트코인이 상대적 강세를 유지할 수 있는 이유는 여기에 있다. 이는 투기적 수요가 아니라, 체제 리스크에 대비한 구조적 수요가 비트코인의 하방을 지지하고 있기 때문이다.

오늘날 비트코인 투자에서 가장 위험한 것은 가격 변동성이 아니다. 가장 위험한 것은 과거의 프레임을 현재에 강제로 적용하는 태도다. 지금 시장에서 늘고 있는 것이 자금의 이동인지, 아니면 신용의 창출인지를 구분할 수 있을 때, 자산시장과 실물경제의 방향은 비로소 함께 보이기 시작한다. 그리고 이 질문에 대한 답이 바로, 오늘날 우리가 비트코인과 자산시장을 바라보는 출발점이 되어야 한다.

가능한 미래 시나리오와
전망

2008년 금융위기의 잿더미 속에서 싹튼 탈중앙화 화폐 실험은 어느덧 15년이 넘는 시간을 거쳐 거대한 흐름이 되었다. 비트코인으로 촉발된 혁신은 스테이블코인으로 진화하며 기존 시스템과 마찰을 일으켰다. 이제는 오히려 기존 질서가 그 혁신을 자신의 일부로 흡수하고자 노력하는 단계에 이르고 있다. 그렇다면 앞으로의 금융 질서는 어떻게 전개될까? 몇 가지 가능한 미래 시나리오를 그려볼 수 있다.

첫 번째 시나리오는 '디지털 달러 패권의 강화'다. 이 시나리오에서는 미국이 현재 추진 중인 대로 스테이블코인 등을 제도권에 안착시켜 글로벌 달러 유통을 장악하고, 동시에 암호 자산을 전략적으로 활용함으로써 자국의 재정 안정까지 도모한다.

이미 지니어스 법안에 따라 스테이블코인 발행사들은 100% 달러·국채로 준비금을 운영하고 있다. 2028년 경이면 이들이 보유한 미 국채 규모가 1조 2천억 달러를 넘어 일본이나 중국 등의 보유액을 추월할 것이라는 전망도 있다.

이렇게 되면 미국 국채 시장의 대들보 중 하나가 민간 스테이블코인 자금이 되고, 미 정부는 안정적으로 자금을 조달하고 금리도 비교적 낮게 유지할 수 있을 것이다. 게다가 미국 정부와 기관들이 보유한 비트코인 등 디지털 자산 가치가 상승하면 세수 증대와 자산 측면에서 이익을 얻을 것이다. 미국은 명실상부하게 '세계 크립토 자본'으로 혁신의 중심에 설 것이다.

이 시나리오에서는 달러의 기축통화 지위가 오히려 디지털 시대에 강화되고, 트리핀 딜레마도 부분적으로 해소되면서 미국의 재정 건전성이 개선되는 선순환이 그려진다. 다만 그 이면에서는 스테이블코인에 대한 강한 규제로 정부의 통제력이 유지되고, 암호 자산의 탈중앙화 정신은 다소 희석될 수 있다.

요약하면, 시장과 정부가 타협을 통해 기존 질서를 연장하면서도 기술 혁신을 받아들여 안정적 진화를 이룬 모습이다.

두 번째 시나리오는 '금융 다극화와 탈달러 가속'이다. 만약 미국이 부채 문제를 근본적으로 해결하지 못해 달러에 대한 신뢰가 심각히 훼손된다면, 전 세계 투자자들은 안전자산을 재평가할 것이다. 이 과정에서 암호 자산이 디지털 금으로서 대안적 지위를 굳힐 가능성도 있다.

이미 일부 중앙은행들은 금 비축을 늘리고 달러 자산을 줄이는 전략을 취하고 있다. 여기에 더해 젊은 세대를 중심으로 비트코인에 대한 신뢰가 쌓인다면 미래에는 비트코인이 각국 외환보유의 일부를 차지하는 일도 배제할 수 없다. 실제로 라틴아메리카나 아시아의 일부 정치인들은 '비트코인을 법정통화로 채택하겠다'거나, 적어도 준비자산으로 편입하겠다고 언급하기도 했다.

이 시나리오에서는 달러와 유로, 위안화와 같은 주요 법정통화들 외에 비트코인과 같은 탈중앙 자산이 공존하는 다국적 통화 체제가 전개될 수 있다. 스테이블코인도 반드시 달러 페그만 쓰이는 것이 아니라, 유로화, 위안화 또는 금·원유 바스켓에 연동된 스테이블코인 등이 등장하여 사용될 수 있다.

그렇게 된다면 트리핀 딜레마 자체가 희석될 것이다. 왜냐하면 더 이상 단일 국가가 전세계 유동성 공급을 책임지지 않아도 되기 때문이다.

하지만 이 경우 통화 권력의 분산으로 국제 협력이 더욱 복잡해지고, 환율 변동성과 금융 시장 불안정성이 커질 우려도 있다. 예컨대 과거처럼 모두가 달러만 믿고 따르지 않는다면, 위기 시 각국이 각자도생하느라 공동 대응이 어려워질 수도 있다. 또한 암호화폐가 제도권의 지원 없이 팽창할 경우, 규제 공백을 노린 범죄와 투기 거품이 심화되어 새로운 형태의 금융위기를 맞을 가능성도 배제할 수 없다.

세 번째 시나리오는 '강화된 중앙집권 통제'다. 이는 두 번째 시나리오와는 정반대 방향으로, 각국 정부와 국제기구가 암호 자산의 부작용을 우려해 더욱 강력한 규제와 통제를 가하는 미래다.

만약 어느 시점에 주요 스테이블코인이 붕괴하여 경제에 충격을 준다든지, 또는 대형 해킹·사기 사건으로 투자자 피해가 속출한다면 여론은 급격히 돌아설 수 있다. 그럴 경우 '역시 중앙은행이 디지털 화폐를 직접 통제해야 한다'는 주장에 힘이 실려, 미국도 결국 연준이 직접 발행하는 디지털 달러(CBDC)를 내놓을 가능성을 배제할 수 없다.

그렇게 되면 현재 논의되는 민간 스테이블코인의 역할은 축소되고, 개인들이 지갑에 직접 연준 디지털 달러를 보유하며, 모든 거래 정보가 중앙 데이터베이스에 기록되는 중앙집중형 모델로 회귀할 수도 있다.

이는 프라이버시 침해와 국가 권력의 비대화 우려를 낳겠지만, 한편으로는 자금세탁·탈세를 원천 차단하고 금융정책을 정밀하게 시행하는 등의 이점도 있을 것이다. 국제적으로도 미국, EU, 중국 등 주요 경제권이 각자 CBDC를 구축하고 이를 상호 교환하는 표준을 마련한다면, 암호화폐의 입지는 제도권 틈새로 밀려날 수 있다.

이 시나리오에서는 탈중앙화 운동이 한때의 이상으로 남고, 다시 중앙은행과 정부의 권위가 강화되는 방향으로 흐를 것이다. 다만 기술 혁신은 멈출 수 없기에, 설령 그렇게 되더라도 2008년 이후 등장한 블록체인 기술과 분산원장 개념은 기존 금융 시스템 내에 흡수되어 효율성을 높이는 식으로 활용될 가능성이 크다.

현실의 미래는 이 세 가지 시나리오 중 하나로 단정 지을 수 없을 것이다. 여러 요소가 복합적으로 맞물려 전개될 것이다. 분명한 것은, 2008년의 위기가 촉발한 금융 혁신의 물결이 이제 성숙 단계에 접어들었다는 사실이다. 또한 이 물결은 단지 기술이나 금융의 문제가 아니라, 국제 정치와 경제 패권, 나아가 사회 철학의 문제와도 얽혀 있다는 점이다.

하나의 이야기를 마무리하면서 새로운 이야기가 시작되듯, 2008년에 잉태된 변화는 비트코인과 스테이블코인을 거쳐 이제 글로벌 금융 질서 재편이라는 거대한 서사의 일부가 되었다.

앞으로 수년, 수십 년간 우리는 탈중앙화와 중앙집권화의 균형점을 찾기 위한 시행착오를 계속 겪을 것이다. 그리고 그 과정에서 전 세계 수십억 사람들이 더 안전하고 포용적인 금융을 누릴지, 아니면 새로운 불안과 격차에 직면할지가 결정될 것이다.

2008년의 교훈을 가슴에 새긴 채, 우리는 혁신과 통제의 긴장 속에서 탄생할 새로운 금융 패러다임을 주시하고 있다. 이 거대한 전환의 서사 속에서, 궁극적으로 인류 공동의 번영과 자유를 증진하는 방향으로 결말이 맺어지기를 기대해본다.

인플레이션 시대의
스테이블코인

스테이블코인 논의에서 간과할 수 없는 부분은 통화량과 인플레이션에 미칠 영향이다. 현재까지 논의는 주로 스테이블코인의 시장 규모, 국채 수요 역할, 지급결제 효율화에 집중되어왔다. 그러나 스테이블코인이 광의의 통화량이나 물가 상승률에 어떤 영향을 줄지는 실증 데이터가 부족하다. 그래서 과거 유사 사례나 이론에 기대어 추론할 수밖에 없다.

민간 화폐 발행이 물가에 미치는 영향에 대해서는 두 가지 상반된 견해가 존재한다.

한편에는 하이퍼 인플레이션에 대한 우려가 있다. 통화경제학자인 밀턴 프리드먼은 민간의 자유로운 화폐 발행이 무한대의 통화 공급을 초래하여 초인플레이션을 일으킬 수 있다고 보았다. 화폐를 찍어내는 데 드는 한계비용은 사실상 0에 가깝기 때문에, 발행주체들이 이익을 위해 화폐를 남발할 유인이 크다는 논리다.

최근 국내 연구에서도 비슷한 지적이 있다. 자본시장연구원(2025년 3월)은 스테이블코인이 통용될 경우 자금 유입 없이도 국채 매입을 통해 통화를 찍어낼 수 있어(= 준비자산인 국채를 추가 매입하여 코인 발행) 인플레이션을 자극할 수 있다고 우려한다. 이는 발행사가 자기자본 없이도 국채를 담보로 코인을 찍어내 시중 유동성을 팽창시킨다면 '화폐 가치 하락 → 물가 상승 압력'으로 이어질 수 있다는 경고다.

다른 한편에서는 물가안정 가능성을 제시한다. 경제학자 프리드리히 하이에크는 인플레이션의 원흉은 중앙은행의 통화 독점에 있다고 보았나. 여러 민간이 화폐를 발행해 경쟁하면 오히려 통화 가치 안정에 기여할 것이라고 주장했다.

경제학자 클레인도 비슷한 맥락에서, 민간 발행 화폐 간 경쟁이 발행 주체들로 하여금 화폐 가치 유지에 힘쓰도록 만들어, 결과적으로 물가를 안정시킬 것이라는 견해를 피력했다.

이러한 논쟁의 실제 사례로 19세기 자유은행 시대를 들 수 있다. 중앙은행이 존재하지 않던 시절, 각국의 민간은행들은 정부로부터 최소한의 규제만 받은 채 자체 발행 은행권을 사용했다.

미국의 경우 1837~1864년이 이에 해당한다. 당시에는 연방 차원의 중앙은행이 없어, 주(州) 정부가 정한 일정 자격요건만 충족하면 인가 없이 은행권 발행이 가능했다. 다만 은행권을 발행하려면 주

정부나 연방정부가 발행한 국채 등을 담보로 예치해야 했다. 은행권 소지자는 그것을 정해진 교환 비율에 따라 금화 또는 은화로 언제든 교환할 수 있었다. 이는 오늘날 스테이블코인 발행사가 안전자산을 준비금으로 보유하고 사용자가 언제든 1달러로 상환받을 수 있도록 하는 구조와 닮았다.

중요한 사실은, 자유은행 시대의 인플레이션율이 이후 중앙은행 체제하의 인플레이션율보다 낮았다는 점이다.

일부 연구에서 정리된 역사적 사례에 따르면, 미국·캐나다·호주·프랑스 등 과거 자유은행제도를 운영했던 9개국의 평균 물가상승률은 이후 중앙은행 체제가 정착된 시기보다 낮은 수준을 보였다고 보고된다. 이는 중앙은행이 등장하기 이전에도, 경쟁적 발권은행 체제하에서 일정 수준의 가격 안정이 유지되었음을 시사하는 흥미로운 결과다.

다만 당시의 자유은행제도는 완전한 이상형과는 거리가 있었다. 발권 은행들이 충분한 준비금 없이 과도하게 은행권을 발행하거나, 지역별 금융 네트워크가 취약해 은행권이 액면가보다 할인된 가격으로 거래되는 신용 문제가 반복적으로 발생했다. 즉 물가 측면에서는 상대적으로 안정적이었더라도, 화폐의 신뢰성과 결제 인프라의 통일성은 현재의 중앙은행 체제에 비해 분명히 취약했다.

결국 역사적 경험은. 자유은행이 물가를 안정시키는 능력을 완전히 부정하지는 않지만, 화폐의 신용·결제 안정성이라는 측면에서는 중앙은행 체제가 가진 제도적 장점이 분명 존재한다는 점을 보여준다. 이에 비추어보면, 스테이블코인 역시 발행사 간 경쟁과 엄격한 담보자산 규율 아래에서는 통화 팽창을 남발하기 어렵다. 그리고 인플레이션을 억제하는 역할도 부분적으로 기대할 수 있다.

물론 스테이블코인 발행이 중앙은행 시스템을 완전히 대체하는 것은 아니다. 지니어스 법안 등 관련 법안 도입으로 스테이블코인 발행사가 중앙은행-상업은행에 이은 '제3의 통화공급 주체'로 편입되는 형태에 가깝다.

이는 중앙은행이 통화량을 전적으로 통제하던 기존 체계에 변화가 생긴다는 의미다. 동시에 민간 발행사들이 법적 테두리 안에서 움직이도록 관리된다는 뜻이기도 하다.

다시 말해, 중앙은행이 기축통화(기본 통화량)를 관리하고, 상업은행이 신용 창출을 통해 통화를 승수적으로 확대해왔다면, 향후에는 스테이블코인 발행사가 준기축통화를 발행하는 새로운 축이 추가되는 셈이다.

이러한 다원화된 통화공급 체제에서, 각 주체의 책임 있는 행위와 상호 견제가 이뤄진다면 오히려 통화 남발을 억제하고 물가를 안정시키는 긍정적 효과도 기대할 수 있을 것이다.

신흥국의 만성 인플레이션 해법과 스테이블코인

개발도상국이나 신흥국 중에는 자국 통화의 만성적 신뢰 부족으로 인해 높은 인플레이션에 시달려온 사례가 많다. 이런 국가들은 과거 종종 신뢰도 높은 기축통화에 통화가치를 연동하는 조치를 통해 해법을 모색했다. 대표적인 방법이 달러화에 자국 통화를 고정하거나 아예 법정 통화를 달러화로 전환하는 것이다.

남미의 에콰도르는 1990년대 말 재정 붕괴와 외환위기 속에 인플레이션이 연 100%를 넘나드는 상황에 직면했다. 결국 2000년 1월 통화제도를 완전히 바꿔 미국 달러를 공식 통화로 채택했다. 이후 물가 상승률은 한 자릿수대로 급격히 안정되었다.

이처럼 극단적인 전면 달러화 정책은 통화주권 포기의 대가를 치르지만, 통화 신뢰 회복을 통해 인플레이션 기대심리를 잡는 효과가 확실했다.

아르헨티나의 사례는 달러 연동 정책의 한계를 보여준다. 1990년 대에 아르헨티나는 고정환율제(1페소=1달러 연동)를 도입하여 일시적으로 물가를 잡았다. 그러나 재정 적자 누적과 정치적 불안으로 결국 페그제 유지가 불가능해져 2001~2002년 대규모 평가절하를 겪었다. 페그 붕괴 후 초인플레이션이 재발하면서 국민 경제는 큰 혼란을 겪었다.

이처럼 고정환율은 재정·통화 정책의 제약과 내부 모순으로 지속 가능성이 낮은 반면, 법정통화의 완전 대체는 효과적이지만 주권의 문제가 따른다.

이제 스테이블코인이 등장하면서, 신흥국 국민들은 정부 주도 없이도 사실상의 부분 달러화를 실현할 수 있는 경로를 얻었다. 자국 통화 가치가 불안정한 국가일수록 달러 스테이블코인에 대한 수요가 높게 나타나고 있다.

한 설문조사에 따르면, 신흥국의 암호화폐 사용자 중 47%가 "달러로 저축"하기 위해, 43%는 "더 나은 환율로 환전"하기 위해 스테이블코인을 사용한다고 답했다. 또한 39%는 디파이 등에서 "이자 수익을 얻기 위해", 32%는 "국제 송금", 33%는 "결제 수단"으로 활용한다고 응답했다. 이는 스테이블코인이 단순 투기 수단을 넘어 일상 경제 활동 및 개인 자산 관리 수단으로 자리 잡고 있음을 보여준다.

이것이 시사하는 바는 분명하다. 외화 사용이 자유로운 나라일수록 물가가 안정되는 경향이 있다는 연구 결과가 있듯, 스테이블코인이 달러화에 대한 손쉬운 접근성을 제공함으로써 고인플레이션 국가의 통화가치 불안을 완화하는 역할을 할 수 있다는 것이다.

일부 연구에 따르면, 시민들이 외국 통화를 합법적으로 보유할 수 있었던 국가들은 그렇지 못한 국가들보다 평균 인플레이션율이 통계적으로 유의하게 낮았다. 이는 단일 통화에 전적으로 의존하는 구조보다, 일정 수준의 통화 선택권(currency choice)이 주어질 때 물가 안정에 도움이 될 수 있음을 시사한다.

이런 맥락에서 보면, 스테이블코인은 새로운 기술 기반의 통화 선택권을 제공하는 도구로 해석될 수 있다. 스테이블코인 자체가 통화 정책을 대체하거나 인플레이션을 자동으로 낮춘다는 뜻은 아니다.

하지만 인터넷과 스마트폰만 있으면 누구나 달러 기반 디지털 자산을 보유할 수 있게 된다는 점은 분명히 의미가 있다. 과거 외국 통화 보유 허용이 물가 안정에 일정한 역할을 했던 국가 사례를 고려하면, 스테이블코인은 향후 국제적 차원에서 통화 경쟁의 가능성을 넓히는 기술적 기반을 제공한다고 볼 수 있다.

예를 들어 나이지리아에서는 자국 나이라화 가치 급락에 대응해 국민들이 앞다투어 USDT를 매입하는 '크립토 달러화' 현상이 관찰되고 있다. 이는 기존 금융 시스템 밖에서 민간 주도로 진행되는 달러화로, 해당국의 인플레이션 억제에 기여하는 한편 미국 달러의 영향력은 더욱 퍼지는 결과를 낳는다.

다만 이러한 자생적 달러화가 본원통화 유출 등 부작용을 일으킬 수 있어, 각국 정부 입장에서는 정책적 딜레마가 될 수 있다. 그럼에도 개인과 기업 입장에서는 스테이블코인을 통한 가치 저장이 매력

적이다. 스테이블코인은 거래가 불안정한 자국 통화에 대안을 제공
한다. 거시적으로는 스테이블코인이 신흥국의 만성 인플레이션을 완
화하는 데 일조할 것이라는 기대가 높다.

디파이, 새로운 그림자
금융의 부상

스테이블코인 관련 법제화가 속도를 내는 가운데, 미국에서는 최근 '클래리티(CLARITY) 법안'이 통과 논의에 오르며 디파이 산업의 제도화 기반을 마련할 것이라는 기대가 높아지고 있다.

디파이는 중앙화된 금융기관 없이 스마트 컨트랙트만으로 예치·대출·거래 기능을 수행하는 탈중앙 금융 인프라다. 하지만 현행 법체계에서는 이러한 활동을 기존 금융상품이나 증권법 범주에 어떻게 편입할지 명확하지 않아 오랫동안 '규제의 회색지대'에 머물러왔다.

클래리티 법안은 바로 이 공백을 메우기 위한 시도다. 일정 요건을 충족하는 디파이 프로토콜과 활동을 기존 증권법 적용에서 일부 면제하거나 새로운 분류 체계로 다루는 내용을 담고 있다. 이는 디파이가 불확실한 법적 지위에서 벗어나 제도권 금융의 틀 안에서 운영될 수 있는 토대를 제공한다는 점에서 의미가 크다.

이러한 규제 명확성의 제고와 함께 스테이블코인의 확산은 디파이 시장 성장의 촉매제로 작용할 가능성이 높다. 실제로 현재 디파이에서 이뤄지는 대출·거래의 담보풀(collateral pool) 상당 부분을 스테이블코인이 차지하고 있다. 안정적이고 충분한 스테이블코인 공급은 디파이 프로토콜의 운용 여력을 넓히고 사용자 신뢰도를 높여, 일종의 '탈중앙화된 그림자 금융'으로 불리는 디파이 생태계의 규모를 한층 확대하는 기반이 된다.

하지만 디파이의 성장과 함께 금융안정성 측면의 위험도 지적되고 있다. 2008년 글로벌 금융위기를 돌아보면, 겉으로 드러난 뇌관은 미국의 주택 거품 붕괴와 서브프라임 모기지 부실이었다. 그러나 위기를 시스템 전반으로 증폭시킨 것은 복잡한 파생상품 구조와 규제 밖 그림자 금융 시스템이었다. 서브프라임 모기지 대출 1.4조 달러 규모가 CDO(부채담보부증권), CDS(신용부도스왑), ABCP(자산담보부 기업어음) 등으로 증권화되어 금융기관들 포트폴리오에 광범위하게 퍼졌다.

투자은행과 헤지펀드는 이 증권들을 바탕으로 고(高)레버리지 투자에 나섰다. MMF 등 단기자금 시장도 서브프라임 연계 ABCP에 과도하게 노출되었다. 당시 은행권 밖 부외(簿外) 그림자 금융 규모가 5.2조 달러(2007년 GDP의 36%)에 달했다. MMF 자산 중 32.5%가 CP류에 쏠리는 등 위험이 누적된 상태였다.

결국 2007년 하반기부터 '서브프라임 연체율 상승 → 모기지 증권 가격 폭락 → 헤지펀드·IB 유동성 위기 → 리먼 브라더스 파산 → MMF의 뱅크런 및 CP 시장 경색'으로 금융위기가 현실화되었다.

디파이와 스테이블코인도 이와 유사한 위험 경로를 안고 있다.

첫째, 디파이에서 거래되는 자산들은 비트코인, 이더리움 같은 가치 변동성이 큰 가상자산이다. 이들은 내재 가치 산정이 어렵고 가격 급락 시 담보가치 증발 위험이 있다. 마치 서브프라임 모기지가 부실 자산이 된 것처럼, 가상자산 가격 폭락 시 디파이에 담보로 잡힌 대출과 파생상품 거래가 연쇄 부실화될 수 있다.

둘째, 디파이의 상품 구조는 일반 투자자가 이해하기 어려울 만큼 복잡한 스마트 컨트랙트로 이뤄져 있다. 서로 다른 프로토콜이 연결되어 다단계로 수익을 추구하는 레고식 금융이 발전하면서, 그 구조가 CDO 등 전통 파생상품만큼이나 불투명해질 가능성이 있다.

셋째, 아직 디파이는 명확한 규제권 밖에 있다. 중앙화 거래소나 스테이블코인 발행사는 점차 규제를 받고 있지만, 탈중앙 네트워크상 익명으로 이루어지는 금융활동은 규제와 감독의 손이 미치기 어렵다. 이는 2000년대 중반 규제 밖에서 성장한 그림자 금융(구조화상품, 헤지펀드 등)이 금융 시스템의 허점을 파고들었던 모습과 겹친다.

그렇다고 지나친 위기론으로 디파이 혁신을 간과해서는 안 된다. 2025년 2분기 기준 디파이 시장은 미국 GDP 대비 0.1% 수준이다. 2007년 서브프라임 모기지 잔액 1.4조 달러(당시 GDP의 10%)와 비교하면 아직 거시경제에 미치는 영향은 미미하다.

또한 디파이 프로토콜들은 대출 시 담보가치 대비 150~200% 이상의 초과담보를 요구하는 등, 생각보다 보수적인 운영을 하고 있다. 이는 레버리지 축적이 제한적임을 의미한다. 적어도 현재로서는 2008년 위기 직전의 과도한 위험 추구와는 거리가 있다.

요컨대, 현 시점에서는 디파이의 시스템 리스크보다는 성장성과 효용에 주목할 필요가 있다. 규제가 정비되고 스테이블코인 등 인프라가 안전하게 공급된다면, 디파이는 금융포용성과 효율성을 높이는 혁신 플랫폼으로 자리잡을 것이다. 다만 디파이가 급속히 규모를 키울 경우, 앞서 열거한 리스크 요인이 언제든 부각될 수 있음을 유념해야 한다. 금융사는 디파이 익스포저를 파악하고, 규제기관은 투명성 제고와 투자자 보호 장치를 마련해야 한다. 또 글로벌 공조를 통해 '디지털 그림자 금융'의 행태를 면밀히 모니터링해야 한다.

스테이블코인과 디파이의 부상은 금융의 지형을 바꾸는 동시에 새로운 도전을 안겨주고 있다. 스테이블코인은 국채 시장과 결제 시스템에서 긍정적 역할을 할 잠재력이 있다. 신흥국의 인플레이션 완화나 통화 체제에도 의미 있는 영향을 미칠 수 있다. 동시에 통화 정책의 전달 경로 변화, 국채 시장의 변동성 요인 등으로 작용할 수 있어 연구와 대비가 필요하다. 또한 디파이는 효율성과 포용성을 높이는 차세대 금융으로 발전 가능성이 크지만, 구조적 위험과 규제 공백을 안고 있기에 현 단계에서 균형 잡힌 정책 대응이 요구된다.

역사는 새로운 기술이 등장할 때 초기 과열과 거품 그리고 이어지는 성숙의 단계를 거쳐왔다. 스테이블코인과 디파이 역시 이러한 과정을 밟을 것이다. 과거의 교훈을 살려 혁신의 순기능을 극대화하면서 역기능을 제어하는 지혜가 필요한 때다. 금융의 미래는 어느 한 쪽 극단이 아닌, 혁신과 안정이 공존하는 길이어야 할 것이다.

THE COIN

국가자본주의 시대,
투자자의 선택은?

앞으로의 경제 사이클은 과거처럼 길고 예측 가능한 흐름이 아니라, 더 짧고 복잡하며 불규칙하게 전개될 가능성이 크다. 글로벌화는 둔화되고, 투자자가 기대하던 '연준의 보호막'은 더 이상 믿기 어렵다. 앞으로의 불안정한 사이클은 위험과 기회를 동시에 품고 있다.

부채의 시대,
투자의 나침반

앞으로의 경제 사이클은 과거보다 더 짧고, 더 복잡하며, 더 불확실할 가능성이 크다. 투자자로서 이를 두려워할 필요는 없다. 중요한 것은 변화된 환경을 헤쳐 나갈 새로운 나침반을 갖는 것이다. 그 나침반은 경기 사이클과 부채 구조에 대한 깊은 이해, 그리고 이를 바탕으로 한 전략적 감각이다. 평균 회귀라는 과거의 단순한 기준에 의존하기보다는, 각기 다른 국면에 맞춘 투자 전략을 준비하는 것이다.

스테이블코인의 유통속도가 디지털 유동성을 보여주는 나침반이라면, 경기 사이클과 부채 구조에 대한 이해는 실물 경제와 전통 자산 시장을 헤쳐 나갈 또 다른 나침반이 될 수 있다. 특히 부채의 시대, 금리의 방향성 그리고 투자의 생존 전략을 생각해보면, 몇 가지 중요한 메시지가 드러난다.

미국 의회예산국(이하 'CBO')이 발표하는 장기 예산 전망은 단순한 회계 보고서가 아니다. 그것은 투자 환경의 구조적 전환을 예고하는 시그널이다. CBO는 앞으로 10년 동안 미국의 정부 부채가 GDP 대비 약 20%포인트 더 늘어날 것이라고 전망한다.

이 숫자를 채권 시장에 대입해보면 중요한 시사점이 나온다. 10년 만기 국채 금리가 구조적으로 약 0.6%포인트(60bp) 높아질 수 있다는 정량적 분석과 맞물리기 때문이다. 단순히 '금리가 오를 수도 있다'는 수준을 넘어, 자산 가격의 기준선 자체가 정부 재정 구조에 의해 새롭게 설정될 수 있다는 뜻이다.

여기서 특히 주목해야 할 점은 금리가 부채 궤적을 기하급수적으로 바꿔놓는 힘을 가지고 있다는 사실이다. 예를 들어, 정부가 부담하는 평균 이자율이 매년 0.05%포인트(5bp)만 높아져도 2055년에는 GDP 대비 부채 비율이 204%까지 치솟게 된다. 반대로 매년 평균 이자율이 0.05%포인트 낮아지기만 해도 부채 비율은 121% 수준으로 유지된다.

즉 아주 작은 금리 차이가 수십 년 후에는 부채 규모를 천양지차로 벌려놓는다. 금리가 단순히 금융 시장의 지표가 아니라, 국가 재정의 지속가능성을 결정짓는 핵심 변수라는 사실을 잘 보여주는 대목이다.

이 작은 차이가 엄청난 결과를 낳는 이유는 복리 구조 때문이다. 결국 미국 정부는 시장의 금리 기대를 통제하려는 강력한 유인을 가질 수밖에 없다. 이는 미 연준과 재무부의 정책이 단순히 단기 경기 대응을 넘어, 금리 기대 자체를 관리하는 '국가 전략'으로 진화하고 있음을 보여준다. 앞으로 장기금리의 상단을 결정짓는 것은 단순한 성장률이 아니라, 미국 정부에 대한 신뢰의 유지 여부가 될 것이다.

어떤 자산을 보유해야
살아남을 수 있는가?

미국 CBO는 흥미로운 사실을 제시한다. 비농업 기업의 생산성이 매년 0.5%포인트만 달라져도 2055년의 부채비율은 GDP 대비 113%에서 203%로 벌어진다. 이는 단순한 수치 차이가 아니라, 생산성이 국가 부채와 자산 가치의 최종 방정식에 어떤 의미를 갖는지 명확히 보여주는 사례다.

생산성은 기업의 이익률을 규정하고, 주가의 밸류에이션을 만들며, 연준의 금리 정책 여력까지 결정한다. AI·자동화·반도체·데이터 센터·전력·리쇼어링 같은 흐름은 그 자체로 장기적 성장의 원천이며, 동시에 부채 부담을 줄이는 거의 유일한 실물적 변수다. 따라서 향후 투자 전략의 중심은 자연스럽게 생산성 수혜 자산으로 모일 수밖에 없다.

그러나 생산성만으로는 부족하다. 부채를 GDP 대비 100% 수준에서 안정시키기 위한 CBO의 조건은 연간 GDP의 1.6%에 해당하는 세입 증가나 지출 삭감인데, 이는 정치적으로 거의 불가능한 선택이다. 결국 미국은 부채, 성장, 인플레이션 사이에서 불가피하게 정치적 균형을 맞춰야 하한다. 이는 투자자 입장에서 증세 위험, 정부 개입 확대, 정책 충돌 가능성을 모두 의미한다.

여기에 최근 스테이블코인의 확산이 새로운 변수를 더한다. 스테이블코인은 단순한 '디지털 달러'가 아니라, 통화속도의 복원 장치로 기능하고 있다. 전통 금융에서는 돈이 이동할 때 중계은행·결제망·해외 송금 절차가 필연적으로 속도를 늦추었지만, 스테이블코인은 글로벌 결제와 송금을 실시간으로 만든다.

빠르게 순환하는 디지털 달러는 명목 GDP를 끌어올리고, 결과적으로 부채비율을 낮추는 또 하나의 성장 변수가 된다. 전후 고도성장기(1948~1973년)의 핵심이 '빠르게 도는 돈'이었다면, 디지털 시대의 통화속도는 블록체인 기반의 결제 인프라에서 복원되고 있는 셈이다.

2000년대 이후의 경제는 질문 자체가 달라졌다.

"현대 경제에서 돈을 실제로 만드는 주체는 누구인가?"

정답은 명확하다. 대출을 통해 예금을 만드는 상업은행이다. 지폐는 전체의 3%, 본원통화는 10%에 불과하고, 통화의 87%는 은행이 창출한 예금(M2)이다. 따라서 상업은행을 누가 지배하느냐가 곧 실질적 통화 권력을 의미한다.

이 원리를 이해하는 순간, 왜 팬데믹 시기 정부 보증 대출이 인플레이션을 폭발시켰는지, 왜 단순한 QE 확대는 실물 경제를 자극하지 못했는지, 왜 앞으로는 정부의 신용통제·대출 유도·재정지출이 핵심 정책 수단이 되는지 명확해진다.

세계는 이미 부채를 정상적으로 갚을 수 있는 영역을 넘어섰다. 남은 방법은 하나뿐이다.

부채가 경제를 지배하는 시대에 가장 중요한 원리는 단순하다. 명목성장률이 높아질수록 부채의 실질가치는 낮아진다. 그리고 이 명목성장은 두 축에서 온다. 하나는 AI·자동화·반도체 등에서 비롯되는 생산성 향상이고, 다른 하나는 스테이블코인과 디지털 결제 인프라 확산을 통해 이루어지는 통화속도의 복원이다. 빠르게 순환하는 디지털 달러는 실물경제의 거래량과 속도를 끌어올리며 명목 GDP를 높이는 역할을 한다. 부채의 시대에서 명목성장률은 그야말로 생존 변수다.

미국의 생산성 역사를 봐도 지금이 어떤 갈림길인지 분명해진다. 1940~1960년대는 전기·고속도로·가전·자동차 보급으로 생산성이 연 3% 가까이 오르며 중산층이 넓게 형성된 '황금기'였다.

반면 1990년대 IT 혁명은 생산성을 끌어올렸지만 중간층 일자리를 대체하며 경제를 K자형 구조로 만들었다. 2010년대에는 경제 전체 생산성이 둔화된 가운데 소수의 빅테크만 압도적 이익을 가져갔다.

그리고 지금, AI 시대는 다시 한번 큰 잠재력을 품고 있다. 그러나 정책과 분배 구조에 따라 제2의 황금기가 될 수도, 더 심한 양극화를 낳을 수도 있는 갈림길에 서 있다. 이런 환경에서 투자자가 던져야 할 질문은 명확하다.

"어떤 자산을 보유해야 살아남을 수 있는가?"

결론은 두 가지다. 첫째는 경제의 생산성을 실질적으로 끌어올리는 자산, 즉 AI, 반도체, 전력 인프라, 자동화, 데이터센터, 리쇼어링 등에 집중하는 것이다. 둘째는 중물가 시대에 불가피하게 나타날 정책 충돌과 금리 변동에 대비해, 방어적 전략을 병행하는 것이다.

경제는 이미 중앙은행의 시대를 지나 정치경제의 시대로 이동하고 있다. 이 변화의 의미를 읽어내는 사람만이 부채의 시대를 위기에서 기회로 바꿀 수 있다.

미국이 보여주는
장기적 우상향의 본질

지난 수년간 많은 언론과 유튜브 채널에서는 "미국은 국가부채 때문에 결국 무너질 것"이라고 주장해왔다. 그러나 이러한 담론은 여전히 20세기 산업화 시기의 가계부 프레임에 갇혀 있는 해석일 뿐이다. 정부를 단순히 가계처럼 허리띠를 졸라매고 돈을 아껴 써야 하는 존재로 보는 관점은 현대 거시경제를 설명하기에 불충분하다.

특히 기축통화국인 미국은 통화주권을 보유한 국가다. 미국 정부는 달러를 발행할 수 있는 주체다. 따라서 '세금을 먼저 걷고 지출한다'가 아니라, '정부가 먼저 지출하고 그 결과 세수가 발생한다'는 방식으로 작동한다. 정부 지출이 민간의 소득을 창출하고, 그 소득에서 세금이 걷히는 순환 구조가 미국 경제의 기본 메커니즘이다.

내가 꾸준히 강조해 온 주장이 하나 있다. 미국 정부의 재정적자는 빚이 아니라, 경제를 움직이기 위한 연료라는 점이다. 적자는 빚이 아니라 경제의 연료다. 이 관점에서 보면 재정 적자는 단순한 빚이 아니라 민간의 순자산을 늘려주는 공급 장치이자 경제 순환을 움직이는 연료다. 따라서 '적자는 무조건 나쁘다'는 인식은 시대착오적이다. 진정한 위험은 적자 그 자체가 아니라 생산성과 성장이 뒷받침되지 않을 때 나타나는 구조적 둔화다.

많은 나라가 국가 부채 문제를 해결하기 위해 세금 인상이나 긴축 재정을 선택한다. 그러나 미국은 다르다. 공화·민주를 막론하고 '성장을 통해 문제를 해결한다'는 점에서 정치적 합의를 이루고 있다. 반도체 법, 인프라 투자법과 같은 대규모 정책은 단순한 단기 부양책이 아니라 생산성 개선과 미래 산업 육성을 위한 장기적 성장 전략이다.

다시 말해, 미국은 지출을 줄이는 대신 지출을 통해 더 큰 성장을 끌어내는 구조를 설계하고 있다. 이 점이 미국 장기 우상향을 지탱하는 핵심 기반이다.

투자자가 주목해야 할 사실은 분명하다. 미국은 통화주권 국가로서 성장을 통해 부채를 해결하는 구조를 실행하고 있다. 그 성과는 기술 혁신, 제조업 리쇼어링, 에너지 전환 등에서 이미 나타나고 있다.

물론 단기적으로는 TGA 확충이나 연준의 매파적 스탠스와 같이 유동성을 제약하는 요인들이 부각될 경우 시장이 일시적으로 조정을 받을 여지도 있다. 그러나 이는 구조적 추세를 위협하는 요소가 아니라 예상 가능한 진공 구간일 뿐이다. 오히려 연준의 유연한 대응과 기업들의 자본지출 확대가 맞물리는 시점은 저점 매수 기회가 될 수 있다.

이 과정에서 중요한 점은 비중 조절이 곧 시장 이탈을 의미하지 않는다는 사실이다. 장기적 상승이 전제되는 상황에서는 전부 아니면 전무의 태도보다는, 안전마진을 확보하면서 투자를 유지하는 전략이 더 합리적이다. 장기 우상향에 올라타기 위해서는 리스크를 관리하며 시장에 머무르는 것이 중요하다.

역사는 언제나 반복된다. 산업혁명 시기를 떠올려보라. 세상을 바꾼 직접적인 동력은 증기기관이라는 기술이었지만, 기술 하나만으로는 거대한 변화가 완성되지 않았다. 제도 개혁과 국제 질서의 재편이 함께 맞물리면서 성장의 불씨가 거대한 화염으로 번져 나갔다.

오늘날 우리가 마주한 AI 혁명도 같은 원리를 따른다. AI 칩, 클라우드, 빅데이터 인프라 같은 기술적 토대가 눈부시게 발전하고 있다. 그러나 여기에 정부의 규제 완화와 대규모 투자, 인프라 구축 같은 제도적 장치가 더해져야 비로소 본격적인 확장이 가능하다. 또한 글로벌 공급망의 재편, 데이터 국경의 설정, 국가 간 협력과 경쟁 같은 국제 질서의 변화가 함께 작동할 때, 기술은 전 산업을 재편하는 동력으로 자리 잡게 된다.

오늘날 기술주는 이미 큰 폭으로 상승했다. 그러나 진정한 알파(α)가 만들어지는 순간은 정책과 제도가 열어주는 '다음 문'이 열릴 때다. 그 문 앞에 미리 서 있는 기업이야말로 차세대 리더로 부상하게 된다. 그런 기업들은 크게 세 가지 특징을 가진다.

첫째, 정부 예산과 보조금이 직접 투입되는 분야의 핵심 기업이다. 반도체 생산 지원, AI 데이터센터 건립, 자율주행 인프라 구축 같은 영역이 대표적이다.

둘째, 글로벌 공급망을 장악하고 정치적 로비력과 규제 협상력을 갖춘, 정책 변화에 즉각적으로 반응할 수 있는 기업들이다.

셋째, 규제가 완화되거나 새로운 시장이 열릴 때 가장 빠르게 움직일 수 있는 주체들이다. 특히 AI 하드웨어부터 소프트웨어, 응용 서비스까지 아우르는 포트폴리오를 가진 기업이 여기에 속한다.

AI 혁명은 단순한 기술 발전의 이야기가 아니다. 그것은 기술과 제도 그리고 정책이 통합적으로 움직이는 흐름이다. 투자자는 기술만 보는 시야에서 벗어나야 한다. 정책 변화와 제도 혁신의 교차점에서 있는 기업과 산업을 찾아야 할 때다.

우리는 이런 질문을 던져야 한다.

"정부를 여전히 가계부처럼 이해할 것인가, 아니면 성장을 설계하는 국가로 볼 것인가?"

미국 정부의 부채는 위기가 아니라 기회다. 정부 지출은 민간으로 이전되어 투자와 고용, 생산성을 자극하며, 그 결과 경제의 파이는 커진다. 미국이 보여주는 장기적 우상향의 본질은 바로 여기에 있다. 재정을 긴축하는 대신 적극적으로 지출하고, 그 지출이 생산성과 성장을 강화하며, 다시 세수를 늘려 부채를 관리하는 구조다. 따라서 미국 경제의 본질은 위기 회피가 아니라 성장 설계다.

달라진 돈의 흐름과
투자자의 시그널

최근 우리는 낯설지만 중요한 질문에 직면하고 있다. 금리가 이렇게 높아졌는데도 물가는 쉽게 꺾이지 않고, 돈은 늘어나는데 실물 경제는 조용하다. 이는 단순히 "금리를 더 올려야 한다"라거나 "유동성이 과잉이다"라는 프레임으로는 설명되지 않는다. 이제는 돈과 경제의 관계가 근본적으로 바뀐 시대에 들어섰다고 보아야 한다.

1950년부터 2025년까지 70년 넘는 데이터를 분석해보면, 통화(M2), 인플레이션, 통화유통속도(V), 실질 GDP 성장률 사이의 관계는 시대별로 크게 달라졌다. 이 데이터가 투자자에게 주는 시그널은 세 가지다.

첫째, 돈이 많다고 실물경제가 성장하는 것은 아니다. 1950~

1980년대까지만 해도 M2와 GDP는 비슷한 흐름을 보였다. 그러나 1997년을 기점으로 통화유통속도(V)는 하락세로 접어든 반면, M2는 거의 기하급수적으로 증가했다. 돈은 풀리지만, 그 돈이 실물 경제를 돌지 않고 금융 자산에만 쌓이는 구조가 고착화된 것이다.

이로 인해 저성장, 저물가, 자산 집중 현상이 심화되었다. 이는 2008년 금융위기와 2020년 코로나 위기를 거치며 더욱 강화되었다. 투자자 입장에서는 '통화량 증가 ≠ 실물경제 성장'이라는 사실을 인식해야 한다. 그리고 풀린 돈이 어디로 흘러가는지, 특히 자산 시장으로 향하는지를 주목해야 한다.

둘째, 인플레이션은 지연된 인과관계를 가진다. 통화량(M2)의 증가가 당장 물가를 자극하지는 않는다. 하지만 시차를 두고 영향을 미친다는 점은 중요하다.

분석 결과, M2 증가율은 향후 인플레이션과 GDP 변화를 예측하는 데 통계적으로 의미 있는 선행성을 보였다. '오늘 풀린 돈이 내일의 물가를 자극할 수 있다'는 의미다.

인플레이션 압력이 늦게 찾아오는 만큼 정책 대응이 지연될 경우, 중장기적으로 물가 리스크가 확대될 수 있다. 투자자라면 당장의 안정세에 안심하기보다는, 미래 인플레 가능성에 대비해야 한다.

셋째, 선형 모델로는 더 이상 시장을 설명할 수 없다. 과거 경제학은 '금리↑ → 물가↓' 같은 단순한 인과관계로 시장을 설명했다. 그러나 최근의 현실은 다르다. 돈이 풀려도 GDP는 위축되거나, 금리가 올랐는데도 자산 가격은 더 오르는 현상이 반복되고 있다.

이는 기존 경제 모델이 전제해 온 선형적이고 정태적인 세계관이

더 이상 유효하지 않음을 보여준다. 금리·물가·성장률이라는 단일 지표만으로 국면을 판단하던 시대는 이미 지나갔다. 이제 중요한 것은 수치의 방향성이 아니라, 정책의 전환점과 구조 자체가 바뀌는 순간, 다시 말해 레짐 변화(regime shift)다.

이런 관점에서 보면, 이 시기의 대통령은 '문제를 완결적으로 해결하는 지도자'라기보다, 다음 체제로 이행하기 위한 시간을 벌어주는 대통령에 가깝다. 당장의 안정이나 단기 성과보다, 시스템이 붕괴되지 않도록 버텨내고 재설계의 여지를 남기는 역할이 더 중요해진 것이다.

투자 관점에서도 마찬가지다. 2024~2028년은 '정책 성과의 해'가 아니라, '불확실성이 구조화되는 구간'이다. 이 시기에는 특정 정책의 성공 여부에 기대어 추세를 추종하기보다는, 변동성과 소음 속에서 어떤 구조가 유지되고, 어떤 질서가 재편되고 있는지를 읽어야 한다. 2025년이라는 단일 연도만을 보고 "누가 이길 것인가"를 예상하는 것은, 투자자에게 가장 비효율적인 질문일 수 있다.

더 중요한 질문은 따로 있다. 지금 우리는 어떤 사이클의 끝에 서 있는가, 그리고 다음 질서는 어떤 자산을 중심으로 작동할 것인가다. 이는 경기 예측의 문제가 아니라, 질서 전환의 문제다.

이번 사이클이 던지는 메시지는 분명하다. 미국은 약해지고 있는 것이 아니라, 다시 설계되고 있다. 그리고 자산시장은 언제나 현실보다 한발 앞서, 그 설계도를 먼저 반영해 왔다. 이 변화의 방향을 읽는 것이야말로, 불확실성의 시대에 투자자가 취할 수 있는 가장 현실적인 선택이다.

중앙은행의 돈과 민간의 돈 그리고 시장의 방향

금융 시장을 움직이는 가장 큰 힘을 한마디로 표현하면 바로 '유동성'이다. 하지만 유동성에도 두 가지 얼굴이 있다. 하나는 중앙은행이 관리하는 지급준비금이고, 다른 하나는 가계와 기업이 실제로 쓰는 예금과 대출, 즉 M2다. 많은 투자자가 금리나 연준의 자산 규모만 바라본다. 주식과 부동산 가격을 밀어 올리는 직접적인 힘은 민간의 예금과 대출에서 비롯된다는 사실을 종종 간과한다.

그렇다면 지급준비금과 M2는 어떻게 서로 다른 방향으로 움직일 수 있을까? 국채 발행 과정을 예로 들어보겠다. 정부가 국채를 발행하면 처음에는 은행의 지급준비금이 흡수된다. 하지만 곧 정부가 그 돈을 지출하면서 다시 가계와 기업의 계좌로 흘러 들어온다. 이때 지급준비금은 크게 달라지지 않지만, 민간의 예금(M2)은 순증가할 수 있다.

양적긴축 시기에는 지급준비금이 줄어드는 경우가 많다. 특히 최근에는 MMF가 대규모로 역레포(RRP)에 돈을 맡기거나 이를 다시 빼내는 과정에서 지급준비금이 크게 출렁였다.

하지만 이런 상황에서도 정부 지출이나 은행 대출이 확대되면 민간 예금은 늘어날 수 있다. 은행이 대출을 실행하면 차입자의 계좌에 예금이 생기고, 이는 곧바로 M2의 증가로 이어진다.

결국 지급준비금은 연준 내부 계정(RRP, TGA 등)의 변동에 따라 출렁이고, M2는 정부 지출과 대출 같은 실물 경제 활동에 따라 움직인다. 그렇기 때문에 두 지표는 독립적으로 다른 길을 갈 수 있다. 한마디로 지급준비금은 은행 시스템의 '안전판'이고, M2는 민간이 실제로 쓰는 '경제의 피'라고 할 수 있다.

역사적 분석은 이 차이를 분명히 보여준다. 1970년 이후 데이터를 보면, M1과 M2가 동시에 늘어날 때 주식 시장은 평균 +13.7%의 강세를 보였다. 반대로 M2가 감소할 때 시장은 흔들렸다. 특히 M1이 증가하더라도 M2가 줄어드는 시기에는 평균 -0.9%의 수익률을 기록했다.

다시 말해, M1보다 M2의 방향성이 훨씬 더 중요하다. 중앙은행의 돈(M1)보다 민간의 저축과 대출을 통해 창출되는 광의통화(M2)가 자산 시장에 더 큰 영향을 미친다는 의미다.

또한 2020년 미국은 저축예금을 M1에 포함하는 통계 정의 변경을 단행했다. 이로 인해 M1이 비정상적으로 폭등했고, 과거와 같이

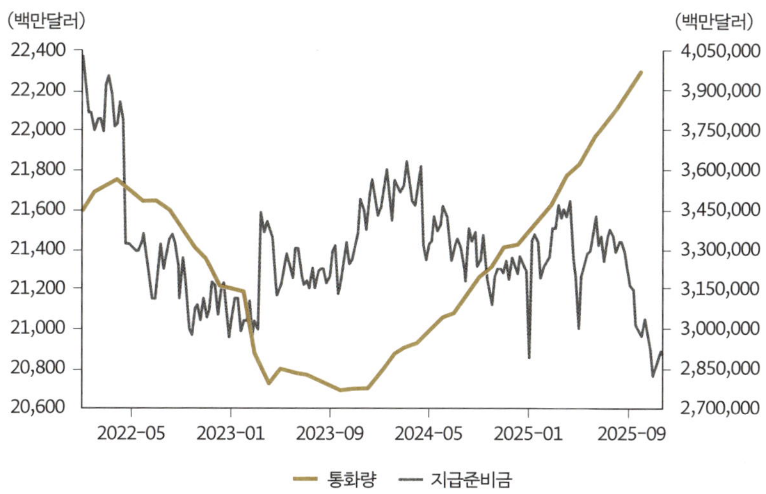

M1과 M2가 다른 방향으로 움직이는 패턴은 거의 사라졌다. 따라서 유동성을 해석할 때는 2020년 이전과 이후를 분리해서 바라보는 것이 필요하다.

현재(2025년 하반기) 지급준비금은 연준의 양적긴축과 TGA 확충 등으로 빠르게 줄어들며 3조 달러 초반 수준까지 낮아졌다. 이는 단기 금융시장에서 금리 급등이나 레포 시장의 변동성을 키울 수 있는 요인이다.

그러나 동시에 M2는 정부의 재정지출 확대, 은행 대출 증가, 금리 인하 기대가 맞물리며 뚜렷한 반등세를 보이고 있다. 2024년을 기점으로 회복세에 들어선 M2는 2025년 들어 가파른 상승 곡선을 그리며, 코로나 팬데믹 시기에 이어 또 한 번의 유동성 파고를 예고하고 있다.

최근의 유동성 흐름은 자산 시장에 중요한 시사점을 제공한다.

우선 단기적으로는 지급준비금 축소가 자금시장의 변동성을 키우며 일시적 불안을 초래할 수 있다. 그러나 이 상황은 오래 지속되기 어렵다. 2025년 12월 연준이 양적긴축(QT)을 공식적으로 종료하면 지급준비금 감소도 중단되기 때문이다.

더 근본적으로는 연준의 대차대조표가 미국 경제 규모에 비례해 장기적으로는 다시 확대될 수밖에 없다는 구조적 요인이 존재한다. 지급준비금이 일정 수준 이하로 내려가면 금융 시스템의 원활한 운영을 위해 연준은 의도하지 않았더라도 대차대조표 재확대(QE-lite)에 나설 가능성이 높다.

이런 맥락에서 나는 2026년은 전통적 양적완화가 아니라, 시장 안정과 재정 지속 가능성을 동시에 고려한 QE-lite 재확장, 다시말해 부채의 화폐화가 재개되는 국면을 예상한다.

한편 중기적으로는 M2 확대가 가계와 기업의 유동성을 탄탄하게 지지하며 위험자산에 매수 압력을 강화한다. 실제로 2024~2025년 미국 증시의 강세는 민간 유동성(M2) 반등 흐름과 무관하지 않다. 즉 단기적으로는 지급준비금 축소가 부담을 주지만, 중기적으로는 M2가 주도하는 민간 유동성이 위험자산 랠리를 견인하는 양면 구도가 형성된 셈이다.

결론적으로, 시장을 움직이는 것은 중앙은행의 지급준비금만이 아니다. 오히려 민간의 돈, 즉 M2의 흐름이 자산 시장의 핵심 동력이다. 따라서 투자자는 '지급준비금의 절벽'과 'M2의 파도'를 동시에 읽어내야 한다. 단기적 파동을 견뎌낼 수 있다면, 장기적으로는 새로운 유동성 사이클의 혜택을 누릴 수 있다.

2025년 이후 전망과 체크포인트

시장은 언제나 금리의 방향으로 스토리를 엮어왔다. 기준금리가 오르면 밸류에이션이 압박을 받고, 내리면 멀티플이 확장된다는 단순한 문법은 오랫동안 통용되어왔다.

그러나 지난 20여 년의 데이터를 들여다보면, 이 익숙한 설명만으로는 시장의 궤적을 이해하기에 부족하다. 금리는 사건의 결과를 보여주는 지표일 뿐, 방향을 바꾸는 진짜 힘은 유동성의 '위치와 흐름'에 있다는 점이 점차 드러나고 있다.

2008년 글로벌 금융위기와 2020년 팬데믹은 이 사실을 가장 극적으로 보여준 순간이었다. 연준의 대차대조표가 급격히 팽창하면서 지준잔액이 폭발적으로 늘어났다. 그 시기에 S&P500은 구조적으로 상승 궤도로 방향을 틀었다.

반대로 양적긴축이 진행되거나, 유동성이 역레포에 묶여 있을 때 시장은 이유를 설명하기 어려운 둔중함을 겪었다. 총량은 변하지 않았지만, 유동성의 '머무는 곳'과 '흐르는 방향'이 달라지면서 자산 시장 환경도 전혀 다르게 변했던 것이다.

데이터는 말이 없지만, 그 의미는 분명하다. 장기간을 보면 지준 잔액과 주식 시장은 뚜렷한 동행성을 보였다. 역레포와 주가 역시 비교적 짧은 히스토리에서도 음의 관계를 확인할 수 있었다. 반면 금리와 주가의 단순 상관관계는 미약하여, 거의 설명력을 가지지 못했다.

더 나아가 통계적으로 인과관계를 검증해보면 흥미로운 사실이 드러난다. 종종 가격(주가)이 먼저 움직이고, 그 뒤를 유동성(M2)이 따라가는 패턴이 반복적으로 나타난 것이다. 주가의 회복은 담보가치와 위험 선호를 먼저 복원시키고, 그 복원된 신용 여력이 나중에 통화량의 팽창으로 이어지는 메커니즘이다. 그래서 어떤 사이클에서는 금리 인하가 시작되기 훨씬 전에 이미 주가가 저점 확인의 신호를 보내는 일이 벌어지기도 한다.

이 관점을 실전으로 옮기면 해석은 단순해진다. 금리는 결과의 언어이고, 유동성은 행동의 언어다. 따라서 금리의 방향을 맞히려 애쓰기보다, 유동성이 어디에 머물고 어디로 이동하는지를 관찰하는 것이 훨씬 더 실질적이다. 연준의 예치지준잔액이 4주 연속 증가로 전환되고, RRP 잔액이 완만히 줄어든다. 그런데 그 자금이 TGA에만 머무르지 않고 은행지준으로 유입되는 장면이 목격된다면, 이는 자산 시장으로 향하는 유동성 이동을 뜻한다.

반대로 지준이 말라가기 시작하고, RRP가 다시 불어나며, 크레딧 스프레드가 확대되면, 시장의 레짐은 방어 국면으로 기울고 있는 것이다. 이때 금리가 소폭 내려간다고 해도, 실질금리가 높은 수준에 고착되거나 크레딧 스프레드가 불안정하다면 멀티플은 확장되기 어렵다.

그렇다면 2025년 이후의 시장은 어떻게 읽어야 할까? 전망은 언제나 확률의 문제이지만, 유동성의 지도를 바탕으로 최소한 세 갈래 경로를 가정할 수 있다.

첫째, 완만한 둔화와 점진적 완화의 경로다. 성장률이 천천히 식고 인플레이션이 진정된다면, 연준은 정책금리를 일정 기간 정체시키거나 제한적 수준에서 인하를 시작할 가능성이 있다. 이 경우 퀄리티 성장주와 위험 선호 자산이 확장될 수 있으며, 유동성의 위치로 보면 지준잔액의 순증과 RRP의 완만한 축소가 동반되는 국면이다.

둘째, 인플레이션 재상승과 공급 제약의 경로다. 에너지·전력망·노동·지정학의 복합 충격이 다시 비용 곡선을 밀어 올린다면, 연준은 금리 인하를 주저하거나 되돌릴 수밖에 없다.

양적긴축이 길어지고 지준이 빠지는 동안 RRP가 다시 자금을 흡수한다면, 유동성은 위험자산에서 이탈해 단기 안전자산으로 되돌아간다. 주식 시장은 멀티플 조정과 이익 하향을 동시에 겪을 수 있으며, 방어는 짧은 듀레이션 채권, 저변동성·필수소비재·헬스케어, 그리고 인플레이션 방어 자산인 TIPS와 금에서 찾게 된다.

이때 관건은 크레딧 스프레드가 확대되는지 여부다. 스프레드가 벌어지기 시작하면, 레짐은 단순한 포지션 조정의 문제가 아니라 리스크 총량을 축소해야 하는 국면으로 넘어간다.

셋째, 재정 우위와 시장형 유동성의 경로다. 만성적인 재정 수요를 뒷받침하기 위해 단기국채 비중이 높아지고, 공식 금융 생태계 밖에 있던 비은행 채널, 예컨대 '대기성 달러 유동성'이 국채를 흡수하는 장면이 나타날 수 있다. 이는 통화 정책 완화가 없어도 유동성의 사용처와 속도를 바꾸는 효과를 만든다.

장기금리는 재정 프리미엄과 실질 성장 사이의 줄다리기 속에서 오르내리겠지만, 단기 유동성이 시장으로 파고드는 순간에는 밸류에이션의 국지적 확장과 테마형 랠리가 반복될 수 있다. 이때야말로 크레딧의 건전성과 이익 리비전의 현금 흐름 검증이 필수적이다. 돈의 양이 아니라 돈의 질이 승부를 가르게 된다.

세 경로 모두에서 공통적으로 확인해야 할 체크포인트는 명확하다. 지준잔액의 4주 연속 변화, RRP의 추세, 실질금리의 방향, 그리고 크레딧 스프레드의 움직임이다. 여기에 M2의 전년동기 대비 증가율이 두 달 연속 상방으로 움직인다면, 위험자산 비중을 단계적으로 늘릴 합리적 근거가 생긴다. 반대로 지준이 마르고, RRP가 늘어나고, 스프레드가 확대되며 실질금리가 높은 수준에 고정된다면, 이는 시장이 요구하는 방어의 신호다.

투자자로서 우리는 금리 뉴스에 일희일비하기보다 유동성의 동선을 선행지표로 받아들여야 한다. 주가가 먼저 움직이고 통화량이 그 뒤를 따르는 패턴이 반복된다면, 타이밍은 정교한 올인이 아니라 점진적 스텝인 전략과 바벨 전략의 문제로 귀결된다. 금리는 이야기의 배경이고, 유동성은 행동의 주어다. 앞으로의 사이클 역시 이 문장 구조를 크게 바꾸지 않을 것이다.

돈의 양과 속도가 함께 움직일 때 시장이 폭발한다

S&P500 지수의 상승은 단순히 기업 이익의 합산으로 설명되지 않는다. 그 이면에는 언제나 경제성장률을 뒷받침하는 유동성의 힘이 작용하고 있다. 이를 이해하기 위해서는 두 가지 축, 즉 M2와 V를 구분할 필요가 있다.

M2는 금융 시장에 공급된 절대적 유동성의 크기를 의미한다. M2가 확대되면 금리가 낮아지고, 자산 시장의 투자 수요가 증가한다. 그 결과, 실물경제의 성장률이 높지 않더라도 S&P500 지수는 상승 압력을 받게 된다.

반면 V는 일정한 화폐가 얼마나 빠르게 순환하는지를 나타내는 지표다. 경제 활동이 활발해지고 소비와 투자가 증가할수록 성장률이 높아지고, 기업 실적에 대한 기대가 강화되면서 주가 역시 상승을 정당화하게 된다.

20세기 중반까지는 화폐유통속도가 경제성장과 주가 상승을 함께 설명하는 핵심 변수였다. 1960년대부터 1990년대에 이르기까지 미국 경제는 생산적 투자와 소비의 활력에 의해 뒷받침되었다. 자금이 빠르게 순환하면서 성장률과 S&P500 지수를 동시에 끌어올렸다. 즉 기업 실적과 GDP 성장률은 빠른 화폐 순환이라는 '경제의 속도' 위에서 정당화되었다.

그러나 2000년대 이후 상황은 달라졌다. 특히 2008년 금융위기 이후 미국의 화폐유통속도는 뚜렷하게 하락해왔다. 그럼에도 미 연준의 대규모 양적완화와 초저금리 정책이 금융 시장에 풍부한 유동성을 공급하면서, 실물경제의 '속도'가 둔화된 상태에서도 자산 시장(주식 시장)이 폭발적으로 상승할 수 있는 조건이 형성되었다. 결과적으로 S&P500은 실물경제의 순환 속도와는 괴리를 보이면서도 장기적인 상승 흐름을 유지했다.

이 시기부터 주식 시장은 더 이상 경제의 속도가 아니라, 통화의 양에 의해 움직이기 시작했다. GDP 성장률이 둔화되더라도, 풍부한 유동성이 금융 시장을 떠받쳤다. 결과적으로 S&P500 지수는 실물경제의 속도와 괴리를 보이면서도 장기적인 상승 흐름을 이어갔다.

이는 '통화량과 통화속도의 균형보다 통화량만이 주가를 움직이는 시대'로의 전환을 의미한다. 20세기에는 화폐의 회전율이, 21세기에는 통화의 절대량이 시장을 지배해온 셈이다.

이것은 실물 시장의 성장과 주가 사이의 단절을 만들어냈다. 그

간극을 채운 것이 바로 유동성의 힘이었다.

경제학자 케인즈는 유효 수요의 핵심을 "돈이 얼마나 풀리느냐가 아니라, 어디에서 어떻게 쓰이느냐"라고 설명했다. 화폐의 회전율이 높다고 해서 그것이 반드시 GDP를 늘리는 것은 아니다. 돈의 순환이 생산적 투자와 고용 창출로 이어질 때에만 경제의 활성화가 이루어진다는 것이 케인즈의 논리다.

이 관점에서 보면, 오늘날의 스테이블코인 회전율 역시 같은 기준으로 평가할 수 있다. 단순히 거래소나 투기적 거래를 중심으로 빠르게 순환하는 유동성은 경제 성장에 실질적인 기여를 하지 못한다.

하지만 스테이블코인이 글로벌 전자상거래, 국제무역 결제, 인프라 투자 등 실물경제와 직접 연결될 경우, 그 순환은 유효 수요를 자극하며 성장률과 자산가치를 동시에 끌어올리는 새로운 경로를 형성하게 된다.

주가 지수를 움직이는 논리는 시대에 따라 달라져왔다. 1960~1990년대에는 V가, 2000년대 이후에는 M2의 팽창이 주가를 설명하는 핵심 요인이었다. 그러나 앞으로는 디지털 결제 인프라의 확산과 스테이블코인의 제도적 정착이 이루어진다면, 다시 V의 중요성이 부활할 가능성이 크다.

통화의 회전이 단순히 빠르다고 해서 의미 있는 것은 아니다. 중요한 것은 그 회전이 얼마나 유효 수요와 생산성으로 연결되는가다. 스테이블코인이 실물경제로 연결될 경우, 그 회전율은 GDP 성장률과 S&P500의 밸류에이션 구조에 직접적인 영향을 미칠 수 있다. 이는 단순한 금융 기술의 진화가 아니라, 세계 금융 질서의 새로운 촉매가 될 수 있는 변화다.

결국 유동성이 실물경제, 심리적 확신, 정책적 보완을 매개로 다시 성장과 이익으로 연결될 때, 시장은 또 한 번의 구조적 확장을 경험하게 된다. 이 과정에서 중요한 점은 통화량이 줄거나 늘어나는 문제가 아니다. 핵심은 양(M2)과 속도(V)가 어떻게 조화를 이루며 실물경제를 자극하느냐다.

앞으로의 시장은 M2와 V가 맞물려 작동하는 새로운 확장 메커니즘 위에서 전개될 가능성이 크다. 그 메커니즘의 촉매로 작용할 것이 바로 디지털 결제 인프라와 스테이블코인이다. 이것이 바로 디지털 시대의 S&P500, 그리고 새로운 금융 팽창의 본질적 구조다.

다만 M2와 V가 동시에 상승하는 국면은 과거에도 드물었다. 이는 단순한 유동성 공급만으로는 실현되기 어렵다. 금융 기술 혁신, 디지털 결제 인프라 확산, 스테이블코인의 제도적 정착이 함께 이루어져야 한다.

돈이 흐르는 구조를 읽어라

부채의 시대를 살아가는 투자자에게 가장 중요한 키워드는 생산성과 방어다. 단순히 자산을 늘리는 것에 그치지 않고, 어떤 자산이 경제의 구조적 성장을 이끌고, 또 어떤 자산이 불확실성과 위험을 방어할 수 있는지를 구분하는 안목이 필요하다.

먼저 성장의 축은 생산성을 높이는 자산에서 찾을 수 있다. AI와 반도체는 단순한 기술 트렌드가 아니라, 경제 전반의 효율을 끌어올리는 핵심 엔진이자 동시에 병목 지점이다. 데이터센터는 이 AI 시대를 떠받치는 디지털 공장으로, 막대한 전력과 인프라 수요를 만들어내며 필수적인 투자처로 자리 잡고 있다.

또한 인건비 상승과 인구 구조 변화는 산업 자동화를 필연적으로 가속화하고 있다. 로봇·센서·공장 자동화 설비는 비용 절감과 생산성 향상을 동시에 제공하는 해법이 되고 있다.

여기에 더해, AI와 리쇼어링을 가능하게 하는 근본적 기반은 전력이다. 송배전망 강화, 신재생 에너지, 천연가스 인프라 같은 에너지 인프라는 앞으로의 경제를 지탱하는 뿌리와도 같다. 이러한 분야는 단순한 유행이 아니라, 부채의 시대에도 지속 가능한 성장 동력이 될 자산이다.

앞으로의 변화를 정리하면 다음 세 가지로 볼 수 있다.

(1) 정책 중심 시대의 도래

미국을 비롯한 서방은 단순히 금리로 경기를 조절하는 시대를 넘어섰다. 반도체·AI·방산·인프라 등 전략 산업에 정부가 직접 자본을 배분하며, 시장을 국가가 의도적으로 이끄는 구조로 전환하고 있다. 이제는 달러 유동성 그 자체보다, '어디로 흘러가는가'를 읽는 것이 중요하다.

(2) 디지털 머니와 스테이블코인의 부상

스테이블코인은 더 이상 단순한 가상자산 결제 수단이 아니다. 대규모 단기국채를 담보로 발행되는 구조 때문에, 지금의 스테이블코인은 미국 국채 수요를 끌어오는 새로운 디지털 레버리지의 축으로 기능하고 있다. 이 점에서 스테이블코인의 확산은 기축통화의 구조적 문제였던 트리핀 딜레마를 부분적으로 완화할 수 있는 실험으로도 볼 수 있다.

앞으로 금융 시장은 단순히 금리만을 보던 시대에서 벗어나, 스테이블코인 공급 속도와 온체인 거래 규모가 달러 유동성과 국채 시장 흐름을 설명하는 새로운 핵심 지표로 부상할 가능성이 있다.

(3) 성장률 회복 vs 물가 자극: 인플루디티 시대

2025년 이후, 미국은 연준의 목표치보다 높은 인플레 속에서도 성장을 회복하려는 정책 실험을 강화할 것이다. AI, 데이터센터, 원전, 방산 등 생산성 높은 분야에 정책형 유동성이 집중되겠지만, 이 과정에서 물가가 다시 자극될 위험도 존재한다. 따라서 '성장과 물가의 줄타기'가 장기화될 수 있다.

투자는 속도를 다투는 게임이 아니다. 구조를 읽는 사람이 승자가 된다. 앞으로는 돈의 양이 아니라 돈의 의도나 가격이 아니라 흐름의 구조를 읽는 힘이 더욱 중요해질 것이다. 성장의 축과 방어의 축을 균형 있게 담아내는 투자자만이 부채와 정책이 교차하는 새로운 시대에 기회를 선점할 수 있을 것이다.

유동성 전쟁과
생존의 설계도

화폐에 대한 신뢰는 종이 자체에 대한 믿음이나 위조 방지 기술에 대한 믿음이 아니다. 그것은 곧 그 화폐를 발행한 국가에 대한 신뢰다. 달러에 대한 신뢰는 단순히 미국 중앙은행의 통화 정책 때문만이 아니라, 미국이라는 나라가 가진 군사력, 경제력, 기술력, 제도와 법치, 그리고 글로벌 리더십까지 모든 요소가 결합해 만들어낸 총체적 신뢰다.

이 관점에서 본다면, 비트코인이 공급 제한과 블록체인의 투명성만으로 기축통화의 자리를 차지하려는 시도는 애초부터 한계에 부딪힐 수밖에 없다. 경제가 성장하면 거래량이 늘어나고, 그에 따라 화폐 공급도 함께 증가해야 한다. 그러나 비트코인은 공급량이 고정되어 있기 때문에, 오히려 성장하는 경제에 제약을 주는 족쇄가 될 위험이 있다.

하지만 여기서 중요한 포인트가 있다. 비트코인이 화폐로서의 기능에는 한계가 있더라도, 블록체인이라는 기술적 신뢰는 여전히 강력한 자산이다. 이 신뢰를 바탕으로 금융 산업의 특정 기능을 대체하려는 시도가 나타났는데, 그 대표적인 예가 바로 스테이블코인이다.

미국은 2025년 지니어스 법안을 통해 스테이블코인 발행을 합법화했지만, 동시에 명확한 제한을 두었다. 발행자는 발행량만큼 미국 국채를 반드시 매입해야 하고, 은행처럼 신용을 창출하거나 레버리지를 일으킬 수는 없다. 스테이블코인은 은행이 될 수 없지만, 그 대신 미국 국채 시장의 새로운 수요처로 제도적으로 편입된 것이다. 스테이블코인이 성장할수록 미국의 부채 조달 능력은 강화된다.

스테이블코인의 구조는 이제 단순한 디지털 결제를 넘어 실제 금융 시장의 유동성 흐름을 바꾸는 중요한 변수로 자리 잡고 있다. 그 핵심은 발행 구조와 자산 편입 방식에 있다. 주요 스테이블코인은 발행량만큼 미국 국채와 단기 예금을 기초 자산으로 담보화한다. 따라서 글로벌 수요가 커질수록 미국 국채 수요가 증가한다.

다시 말해, 스테이블코인의 확산은 곧 미국 재무부의 안정적 자금 조달로 직결된다. 트럼프 대통령이 공개석상에서 "코인을 사라"라고 발언한 것은 단순한 디지털 자산 홍보가 아니라, 사실상 "가장 효율적인 방식으로 미국 국채를 매입하라"라는 메시지에 가까웠다.

스테이블코인의 또 다른 특징은 이자 지급 구조의 부재다. MMF의 경우 단기국채에서 발생하는 이자가 투자자에게 흘러 들어가 소비나 투자를 자극한다. 반면 스테이블코인은 발행사가 이자를 흡수하기 때문에 개인 지갑에는 추가 유동성이 공급되지 않는다.

결과적으로 미국 정부는 국채를 안정적으로 조달하면서도 실물 경제에 직접적인 현금 유입을 유발하지 않아, 인플레이션 압력을 억제하는 효과를 거둘 수 있다. 이는 단순한 결제 수단이 아니라, 재정과 통화의 교차 지점에서 인플레 중립적인 자금 조달 메커니즘으로 기능한다는 점에서 의미가 크다.

다만 미국 내 은행 예금이 스테이블코인으로 대거 이동한다면, 은행의 대출 여력이 줄어들면서 유동성에 악재로 작용할 수 있다. 이는 2021~2022년 미국에서 은행 예금이 MMF로 이동했고, MMF가 국채 대신 역레포에 자금을 배치하면서 일시적인 긴축 효과가 나타났던 사례와 유사한 현상이다.

은행은 대출을 통해 신용을 창출할 수 있지만, MMF와 스테이블코인은 레포 시장을 통한 담보대출 구조에 머무르기 때문에 새로운 예금통화를 만들어내지 못한다. 이 경우 미국 금융 시스템 전체의 유동성(예: 광의통화)은 위축될 수밖에 없다.

반대로, 신흥국 현장에서 유통되던 실물 달러 지폐가 스테이블코인 매수 과정에서 미국 수탁은행으로 흡수된다면 상황은 달라진다. 이 경우 연준 회계상 '유통 통화(circulation)'는 줄어드는 대신 지급준비금이 늘어난다. 이는 곧 총량 자체가 증가하는 효과를 가져온다.

세계가 디지털화될수록 이러한 경로는 더욱 구조적인 의미를 가질 것이다. 즉 해외에서 정체되어 있던 실물 달러가 디지털화 과정을 거쳐 다시 미국 금융 시스템 내부로 편입되는 것이다.

결국 스테이블코인이 미국의 유동성 관리에 유리하게 작용하려면 두 가지 조건이 필요하다.

첫째, 은행 시스템에서의 대규모 예금 유출을 막아야 한다. 은행이 가진 신용 창출 기능은 경제 성장의 핵심이기 때문에, 이를 약화시키지 않으면서 스테이블코인의 역할을 병행하는 균형이 필요하다.

둘째, 해외에서 정체된 달러 유동성이 스테이블코인을 통해 미국 금융 시스템으로 회수되는 흐름이 강화되어야 한다. 그래야만 미국은 인플레이션 부담 없이 국채 수요를 안정적으로 확보하고, 디지털 시대에 맞는 새로운 글로벌 유동성 패러다임을 만들어갈 수 있을 것이다.

스테이블코인은 단순한 결제 기술이 아니라, 미국 재정 전략과 달러 패권을 디지털 차원에서 확장하는 핵심 장치로 부상하고 있다.

비트코인은
왜 사라지지 않았는가

많은 사람들은 암호화폐를 떠올리며 이렇게 묻는다. "이건 도대체 뭐가 있어서 값이 있는 걸까?" "그냥 인터넷 속 숫자에 불과한 것 아닌가?" 이 질문은 매우 자연스럽다. 눈에 보이지 않고, 만질 수도 없기 때문이다. 그런데 이 질문에 대한 힌트는 의외의 곳에서 발견된다. 바로 범죄의 표적이 되는 순간이다.

지난 몇 년 동안 세계적으로 가장 조직적이고 정교한 해킹 집단 중 하나로 꼽히는 북한의 라자루스 그룹은 수십억 달러 규모의 암호화폐를 탈취해 왔다. 만약 암호화폐가 쓸모없는 숫자에 불과했다면, 왜 국가 차원의 해커 조직이 엄청난 인력과 자원을 투입해 이를 노렸을까? 암호화폐는 국경을 가리지 않고 즉시 이동할 수 있다. 어느 나라에서든, 어느 시간대에서든, 인터넷만 있으면 전송할 수 있다. 그리고 대부분 그 가치가 전 세계에서 통용된다. 이런 특성 때문에 암호화폐는 범죄자에게는 자금 이동 수단이 되고, 국제 제재를 받는 국가에는 기존 금융망을 우회할 수 있는 비공식 통로가 된다.

이 사실은 매우 중요한 의미가 있다. 암호화폐는 단순한 투자 상품이 아니라, 이미 국제 정치와 안보의 무대에서 '전략적 자산'으로 기능한다는 것이다. 미국 달러가 미국의 경제력과 군사력을 뒷받침해 온 핵심 수단이었다면, 암호화폐는 기존 질서를 흔들거나 우회하려는 세력에게 새로운 도구가 되었다. 그래서 암호화폐를 둘러싼 논쟁은 단순히 오르고 내릴지의 문제가 아니라, 앞으로 금융 질서가 어떻게 바뀔 것인가라는 질문으로 이어진다.

흥미로운 점은 미국의 대응이다. 미국은 암호화폐가 가진 위험성을 잘 알고 있음에도 암호화폐를 전면적으로 배척하지 않았다. 오히려 일부를 제도권 안으로 끌어들이기 시작했다. 대표적인 것이 스테이블코인으로, 쉽게 말해 '디지털 달러의 또 다른 형태'로 점점 자리 잡고 있다.

비트코인 역시 단순한 투기 대상이 아니라, 금처럼 가치 저장 수단으로 활용될 수 있다는 인식이 확산되고 있다. 아이러니하게도 북한 해커들의 공격은 암호화폐의 약점을 드러내는 동시에, 그 중요성과 가치를 더욱 분명히 보여주었다. 범죄 집단이 집중적으로 노린다는 사실은 암호화폐가 이미 현실에서 실제로 쓰이고 있다는 증거이기 때문이다. 미국이 암호화폐를 규제하면서도 완전히 버리지 않는 이유도 여기에 있다. 위험하다는 것은, 그만큼 영향력이 크다는 뜻이기 때문이다.

이제 비트코인 자체를 조금 더 들여다보자. 비트코인의 가치를 이해하는 가장 쉬운 출발점은 '채굴'이라는 개념이다. 컴퓨터를 24시간 가동해 복잡한 계산을 수행해야 하고, 그 대가로 새로운 비트코인이 발행된다. 이 과정에는 막대한 전기와 특수한 장비가 필요하며, 이를 관리하는 사람과 공간도 필요하다. 즉, 비트코인을 만들기 위해서는 전기 요금, 고가의 채굴 장비와 유지 비용, 운영 인력에 대한 인건비, 채굴 시설을 위한 공간과 인프라까지 필요하다. 이 구조는 우리가 상품을 만드는 과정과 크게 다르지 않다. 원가가 들어가고, 에너지가 투입되며, 그 결과물이 나오는 것이다.

그래서 비트코인은 흔히 '에너지로 만들어진 자산'이라고 불린다. 물론 비트코인의 가격은 늘 안정적인 것은 아니다. 마운트곡스 해킹 사태, 코로나 쇼크, FTX 파산 사태 같은 충격이 올 때마다 가격은 급락해왔다. 비트코인 가격이 너무 낮아 채굴 비용조차 감당하기 어려워지면, 일부 채굴자들은 채굴을 중단하거나 보유한 비트코인을 시장에 내놓는다. 장사가 안 돼 가게 문을 닫는 상황과 비슷하다.

하지만 중요한 점은, 이 과정이 끝이 아니라는 것이다. 비효율적인 채굴자들이 떠나면 네트워크 전체의 부담이 줄어들고, 비트코인 시스템은 자동으로 채굴 난이도를 낮춘다. 남아 있는 채굴자들은 같은 에너지로 더 많은 비트코인을 얻을 수 있게 되고, 수익성은 다시 회복된다.이것이 비트코인이 스스로 균형을 찾아가는 자정 작용이다.

여기에 또 하나의 변화가 겹친다. 가격이 채굴 비용보다 지나치게 낮아졌다는 사실을 인식한 투자자들이 움직이기 시작한다. 이들은 비트코인이 과도하게 저평가되었다고 판단하고, 조용히 매수에 나선다. 이처럼 내부의 회복 메커니즘과 외부 자금의 유입이 맞물리면서, 비트코인 가격은 바닥을 형성하고 다시 회복 국면으로 들어선다. 그래서 급락을 반복하면서도, 장기간 '완전히 무너진 상태'에 머무르기 어려운 구조를 갖는다.

우리가 사용하는 법정 화폐는 국가에 대한 신뢰를 바탕으로 만들어진다. 그러나 그 과정에서 에너지가 직접 투입되지는 않는다. 그 결과 시간이 지나면 인플레이션을 통해 가치가 조금씩 줄어든다. 반면 비트코인은 처음부터 에너지가 투입된 결과물이다. 개인이 노동을 통해 벌어들인 시간과 노력을, 형태를 바꾸지 않고 저장하는 데더 적합한 구조다.

경제학에는 오래된 원칙이 있다. 가치가 빠르게 떨어지는 돈은 소비되고, 가치가 유지되는 돈은 쌓인다. 이 인식이 확산될수록 비트코인은 결제 수단보다 보관 자산에 가까워진다. 비트코인이 존속한 배경에는 에너지가 투입된 채굴 비용, 가격 급락 시 매도 압력을 줄이는 회복 메커니즘, 그리고 이를 이해한 참여자들의 반복적 선택이 있다.

이 구조로 비트코인은 위기 속에서도 0이 되지 않았다. 2025년 채굴 비용 기준 내재 가치는 8만~10만 달러 범위였다. 채굴 비용은 절대 가치가 아니라 과도한 저평가를 가늠하는 참고선이다. 투자의 핵심은 방향 예측이 아니라 반복되어 온 구조와 메커니즘을 이해하고 활용하는 것이다.

새로운 질서의
문턱에서

비트코인은 원래 달러 중심의 기존 금융 질서에 대한 도전으로 태어났다. 그러나 흥미로운 역설이 벌어졌다. 세계 최강국 미국은 이를 단순히 억누르는 대신, 제도권에 편입시키는 전략을 택했다. 그 결과 세계 최초로 비트코인 ETF를 승인한 나라가 미국이 되었다. 비트코인은 저항의 아이콘을 넘어 제도권 자산으로 자리 잡았다. 스테이블코인이 국채를 담보로 하는 디지털 은행권이라면, 비트코인은 중앙의 허가 없이도 질서를 유지하는 디지털 금고에 가깝다.

우리는 지금 부채의 시대에 살고 있다. 각국 정부의 부채는 GDP를 넘어섰고, 금리와 인플레이션은 언제든 균형을 흔드는 변수로 작동한다. 하지만 미국은 이런 위기 속에서도 독특한 방식으로 패권을 유지해왔다.

군사적 측면에서 미국은 과거의 '세계 경찰' 역할을 줄이고 있다. 아프가니스탄 철수(2021년), 러시아-우크라이나 전쟁(2022년~), 대만 문제는 그 대표적인 사례다. 냉전 시기였다면 직접 개입했을 가능성이 높은 사안들에서도 미국은 전략적 모호성을 유지하며, 무기 지원과 동맹의 자주적 방어를 강조하고 있다. 이는 동맹국들에게 더 많은 부담을 전가하는 선택적 개입 원칙의 표출이자, 안보 패러다임의 전환을 보여준다.

경제 정책 또한 변하고 있다. 레이건 이후 미국은 자유무역과 세계화를 주도하며 글로벌화를 성장 전략의 핵심으로 삼았다. 그러나 최근에는 보호주의적 성향이 강화되며 정반대 길을 걷고 있다. 반도체, 배터리, 전기차 같은 전략 산업을 자국 내에서 육성하고 공급망을 미국 중심으로 재편하려는 것이다. 이는 단순한 산업 보호를 넘어 기술 패권을 지키려는 장기 전략으로 볼 수 있다.

미국의 재정 적자는 지속적으로 확대되고 있다. 일반적으로 대규모 적자는 통화 가치 하락과 신뢰도 저하를 불러올 수 있지만, 미국은 이를 역으로 활용하고 있다. 해외 투자자들을 끊임없이 미국 국채 시장으로 끌어들이며, 달러 패권을 유지하는 구조를 설계한 것이다. 과거 중국이 주요 채권 보유자였다면, 최근에는 영국과 다른 국가들이 그 자리를 대신하고 있다.

미 연준은 글로벌 유동성을 조절하며 이 과정의 핵심 축으로 기능한다. 고금리 기조는 달러 자산의 매력을 높이고, 이는 해외 자금의 지속적 유입으로 이어진다. 결과적으로 재정 적자가 확대되는 와 중에도, 미국은 '국채 신뢰도 → 글로벌 자금 유입 → 국내 경제 활성화'라는 선순환을 유지하며 달러 패권을 공고히 하고 있다.

미국이 선택적 개입과 보호주의로 방향을 틀었음에도 패권을 유지할 수 있는 이유는 바로 혁신이다. 역사적으로 미국은 대공황 시기의 뉴딜, 1980년대 레이건의 감세와 투자 촉진, 1990년대 IT 혁명을 통해 새로운 패러다임을 창출하며 리더십을 지켜왔다.

오늘날 세계 경제의 새로운 축은 AI, 반도체, 클린 에너지, 데이터 경제 그리고 디지털 통화다. 이들은 단순한 산업 혁신을 넘어 사회 구조 자체를 변화시키는 동력으로 작용한다.

AI는 노동 시장과 경제 구조를 재편하고, 에너지 전환은 글로벌 공급망의 판도를 뒤흔들며, 반도체와 데이터 경제는 국가 경쟁력을 좌우하는 핵심 자원이 되었다. 미국은 이 거대한 변화의 중심에 서려 하며, 기술과 금융을 연결하는 새로운 질서를 주도하고 있다.

시간을 파는 자와
사들이는 자

역사는 언제나 길과 돈 그리고 권력의 이야기였다. 금이 가치의 기준이던 시절에는 금을 대신해 어음과 은행권이 등장했고, 철도와 전신망이 그 흐름을 연결했다. 오늘날 배경은 달라졌지만, 이야기의 본질은 크게 다르지 않다.

이제 비트코인은 디지털 금으로서 새로운 가치의 닻이 되고 있다. 스테이블코인은 미국 국채를 담보로 한 디지털 은행권으로 기능하고 있다. 이더리움은 디지털 철도와 전신망이 되어 자산과 데이터를 연결하는 인프라로 진화하고 있다. 이 세 축이 만들어내는 조합은 단순한 기술 혁신이 아니라, 금융 패권의 구조 자체를 재편하는 서막이다.

디지털 자산이 확산될수록 기존의 달러·국채 중심 질서와 탈중앙 네트워크는 충돌하고 동시에 결합한다. 이 과정에서 전 세계의 유동성 주도권을 둘러싼 경쟁은 더욱 치열해질 것이다. 따라서 디지털 시대의 금융 재편은 단순한 산업 혁신이 아니라, 글로벌 자본 흐름과 권력 질서의 재정의다.

과거 산업혁명이 공장과 노동의 질서를 바꿨다면, 이번 변화는 금융과 권력의 구조 자체를 다시 쓰는 혁명이다. 이 혁명은 기술의 문제가 아니라, 신뢰와 제도, 자본의 방향성에 대한 문제다. 그리고 이 전환의 중심에는 '달러 패권의 디지털화', 즉 스테이블코인을 통한 새로운 통화 질서의 등장이 있다.

스테이블코인의 확산은 단순한 금융 상품의 유행이 아니다. 그것은 달러의 미래를 결정짓는 핵심 변수이자, 미국이 CBDC 없이도 글로벌 금융 패권을 유지하려는 전략적 선택의 결과다.

CBDC가 중앙의 통제를 강화하는 체제라면, 스테이블코인은 민간의 신뢰를 통해 달러의 영향력을 확장하는 체제다. 패권은 '통제'에서 오는 것이 아니라, '신뢰'에서 비롯된다. 이것이 미국이 택한 디지털 시대의 금융 철학이다.

이런 거대한 전환의 시대에, 우리 개개인은 어떻게 살아가야 할까? 산업혁명기 노동자들은 그저 하루 벌어 하루를 살아간다고 믿었지만, 그들이 맞닥뜨린 현실은 인류 질서를 바꾸는 문명적 전환의 한복판이었다. 현재의 우리 역시 그들과 다르지 않다. 우리는 매일 숫자와 지표 속에서 움직이지만, 그 이면에서는 금융과 권력의 새로운 서사가 전개되고 있다.

자본주의 사회에서 돈은 욕망의 수단이 아니라, 시간과 선택의 자유를 지키는 도구다. 자본이 없는 사람은 시간을 팔고, 자본이 있는 사람은 시간을 산다. 이 단순한 차이가 결국 복리의 격차를 만들고, 삶의 자유도를 결정한다.

오늘 내가 모은 자본은 내일의 선택지를 넓히는 레버리지다. 노동은 단기 수익을, 저축은 위험 회피를, 그리고 투자는 미래 현금 흐름의 복리를 만든다. 이 세 가지는 각각 생존, 안정, 성장이라는 서로 다른 경제적 기능을 수행한다.

이 중 하나라도 포기한다면, 우리는 인플레이션과 자본의 속도에서 뒤처질 수밖에 없다. 지금의 경제 환경은 과거보다 훨씬 복잡하다. 금리 사이클은 전환되고, 인공지능은 노동의 효율을 재편하며, 정책 리스크는 자산의 방향성을 바꾸고 있다.

또한 돈을 번다는 것은 불확실한 시대를 견디기 위한 생존 기술이다. 그러나 단순히 돈을 버는 기술보다, 경제의 구조를 이해하고 자본의 언어로 사고하는 능력이 더 중요하다. 자본주의의 흐름을 읽을 줄 아는 사람만이 변동성 속에서도 방향을 잃지 않는다. 진정한 투자자는 높은 수익을 추구하는 사람이 아니라, 변화의 흐름을 읽고 균형과 유연성으로 대응할 수 있는 사람이다.

시장은 정답을 주는 곳이 아니라, 자신의 원칙을 검증하는 곳이다. 그 원칙을 세우고, 변화 속에서도 지켜내는 사람이 결국 흔들리지 않는 삶을 살아간다.

지금의 금융 재편은 단순한 기술 혁신이 아니다. 전 세계가 '신뢰의 인프라'를 새로 짜고 있는 과정이며, 그 중심에는 스테이블코인이 있다. 스테이블코인은 더 이상 가상 자산 시장의 주변부가 아니라, 국경을 넘어 움직이는 자본의 속도와 방향을 다시 설계하는 새로운 금융 레이어가 되고 있다.

달러가 종이에서 디지털로 옮겨가는 순간, 신흥국의 일상 결제부터 글로벌 자산 이동까지 모든 흐름이 다시 연결된다. 지갑 하나만 있으면 은행 없이 달러를 보관할 수 있고, 시차 없이 송금할 수 있으며, 필요하다면 바로 투자로 전환할 수도 있다. 이것은 단순한 편리함의 문제가 아니라, '누가 신뢰를 공급하고 통화 질서를 지배하는가'라는 질문에 대한 새로운 해답이다.

역사를 돌아보면, 질서가 바뀔 때 가장 먼저 움직이는 것은 늘 '돈의 길'이었다. 그리고 그 길을 새로 만든 세력이 새로운 패권을 손에 넣었다. 지금 그 길을 다시 그리는 존재가 스테이블코인이다. 디지털 달러의 확산은 미국의 금융력 재편이라는 큰 틀 속에서도 중요한 축을 이루고 있고, 신흥국에서는 이미 경제의 비공식 표준통화처럼 작동하고 있다.

그래서 다시 묻고 싶다.

"당신은 시간을 팔고 있는가, 아니면 사들이고 있는가?"

스테이블코인은 시간을 단축하고, 비용을 낮추고, 기회를 국경 밖으로 확장한다. 이 새로운 금융 질서 속에서, 우리는 결국 어떤 시간을 선택할 것인가.

새로운 질서를 읽어내는 자가 미래를 소유한다

우리가 '혼란'이라고 부르는 순간들은 늘 나쁜 이름을 달고 살아왔다. 그러나 자연의 언어로 말하자면 혼란은 단순한 무질서가 아니다. 에너지가 한곳에 응축되어 있던 시대가 끝나고, 더 넓은 곳으로 흘러가 새로운 균형을 찾아가는 과정이다. '엔트로피'는 파괴의 다른 이름이 아니라, 더 큰 질서를 향한 전이의 이름이다.

정치에서 그 전이를 가장 선명하게 드러낸 인물이 트럼프다. 그는 워싱턴의 오랜 게임 규칙, 즉 정당의 문법, 동맹의 관성, 언론의 권위 등을 하나씩 흔들었다. 예측 가능성으로 권위를 세우던 정치에서, 그는 예측 불가능성 자체를 자원으로 삼았다. 혼란을 설계하고, 그 혼란 속에서 지지층을 조직하는 방식으로 권력을 다시 배치했다.

우리는 그 과정을 통해, 앞으로의 리더십이 '정합성의 관리'가 아니라 '혼돈의 운용'에서 힘을 얻을 수 있음을 목격했다. 그리고 국제 질서는 단극의 자명함에서 다극의 불가피함으로, 어쩌면 더 현실적인 균형으로 이동하기 시작했다.

금융에서는 스테이블코인이 같은 신호를 보냈다. 스테이블코인은 달러에 고정되어 있으나, 달러 체계의 바깥에서 자란다. 은행 계좌 대신 지갑이, 영업시간 대신 네트워크가, 허가 대신 코드가 거래의 무대를 열어준다.

흥미로운 역설은 이 지점에서 시작된다. 달러나 미국 국채에 대한 신뢰가 흔들릴 때 시장은 대안적 자산을 찾기 시작한다. 그 과정에서 비트코인이 먼저 수혜를 받는다. 그런데 글로벌 크립토 생태계에서 비트코인을 사고팔기 위해 반드시 필요한 것이 스테이블코인이다.

결국 비트코인 수요가 증가하면 스테이블코인 사용량도 함께 늘어나고, 그 스테이블코인은 다시 미국 국채와 미국 금융 시스템 위에서 발행된다. 즉 탈중앙적 자산의 수요 증가가 오히려 달러 기반 디지털 금융을 확장시키는 경로로 연결되는 것이다.

'중앙화된 금융체제의 대안'을 찾는 움직임처럼 보이지만, 현실에서는 오히려 달러의 디지털 영토를 더 넓히는 작용을 한다. 이 모순적 구조야말로, 비트코인·스테이블코인·미국 금융 네트워크가 만들어내는 21세기 디지털 통화 체제의 가장 흥미로운 특징이다.

중앙은행 디지털 화폐가 뒤쫓는 사이, 민간 스테이블코인은 이미 '디지털 달러 생태계'를 사실상 가동했다. 통화 질서의 엔트로피 증가는 통제의 붕괴가 아니라, 디지털 시대의 새로운 통치성(governance)을 리허설하는 장면이다.

기술에서는 AI가 지식의 지형을 다시 그렸다. 정보는 쪼개지고 개인화되어 파편처럼 흩어졌다. 그러나 바로 그 파편화 덕분에 의사결정은 더 미세해지고 더 저렴해졌다. 한 사람, 한 기업, 한 정부가 동시에 거대한 데이터의 파도와 미세한 현장의 결을 읽어낼 수 있게 되었다.

AI가 높인 사회적 엔트로피는 역설적으로 더 정교한 질서의 인프라를 놓았다. 표준화된 답 대신 맥락화된 선택, 단일한 권위 대신 집단지성의 합의가 작동하는 시스템, 그것이 우리가 들어서는 다음 장의 풍경이다.

정치·금융·기술, 서로 다른 세 영역은 지금 같은 문장을 되풀이한다. 기존 질서의 경직성은 새로운 변수(트럼프, 블록체인, AI)에 맞닥뜨리는 순간 균열을 보이고, 시스템의 엔트로피는 급격히 상승한다. 그러나 그 상승은 종말이 아니라 수렴의 예고편이다. 혼란은 끝이 아니라, 질서가 바뀔 때만 나타나는 과도기의 빛이다. 우리는 지금 그 빛 속에 서 있다.

앞으로 진짜 역량은 혼돈을 '지속 가능한 질서'로 번역하는 기술, 곧 불확실성을 설계하고 감내하며 활용하는 능력에서 나온다. 정치에서는 새로운 연합과 동맹의 형태를, 금융에서는 네트워크 기반의 신뢰와 유동성의 길을, 기술에서는 분산된 지식을 다시 합치는 프로토콜을 만들어내는 힘이다. 트럼프는 원형을 보여주었고, 스테이블코인은 인프라를 깔았으며, AI는 운영체제를 제공했다. 나머지는 우리의 몫이다.

엔트로피를 두려워할 것인가, 아니면 이용할 것인가? 변동성은 우리가 사는 시대의 통화이고, 불확실성은 초과수익의 원천이며, 전이는 혁신의 최소 단위다. 중요한 것은 언제나 같다. 더 먼 곳을 보되, 한 발을 먼저 내딛는 용기다.

트럼프, 스테이블코인, AI, 이 세 개의 신호를 두려움의 목록으로 쓰지 말라. 그것들을 여러분의 설계도, 여러분의 포트폴리오, 여러분의 전략으로 바꾸라. 혼돈을 관리하는 자가 질서를 정의하고, 질서를 정의하는 자가 미래를 소유한다. 두려움이 아닌 호기심, 방어가 아닌 설계, 관망이 아닌 참여를 선택해야 한다.

지금 우리가 맞이하고 있는 사이클은 단순한 유동성의 파동이 아니다. 인공지능과 데이터센터, 에너지 전환과 인프라 투자가 함께 맞물리며, 과거와는 다른 구조적 성장의 물줄기가 형성되고 있다. 이것은 일시적 거품이 아니라, 지속 가능한 변화의 초석이다. 유동성이 이러한 흐름과 결합할 때, 시장은 단순한 경기순환의 반등을 넘어 장기적 강세장의 토대를 마련하게 될 것이다.

따라서 밸류에이션이 높다는 이유로 현 상황을 지나치게 의심하거나, 억지로 하락의 근거를 찾으려 하기보다는 지금 이 순간 시장 참여자들이 만들어내는 프라이싱의 논리와 그 속에 담긴 집단적 지혜를 읽어내야 한다.

진정한 투자는 숫자에만 의존하지 않는다. 변화의 맥락을 이해하고, 그 흐름을 받아들이는 용기에서 시작된다.

이 책을 마치며, 박사과정의 여정 속에서 언제나 새로운 아이디어와 깊은 통찰을 전해주신 강형구 교수님께 깊은 감사를 드린다. 또한 늘 곁에서 믿음과 응원을 보내준 아내, 그리고 초등학교에서 어느 새 스테이블코인과 미국 주식 이야기를 꺼내며 제 관심사를 닮아가고 있는 아들 연재에게도 따뜻한 마음을 전하고 싶다.

나 역시 이 책을 집필하는 과정에서 수많은 국내외 자료와 연구를 접하며, 그동안 흩어져 있던 생각들을 차분히 정리할 수 있었다.

그 축적의 결과로, 2025년 10월 KBS 〈시사기획 창〉의 '머니 리셋' 편에서 스테이블코인 전문가로 인터뷰에 참여하는 뜻깊은 기회도 얻게 되었다. 이는 개인적인 성취도 있지만, 이 주제가 더 넓은 공론의 장으로 옮겨가고 있음을 보여주는 신호라 생각한다.

이 책은 완결된 답을 제시하기보다, 변화하는 금융 질서와 자본의 흐름을 함께 고민하기 위한 하나의 시도에 가깝다. 이 여정에 직간접적으로 함께해 주신 모든 분들께 감사의 마음을 전하며, 이 책이 독자 각자의 질문과 사유를 확장하는 작은 출발점이 되기를 바란다.

KI신서 13205

더 코인 THE COIN

1판 1쇄 인쇄 2026년 1월 6일
1판 1쇄 발행 2026년 1월 15일

지은이 성상현
펴낸이 김영곤
펴낸곳 (주)북이십일 21세기북스

출판부문 출판2본부장 윤서진
미래기획팀장 유현기 **미래기획팀** 심세미
디자인 표지 김희림 **본문** 홍경숙
마케팅팀 유진선 이수진 김설아
마케팅영업부문 본부장 정지은
영업팀 한충희 장철용 강경남 황성진 김도연 나은경 이정은
제작팀 이영민 권경민

출판등록 2000년 5월 6일 제406-2003-061호
주소 (10881) 경기도 파주시 회동길 201(문발동)
대표전화 031-955-2100 **팩스** 031-955-2151 **이메일** book21@book21.co.kr

ⓒ 성상현, 2026
ISBN 979-11-7357-734-5 03320

(주)북이십일 경계를 허무는 콘텐츠 리더

21세기북스 채널에서 도서 정보와 다양한 영상자료, 이벤트를 만나세요!
페이스북 facebook.com/jiinpill21 　　**포스트** post.naver.com/21c_editors
인스타그램 instagram.com/jiinpill21 　**홈페이지** www.book21.com
유튜브 youtube.com/book21pub

서울대 가지 않아도 들을 수 있는 **명강**의! 〈서가명강〉
'서가명강'에서는 〈서가명강〉과 〈인생명강〉을 함께 만날 수 있습니다.
유튜브, 네이버, 팟캐스트에서 '서가명강'을 검색해보세요!

THE COIN

더 코인

2026~2030

미래 경제 3대 시나리오

대한민국 유일 매크로 전문가 성상현의 투자 인사이트

금융 질서의
변화가 만드는
시나리오

국가 주도
금융의 시대
부의 전략

5년을
대비하는
포트폴리오
지도

국가가 돌아온 시대:

재정 지배 체제의 새로운 투자 전략

"연준의 단기채 매입은 유동성을 직접 공급하지 않는다.
그러나 재무부가 장기채 발행을 억제하는 순간,
그것은 조용하고 강력한 '그림자 QE'로 변한다."

① 판이 바뀌다

$

국가가 시장을 다시 점령하는 순간

지난 수십 년간 세계 경제를 지배해 온 신자유주의 질서가 막을 내리고 있습니다. 그 자리를 대신하는 것은 정부가 시장의 운전대를 직접 잡는 '국가 자본주의'라는 새로운 패러다임입니다. 이는 단순한 정책 선회를 넘어, 세계 경제의 운영 체계가 근본적으로 재편되고 있음을 알리는 신호입니다. 자유 시장에 베팅하던 시대는 끝났습니다. 새로운 게임의 법칙은 정부의 의도를 파악하고 한발 앞서 움직이는 것입니다.

이러한 거시 경제의 구조적 전환이 금융 시장과 투자 환경에 미치는 지대한 영향을 심층적으로 분석하고, 투자자들이 새로운 시대에 효과적으로 대응할 수 있는 전략적 통찰을 제공하는 것을 목적으로 합니다. 이 거대한 전환기 속에서 투자자들은 정부의 역할 증대, 막대한 부채를 관리하기 위한 새로운 통화 정책의 등장, 그리고 기술 패권 경쟁이 촉발한 신성장 동력의 부상이라는 복합적인 변화를 이해해야만 합니다.

먼저 '국가 자본주의'의 개념과 그 부상 배경을 진단하고, 이것이 필연적으로 가져올 '금융 억압' 시대의 특징을 분석할 것입니다. 나아가 AI, 비트코인, 스테이블코인 등 새로운 패러다임 하에서 주목해야 할 핵심 자산들의 잠재력을 평가하고, 최종적으로 미래 경제 시나리오에 기반한 종합 투자 전략을 제시하고자 합니다. '생산성'과 '인플레이션'이라는 두 개의 핵심 변수를 축으로 펼쳐질 새로운 경제 지형도 속에서 기회를 포착하는 길잡이가 될 것입니다.

'국가 자본주의(State Capitalism)'의 등장은 일시적인 정책 기조의 변화가 아닌, 세계 경제의 근본적인 운영 체계가 바뀌고 있음을 알리는 지각 변동입니다. 정부가 더 이상 시장의 '보이지 않는 손'에 모든 것을 맡기지 않고, 국가의 생존과 번영을 위해 직접 '보이는 손'의 역할을 수행하겠다는 선언이기 때문입니다. 따라서 그 동인과 특징을 명확히 이해하는 것은 미래 시장의 향방을 예측하고 성공적인 투자 전략을 수립하는 첫걸음입니다.

국가 자본주의란 정부가 시장에 적극적으로 개입하여 자국의 핵심 산업을 보호 및 육성하고, 재정 지출 확대를 통해 성장을 주도하는 경제 체제를 의미합니다. 이는 과거 자유 시장 원칙을 강조하던 신자유주의

와 명확히 구분되는 특징으로, 최근 미국을 필두로 한 주요 선진국들에서 뚜렷하게 나타나고 있는 거시적 트렌드입니다. 미국이 이러한 패러다임 전환을 주도하게 된 배경에는 자국의 경제적, 산업적 위상 약화에 대한 깊은 위기의식이 자리 잡고 있습니다.

(1) **위상 약화에 대한 위기의식:** 2000년 세계 GDP의 30.3%를 차지했던 미국의 비중은 2024년 26.2%로 감소한 반면, 같은 기간 중국은 3.6%에서 16.8%로 폭발적인 성장을 이루었습니다. 이는 미국에게 글로벌 경제 패권에 대한 심각한 도전으로 인식되었습니다.

(2) **핵심 산업 기반 약화:** 특히 첨단 기술의 근간이 되는 반도체 산업에서 미국의 생산 비중이 1990년 37%에서 2020년 12%로 급락한 사실은, 산업 인프라 상실에 대한 경각심을 최고조로 끌어올렸습니다.

이러한 위기감 속에서 미국 정부는 자국 산업을 재건하고 기술 패권을 되찾기 위한 구체적인 행동에 나섰습니다. 대표적인 사례가 바로 'CHIPS Act(반도체 및 과학법)'입니다. 이 법안은 반도체 기업의 미국 내 설비 투자를 유도하기 위해 막대한 보조금을 지급하는 것을 골자로 하

며, '정부 투자 1달러가 민간 투자 10달러'를 이끌어내는 구조로 설계되었습니다. 이는 정부가 직접 민간 투자의 방향을 설정하고 산업 사이클을 주도하겠다는 명백한 신호입니다.

이러한 정책 개입은 미국만의 현상이 아닙니다. 선진국 전반에서 산업 정책을 통한 시장 개입이 증가하는 추세이며, 특히 국가의 명운을 좌우하는 하이테크 제조업과 에너지 부문에 정책적 지원이 집중되고 있습니다.

결론적으로, 국가 자본주의 시대는 정부 주도의 산업 육성으로 정의됩니다. 그러나 이러한 대규모 산업 정책에는 막대한 재원이 필요하며, 이는 필연적으로 정부 부채의 증가로 이어집니다. 따라서 국가 자본주의가 성공적으로 작동하기 위해서는 산업 육성과 함께 급증하는 부채를 효과적으로 관리할 수 있는 '금융 통제'라는 또 다른 핵심 축이 반드시 필요하며, 이는 다음 장에서 다룰 중앙은행의 역할 변화로 이어집니다.

연준이 이기는 게임은 끝났다

$

재정 지배와 금융 억압의 시대

국가 주도 성장에 필요한 막대한 재원을 조달하는 과정에서 정부 부채는 폭발적으로 팽창했습니다. 이제 정부와 중앙은행의 최우선 과제는 이 부채를 지속 가능한 수준에서 관리하는 것입니다. 이러한 배경에서 정부의 재정 정책에 종속되는 '금융 억압(Financial Repression)'이 새로운 시대의 핵심적인 통화 정책 기조로 자리 잡을 것입니다.

이 새로운 체제는 현금과 전통적인 국채 보유를 실질적으로 손실을 보는 행위로 만들며, 자본을 더 위험하고 희소한 자산으로 이동하도록 강제합니다. 금융 억압이란 정부가 부채 부담을 완화하기 위해 인위적으로 금리를 통제하고 금융 시장에 개입하는 정책의 총칭입니다. 이는 다음과 같은 네 가지 핵심 요소를 통해 작동합니다.

(1) 금리 통제: 금리를 시장의 자율적인 수급이 아닌, 정부의 부채 관리 목표에 맞춰 의도적으로 억제합니다.

(2) 완만한 인플레이션 용인: 일정 수준의 인플레이션을 용인하여 명목 GDP를 성장시키고, '부채/GDP' 비율을 자연스럽게 낮춥니다.

(3) 기관 투자자의 국채 흡수 유도: 은행, 보험사, 연기금 등 기관 투자자들이 규제 등을 통해 국채를 매입하도록 유도하여 안정적인 국채 수요를 확보합니다.

(4) 실질금리 마이너스(-) 유지: 국채 평균 이자율을 인플레이션율보다 낮은 수준으로 관리함으로써, 정부 부채의 실질 부담을 시간에 걸쳐 점진적으로 축소하는 전략입니다.

새 시대의 3대 자산

$

AI·비트코인·스테이블코인의 부상

일각에서는 높은 인플레이션에 대응하기 위해 1970~80년대와 같은 연준의 급격한 긴축이 재현될 수 있다고 우려합니다. 하지만 이는 현재의 부채 구조를 간과한 분석입니다. 1970년대에는 미국의 GDP 대비 정부 부채 비율이 매우 낮았기에, 연준은 정부 재정에 큰 부담을 주지 않으면서 독립적인 긴축 정책을 펼칠 수 있었습니다.

그러나 현재 부채 비율은 역사상 최고 수준에 근접해 있습니다. 이 상황에서 연준이 금리를 대폭 인상할 경우 정부의 이자 부담이 기하급수적으로 증가하여 재정 시스템 자체가 붕괴될 위험이 있습니다. 결과적으로, 연준은 인플레이션 파이터에서 정부 부채의 최종 인수자로 그 역할이 재편되고 있습니다.

금융 억압은 2차 세계대전 이후인 1940~60년대 미국에서 성공적으로 실행된 바 있습니다. 당시 미국 정부는 전쟁으로 급증한 부채를 다음

과 같은 세 가지 정책 조합을 통해 해결했습니다.

(1) 질서 있는 인플레이션: GDP Deflator를 연평균 4% 내외로 안정적으로 관리하여 명목 GDP를 키움으로써 '부채/GDP' 비율을 자동적으로 하락시켰습니다.

(2) 높은 생산성: 기술 혁신에 힘입어 노동 생산성이 연 3~5%씩 증가했습니다. 이는 인플레이션보다 높은 수준으로, 실질 임금 상승과 강력한 중산층 시대를 여는 기반이 되었습니다.

(3) 장기 금리 통제: 장기 국채 금리를 2~3% 수준으로 인위적으로 낮게 고정하여 정부의 이자 부담을 최소화했습니다.

1940~60년대는 금융 억압이 선택이 아닌 수학적 필연이 된 이유를 명확히 보여줍니다. 현재, 2008년 금융위기 이후 연준의 통화 기반(Monetary Base)은 폭발적으로 팽창했으며, GDP 대비 연방정부 적자(Federal Deficit)는 경기 확장기에도 불구하고 고질적으로 높은 수준을 유지하고 있습니다. 이러한 재정 및 통화 정책의 결과는 2008년을 기점으로 미국 경제 성장의 동력은 민간 부채(Non-Federal Debt)에서 정부 부채(Federal Debt)로 완전히 이전되었습니다. 민간이 부채를 축소하는 동

안 정부가 그 빈자리를 채우며 성장을 견인해 온 것입니다.

이러한 구조 속에서 정부의 재정 건전성을 유지하기 위한 금융 억압은 더 이상 선택이 아닌 필연적인 정책 방향이 되었습니다. 이처럼 정부 재정이 통화 정책을 지배하는 '재정 지배(Fiscal Dominance)' 시대의 도래는 특정 자산군에 구조적인 영향을 미칠 수밖에 없습니다.

국가 자본주의와 금융 억압이라는 거시적 배경은 투자 자산의 가치를 평가하는 기준을 바꾸고 있습니다. 정부 주도의 성장과 통화 가치의 점진적 희석이 예상되는 환경 속에서, 새로운 성장 동력과 가치 저장 수단으로 주목받는 세 가지 핵심 자산이 있습니다.

지금부터는 AI, 비트코인, 스테이블코인의 잠재력과 리스크를 평가하여 새로운 시대의 투자 기회를 모색하고자 합니다.

(1) AI: 생산성 혁명의 엔진

AI는 단순한 기술 트렌드를 넘어, 국가 안보와 기술 패권의 관점에서 다뤄지는 미국의 핵심 전략 자산입니다. 이는 경제적 논리를 초월하는 새로운 형태의 국가 경영 방식으로, "기술이 우리의 삶을 바꿀 수 있다면, 누구도 투표로 결정할 수 없다"는 기술 결정론적 사고방식이 그 기저에 깔려 있습니다. 생성형 AI 분야에서 중국이 특허 건수(중국 38,210

개, 미국 6,276개)로 미국을 압도하고 있다는 현실은, 미국이 '어떤 대가를 치르더라도(whatever it takes)' AI 기술 우위를 확보해야 한다는 당위성을 부여합니다.

최근 S&P 500 IT 섹터의 자본적 지출(CAPEX)이 급증하는 현상은 이러한 흐름을 명확히 보여줍니다. IT 기업들의 매출액 대비 자본적 지출 비율이 기록적인 수준으로 치솟고 있으며, 이는 거대한 AI 인프라 투자 사이클이 본격적으로 시작되었음을 시사합니다.

현재의 AI 사이클은 1990년대 IT 붐과 유사한 생산성 향상 잠재력을 지니고 있습니다. 90년대에도 IT 투자가 실제 생산성 향상으로 인식되기까지는 시차가 존재했습니다. 현재의 대규모 AI 투자가 단기적인 거품이 아니라, 미래의 실질적인 경제 성장과 기업 이익 증가로 이어질 가능성이 높다고 분석되는 이유입니다.

(2) 비트코인: 재정 지배 시대의 가치 저장 수단

재정 지배 시대는 비트코인과 같은 희소 자산에 구조적인 순풍으로 작용합니다. 정부가 막대한 부채를 감당하기 위해 통화량을 지속적으로 늘릴 수밖에 없는 환경은 필연적으로 법정화폐의 실질 구매력 하락, 즉 가치 희석으로 이어지기 때문입니다. 이 과정에서 총 발행량이 고정

된 자산의 매력은 자연스럽게 부각됩니다. 비트코인이 이러한 환경에 특히 적합한 이유는 다음과 같은 세 가지 특징 때문입니다.

① **발행량 고정 (희소성):** 총 2,100만 개로 발행량이 한정되어 있어 통화 팽창으로부터 자유롭습니다.

② **탈중앙성:** 특정 정부, 재정 당국, 중앙은행의 통제로부터 독립적으로 운영됩니다.

③ **유동성 민감도:** 중앙은행의 유동성 공급 사이클에 가장 민감하게 반응하는 자산 중 하나입니다.

결론적으로, 미래의 양적완화(QE)는 경기 부양이라는 전통적 목적이 아닌, 정부의 막대한 적자를 지탱하기 위한 '필수 유지 비용'의 성격을 띠게 될 것입니다. 이는 통화량의 구조적인 팽창을 의미하며, 비트코인과 같은 희소 자산에 장기적인 강세 환경을 조성할 것입니다.

(3) 스테이블코인: 달러 패권 강화를 위한 신(新) 금융 인프라

스테이블코인은 단순히 암호화폐 시장의 거래 수단을 넘어, 달러 패

권을 디지털 시대에도 공고히 하려는 미국의 거대한 전략적 도구입니다. 스테이블코인은 '돈의 토큰화'이며, 누구나 접근 가능한 개방형 '돈의 인터넷(Public Blockchains)'에서 유통되는 디지털 달러입니다. 이는 중앙은행이 통제하는 폐쇄적인 '돈의 인트라넷(Private Blockchains)'을 지향하는 CBDC(중앙은행 디지털화폐)와 근본적인 차이를 보입니다.

미국이 CBDC 대신 스테이블코인을 선택한 것은 '확장성'에 방점을 둔 전략적 판단입니다. 그 궁극적인 목표는 전통적인 은행망 없이도 전 세계 모든 사람이 인터넷만으로 미국의 금융 자산(주식, 채권 등)에 직접 접근하고 거래할 수 있는 새로운 '금융 고속도로'를 구축하는 것입니다. 이는 전 세계 자본을 미국 시장으로 직접 끌어들여 달러 패권을 디지털 시대에 맞춰 한 단계 강화하려는 의도입니다.

스테이블코인이 가져올 가장 큰 변화는 '화폐 유통 속도(Velocity of Money)의 폭발적 증가'입니다. 캠브리지 대학 데이터에 따르면, 스테이블코인의 유통 속도는 전통적인 M2 통화보다 약 20배나 빠릅니다. 거래가 즉시 체결(T+0)되기 때문이며, 이는 금융 시스템의 효율성을 극대화하고 새로운 금융 혁신을 촉발할 잠재력을 가지고 있습니다. 스테이블코인 시장의 가파른 성장은 이것이 단순한 투기적 현상을 넘어 새로운 금융 인프라가 구축되는 과정의 시작임을 알리고 있습니다.

④

2026-2030 미래경제 3대 시나리오

$

무엇이 오든 대비하는 포트폴리오 지도

제가 드리고자 하는 핵심은 미래의 불확실성에 대비하는 구체적인 투자 전략을 제시하는 것입니다. 향후 미국 경제의 향방을 결정짓는 두 가지 핵심 변수는 '생산성(AI 혁신의 성과)'과 '인플레이션(재정 지배의 강도)' 입니다. 이 두 변수의 조합에 따라 전혀 다른 투자 환경이 펼쳐질 것이며, 본 장에서는 주요 시나리오를 분석하고 각 상황에 최적화된 포트폴리오 전략을 도출하고자 합니다.

(1) 시나리오 A: AI 생산성 대폭발 (실질 성장 강세장)

이 시나리오는 AI 기술이 예상보다 빠르게 생산성을 대폭 끌어올려, 재정 지출로 인한 인플레이션 압력을 상쇄하며 강력한 실질 성장을 이끄는 가장 이상적인 상황입니다. 시장을 주도하는 동력은 통화 가치 하락이 아닌, 견고한 '기업 실적'이 됩니다. 이는 1940~60년대와 같이 정부

부채 문제가 자연스럽게 해결되면서 초장기 구조적 강세장이 나타나는 그림과 유사합니다.

자산군	투자 전략	핵심 근거
주식	비중 확대 (Overweight)	실적 기반의 구조적 강세장.
세부 섹터	빅테크, 반도체, 자동화 로보틱스	기술 혁신과 수직 통합을 통한 독점적 지배력 강화.
희소자산	비중 축소 (Underweight)	실질 성장으로 화폐 가치 하락 압력 감소.
채권	중립 (Neutral)	안정적 성장과 통제된 금리 환경.

(2) 시나리오 B: 생산성 정체 + 인플레이션 구조화 (자산 인플레이션 강세장)

이 시나리오는 AI의 생산성 향상이 기대에 미치지 못하는 반면, 재정 지배로 인한 구조적 인플레이션이 고착화되는 상황입니다. 실질 성장은 둔화되지만, 명목 GDP는 상승합니다. 이 환경에서 시장의 주도 동력은 기업 실적이 아니라 '통화 가치 하락(Debasement)'을 헤지(Hedge)하려는 수요입니다. 이는 실질 성장이 정체된 가운데 물가만 상승했던 1970년대와 유사한 환경으로, 실물 자산의 가치가

폭등하는 자산 인플레이션이 발생합니다.

자산군	투자 전략	핵심 근거
주식	중립 (Neutral)	실질 성장은 둔화되나 명목 가치는 상승.
세부 섹터	가치주, 실물자산 관련주	인플레이션 헤지 능력이 있는 기업 선호.
희소자산	비중 확대 (Overweight)	금, 비트코인, 부동산 등 실물 자산의 초강세. 통화 가치 하락의 직접적 수혜.
채권	비중 축소 (Underweight)	실질금리 마이너스 심화로 투자 매력 감소.

(3) 시나리오 C: 혼합형 구조 (가장 높은 가능성)

이 시나리오는 앞선 두 가지 시나리오가 혼합된 형태로, 가장 현실적인 경로입니다. 단기 국면은 재정 지배의 영향력이 우위에 서며 인플레이션이 생산성 향상을 앞질러 '자산 인플레이션' 장세를 이끌 것입니다. 이후 중기 국면으로의 전환은 AI 기반 생산성 향상이 구조적 인플레이션을 마침내 추월하는 시점에 발생하며, 시장의 동력은 '실질 기업 이익 기반'의 강세장으로 이동할 것입니다. 이러한 복합적인 흐름에 대응하기 위해서는 유연한 단계별 포트폴리오 전략이 필요합니다.

① **재정 지배 우위:** '돈의 가치 하락을 헤지하는 자산'을 중심으로 포트폴리오를 구성해야 합니다. 즉, 희소자산(비트코인/금)과 독점적 지위를 가진 일부 기술주의 비중을 함께 가져가는 전략이 유효합니다.

② **생산성 향상 가시화:** AI 기술이 실제 생산성 지표 개선과 기업 이익 증가로 이어지는 시그널을 면밀히 관찰해야 합니다. 이러한 신호가 포착되면, '기업 실적 기반'의 성장주(기술주) 비중을 점진적으로 확대하는 전략으로 전환해야 합니다.

각 시나리오 분석을 종합해 볼 때, 미래는 하나의 변수가 아닌 여러 동력의 상호작용으로 결정될 것입니다. 불확실성 속에서 성공적인 투자를 위해서는 고정된 관점이 아닌, 변화의 흐름을 읽고 유연하게 대응하는 전략적 사고가 무엇보다 중요합니다.

❺
통제된 성장의 시대

$

초격차 기술주와 희소자산의 시대적 선택

우리는 지금 '통제된 성장'이라는 새로운 시대의 서막에 서 있습니다. 이 시대는 (국가주도) 기반 인프라 → 기술 혁신 → 수직 통합 → 독점적 지배 → 부의 집중으로 이어지는 명확한 인과관계의 사슬로 정의됩니다. 정부가 전략적 투자를 주도하고, 이를 바탕으로 기술 혁신이 일어나며, 혁신을 선도한 소수 기업이 수직 통합을 통해 시장을 장악하고 결국 부를 독점하는 구조적 흐름이 고착화될 것입니다.

이러한 환경에서 투자자가 승리하기 위한 핵심 원칙은 명확합니다.

(1) 기술 혁신을 선도하는 기업에 투자하라.

(2) 수직 통합을 통해 강력한 해자(moat)를 구축한 기업을 찾아라.

(3) 독점적 지배력을 바탕으로 가격 결정권을 가진 기업에 집중하라.

위 시나리오 중 가장 가능성이 높은 '혼합형 시나리오(C)'에 기반하여 최종 투자 전략을 제언합니다. 우리는 단기적으로 재정 지배가 초래할 인플레이션 위험을 헤지하는 동시에, 중장기적으로 AI 혁신이 가져올 실질 성장의 과실을 놓치지 않는 균형 잡힌 접근법을 취해야 합니다.

따라서 현재 시점에서는 통화 가치 하락을 방어할 희소자산과 독점적 가격 결정권을 가진 초격차 기술주를 포트폴리오의 핵심 축으로 삼는 것이 현명합니다. 이후 경제 지표의 변화를 면밀히 추적하며 생산성 향상이 가시화되는 시점에 맞추어 성장 자산의 비중을 점진적으로 늘려나가는 유연한 전략을 통해, '통제된 성장' 시대의 성공적인 투자자가 될 수 있을 것입니다.

[단상]

젊을 때 투자를 시작해야 하는 이유:

시간, 자본, 그리고 자유에 대하여

"오늘의 작은 투자와 배움이 미래의 삶을
더 넓고 따뜻하게 열어주기를 진심으로 바라며."

자본주의 사회에서 돈은 단순히 보상의 단위가 아니다. 돈은 우리가 앞으로 살아갈 시간을 어떻게 사용할 수 있는지, 그 통제권을 결정하는 힘이다. 내가 벌지 못한 돈은 결국 누군가에게 내 시간을 내어주는 계약이 된다. 반대로 내가 모은 자본은 미래의 선택지를 넓혀주는 레버리지로 변한다.

삶을 구성하는 경제적 활동은 크게 세 가지—노동, 저축, 투자—로 나눌 수 있다. 노동이 오늘의 생존을 가능하게 한다면, 저축은 불확실성을 대비하는 안전장치가 되고, 투자는 미래의 현금흐름을 복리로 만들어가는 성장의 도구다.

이 셋은 어느 하나를 소홀히 해도 인플레이션과 자본의 속도에서 뒤처질 수밖에 없는 구조다. 오늘의 경제 환경은 과거 세대가 마주했던 것과는 비교할 수 없을 만큼 복잡하다.

금리 사이클은 장기 구조조정의 국면에 있고, 인공지능은 노동의 의미를 다시 쓰고 있으며, 정책 변화는 자산 가격의 방향성을 하루아침에 뒤바꾼다. 이러한 변화의 시대에 돈을 모은다는 것은 탐욕의 문제가 아니라, 생존을 위한 전략적 선택이다.

우리는 종종 "돈이 전부가 아니다"라는 말을 위안처럼 사용한다. 그 말이 완전히 틀린 것은 아니다. 그러나 돈이 없을 때 인간이 내릴 수 있

는 의사결정의 범위가 '생존형'으로 제한되는 것 또한 부정할 수 없다. 자본이 없는 사람은 시간을 팔아야 하고, 자본이 있는 사람은 시간을 살 수 있다. 바로 이 차이가 복리의 격차를 만들고, 그 격차가 다시 삶의 자유도를 결정한다.

그래서 오늘의 청춘은 아파야 할 세대가 아니다. 오히려 복리의 구조를 이해하고, 이를 설계할 줄 아는 세대가 되어야 한다. 불확실한 시대일수록 자본을 축적하는 행위는 삶을 지키는 기술이 된다. 그 기술을 익힌 사람만이 인플레이션, 기술 혁신, 정책 리스크를 기회로 전환할 수 있다.

돈은 욕망의 상징이 아니다. 시간과 선택의 자유를 지키기 위한 시스템적 도구다. 지금의 노동, 저축, 투자는 모두 '내일의 레버리지'를 사들이는 행위다. 젊을 때 시작할수록, 그 레버리지는 더 깊게 작동한다.

P.S. 후배 세대에게

나는 아직 완성되지 않은 어른이지만, 한 가지는 확신한다. 흔들리는 시대를 살아가기 위해 필요한 건 무조건 많이 버는 능력이 아니라, 자본주의라는 거대한 흐름을 읽고 그 흐름 위에서 균형 잡는 힘이다. 그 힘을 가진 사람은 변동성 속에서도 길을 잃지 않는다.

그 중심을 찾은 사람의 삶은 조금씩 달라진다. 속도를 내야 할 때와 멈춰야 할 때를 구분할 수 있고, 타인의 시선보다 자신의 판단을 믿게 되며, 무엇보다 변화가 두렵지 않게 된다. 삶은 조금 더 천천히, 조금 더 단단히, 그리고 무엇보다 더 '내 뜻대로' 흘러가기 시작한다.

그래서 나는 말하고 싶다. 젊은 날의 투자는 단순히 돈을 모으는 행위가 아니다. 그것은 미래의 나를 지켜주는 가장 깊고 조용한 약속이다. 지금의 선택이 훗날 나에게 어떤 자유를 줄지 아무도 대신 책임져주지 않기 때문에, 우리는 젊을 때부터 그 약속을 조금씩 쌓아가야 한다.

시간은 누구에게나 공평하지 않다. 그러나 그 시간을 어떻게 사용할지 결정할 자유는 준비한 사람에게만 열린다. 후배 세대가 그 자유를 잃지 않기를 바라며, 오늘의 작은 투자와 배움이 미래의 삶을 더 넓고 따뜻하게 열어주기를 진심으로 바란다.

THE **COIN** 더 코인